CAHIERS

▶ n° 166 / 3ᵉ trimestre 2021

PHILOSOPHIQUES

CAHIERS PHILOSOPHIQUES
est une publication de la Librairie Philosophique J. Vrin
6, place de la Sorbonne
75005 Paris
www.vrin.fr
contact@vrin.fr

Directeur de la publication
DENIS ARNAUD

Rédactrice en chef
NATHALIE CHOUCHAN

Comité scientifique
BARBARA CASSIN
ANNE FAGOT-LARGEAULT
FRANCINE MARKOVITS
PIERRE-FRANÇOIS MOREAU
JEAN-LOUIS POIRIER

Comité de rédaction
ALIÈNOR BERTRAND
LAURE BORDONABA
MICHEL BOURDEAU
JEAN-MARIE CHEVALIER
MICHÈLE COHEN-HALIMI
JACQUES-LOUIS LANTOINE
BARBARA DE NEGRONI
STÉPHANE MARCHAND
SÉBASTIEN ROMAN

Sites internet
www.vrin.fr/cahiersphilosophiques.htm
http://cahiersphilosophiques.hypotheses.org
www.cairn.info/revue-cahiers-philosophiques.htm

Suivi éditorial
ÉMILIE BRUSSON

Abonnements
FRÉDÉRIC MENDES
Tél. : 01 43 54 03 47 – Fax : 01 43 54 48 18
abonnements@vrin.fr

Vente aux libraires
Tél. : 01 43 54 03 10
comptoir@vrin.fr

La revue reçoit et examine tous les articles, y compris ceux qui sont sans lien avec les thèmes retenus pour les dossiers. Ils peuvent être adressés à : cahiersphilosophiques@vrin.fr. Le calibrage d'un article est de 45 000 caractères, précédé d'un résumé de 700 caractères, espaces comprises.

ISSN 0241-2799
ISSN numérique : 2264-2641
ISBN 978-2-7116-6018-6
Dépôt légal : avril 2022
© Librairie Philosophique J. Vrin, 2022

SOMMAIRE

◾ ÉDITORIAL

◾ DOSSIER

AUGUSTE COMTE

11   **L'astronomie selon Auguste Comte**
Cyril Verdet

25   **Biologie et sociologie chez Auguste Comte**
Mathieu Gibier

45   **La Femme et la famille selon Auguste Comte**
Annie Petit

63   **L'Occident défini par Comte : un européo-centrisme anticolonial ?**
Tonatiuh Useche-Sandoval

◾ ÉTUDES

79   **Les enchanteurs : un archétype politique**
Sandro Landi

◾ LES INTROUVABLES DES CAHIERS

97   **Les prières d'Auguste Comte**
Michel Bourdeau

102   **Prières quotidiennes**
Auguste Comte

◾ SITUATIONS

119   **La Maison d'Auguste Comte. Du « saint domicile » à la sacralisation patrimoniale**
David Labreure

◾ PARUTIONS

139   **Matthew Wilson, *Richard Congreve, Positivist Politics, the Victorian Press, and the British Empire***

ÉDITORIAL

« Pour devenir un parfait philosophe, il me manquait surtout une passion, à la fois profonde et pure, qui me fit assez apprécier la partie affective de la nature humaine », note Auguste Comte dans ses « Prières quotidiennes »[1] rédigées peu après 1845, cette « année sans pareille » au cours de laquelle il rencontre, fréquente et voit disparaître Clotilde de Vaux à laquelle il voue un amour éperdu, sublimé par la mort brutale de cette femme adorée. Cette relation aussi profonde et intense qu'elle est physiquement éphémère ne bouleverse pas seulement la vie privée du fondateur du *positivisme*. La découverte du rôle prépondérant de l'affectivité dans les relations humaines et sociales infléchit de manière définitive la doctrine positiviste dont la nouvelle devise devient *L'amour pour principe, l'ordre pour base et le progrès pour but*. La mise en chantier du nouvel édifice théorique qu'est le *Système de politique positive* coïncide avec ces bouleversements qui confèrent désormais à l'amour le statut de principe[2]. L'idée d'un « nouveau pouvoir spirituel » voit le jour, étayé sur une « religion de l'Humanité » à laquelle l'ordre social et le progrès doivent être subordonnés, de même que l'esprit devra l'être au cœur. L'Humanité se définit dans ce cadre comme l'ensemble des êtres humains, passés, futurs et présents. Les morts y ont une influence considérable et sans cesse croissante puisqu'ils contribuent au « gouvernement les vivants ». Cette religion est, pour le positivisme, la seule religion universelle possible. Au devoir chrétien d'« aimer son prochain comme soi-même » doit se substituer l'exigence morale pleinement universelle de « vivre pour autrui ».

Plusieurs interrogations se trouvent ici relancées qui croisent des questions toujours actuelles, en philosophie comme dans le champ des institutions et des pratiques : quel sens donner à l'idée d'une humanité *une* en des temps de « mondialisation » ou plutôt de « globalisation » ? Que devient en son sein la pluralité des peuples et des cultures, souvent minorées ou anéanties au nom d'un « développement » ou d'un « progrès » escompté ?

Dans l'œuvre philosophique d'Auguste Comte, la réorientation de la philosophie vers la religion s'accompagne d'une modification des nombreuses hiérarchies inhérentes à la philosophie de l'histoire positiviste, hiérarchies qui ont vocation à indiquer la direction véritable, tant factuelle que principielle, de la dynamique sociale. Pour le philosophe en effet, « l'enchaînement nécessaire des différents états sociaux » au cours de l'histoire n'est pas comparable au déploiement biologique continu des différents âges de la vie d'un individu. Il s'apparente davantage à « la série organique fondamentale » – selon une formule de Lamarck –, autrement dit à un classement hiérarchique des êtres vivants[3]. Progressivement, les « fonctions intellectuelles et morales » ont pris l'ascendant sur la vie organique à savoir les fonctions de nutrition, croissance

1. *Cf.* A. Comte, « Prières quotidiennes », p. 102-117.
2. *Cf.* M. Bourdeau, « Les prières d'Auguste Comte », p. 98.
3. *Cf.* M. Gibier, « Biologie et sociologie chez Auguste Comte », p. 26.

et reproduction. L'humanité, en tant qu'elle est sociale, constitue « le terme le plus extrême d'une progression générale »[4] qui se poursuit sans interruption dans tout le règne vivant.

La subordination nouvelle de l'esprit au cœur s'inscrit dans cette progression autant qu'elle y contribue et elle exige d'accorder une autre place aux femmes au sein de la société et au-delà, dans l'histoire dont la visée devient l'amour de l'Humanité. Ce faisant on travaille sinon à renverser, du moins à déplacer une représentation jugée inadéquate de la hiérarchie des sexes : le rôle principiel des femmes aura été non seulement minoré, mais radicalement ignoré. En conséquence et dans la mesure où une religion appelle un culte, la religion de l'Humanité rendra un culte à la Femme en général, identifiée comme le sexe affectif par excellence, et à certaines femmes remarquables en particulier. Dans son calendrier positiviste, Comte met ainsi en exergue certaines saintes catholiques qui, par leurs qualités morales, « ont encouragé l'engagement politique de l'Occident chrétien »[5], quelques intellectuelles aussi pour la période moderne, Madame de Lafayette, Madame de Staël ou encore la mathématicienne Sophie Germain.

Cette promotion des femmes est toutefois des plus ambivalentes : d'un côté, elles doivent accéder à la meilleure éducation possible y compris intellectuelle et scientifique, « la même éducation que les philosophes et les prolétaires »[6] puisque toutes ces catégories ont un rôle moral primordial à jouer au sein de la dynamique sociale portée par la religion de l'Humanité ; de l'autre, toute égalité entre les hommes et les femmes est impossible puisque chaque sexe doit se tenir à la place qui lui revient du fait de sa constitution même. Aux femmes, la faiblesse physique et la force morale, aux hommes, l'inverse. Par nature, les femmes sont plus affectives que les hommes et l'on tient qu'il est possible de rendre compte de cette « supériorité » par des explications biologiques. À ce titre, il leur incombe, en tant que mères mais pas exclusivement, d'imposer aux êtres humains dont elles ont la charge le difficile apprentissage de la soumission des « impulsions égoïstes » aux « instincts sympathiques ». Elles contribuent ainsi à résoudre ce « grand problème humain » qu'est la subordination de l'égoïsme à l'altruisme et elles ne peuvent le faire qu'au sein de la famille, dont elles constituent le « centre moral ». Le rôle social de ce « sexe aimant » est ainsi *nécessairement* attaché à la sphère domestique où les femmes se voient de ce fait assignées. Comte critique d'ailleurs avec vivacité les « utopies subversives » qui développent des « aberrations anti-domestiques »[7]. Même si des « perfectionnements » de la famille sont envisageables au cours de l'histoire, celle-ci doit demeurer la composante fondamentale de la société et les femmes doivent y conserver la place prépondérante qui leur revient. Comment comprendre alors la nécessité

■ 4. *Cf.* A. Comte, *Cours de philosophie positive*, 51ᵉ leçon, Paris, Hermann, 2012, p. 276.
■ 5. *Cf.* A. Petit, « La Femme et la famille selon Auguste Comte », p. 57 *sq.*
■ 6. *Ibid.* p. 56.
■ 7. *Cf. Système de politique positive* [1851-1854], II, Paris, Anthropos, 1969-1970, p. 177, cité par Annie Petit, p. 58.

de l'éducation des femmes et leur participation aux travaux scientifiques, aux entreprises et aux engagements politiques ?

Il faut sans doute rappeler ici que Comte a longtemps dispensé un cours d'astronomie populaire dont la finalité principale n'était pas de rendre accessible une connaissance scientifique mais d'ouvrir les esprits à la rationalité et de leur permettre de se dégager des nombreuses considérations chimériques attachées aux astres. Parce que l'astronomie est un « modèle de science positive », il est nécessaire de diffuser sa connaissance dans l'ensemble de la société et notamment aux prolétaires[8]. L'éducation, y compris celle des femmes, relève d'une entreprise d'« assainissement des esprits » dans laquelle l'étude des sciences positives joue un rôle éminent.

Au sein de la philosophie positive, la « loi des trois états » permet d'appréhender, dans son unité, l'histoire théorique, pratique et affective d'un homme et de l'Humanité entière, d'en saisir l'orientation, du point de vue de la connaissance comme du point de vue social et politique, depuis l'état théologique jusqu'à l'état positif en passant par le moment transitoire et dissolvant qu'est l'état métaphysique. Si la progression du genre humain doit être considérée comme celle d'un peuple unique, le statut même de cette unicité fait difficulté : doit-on y avoir un fait accompli ou en voie de l'être, une simple idée régulatrice ? Cette question vaut aussi pour la montée en puissance de l'élément affectif : car sous l'angle de l'affectivité, qui ne fait pas exception à cette loi générale, l'horizon est celui d'un amour universel où les femmes apparaissent comme le vecteur de l'élargissement de la sociabilité naturelle vers l'amour de l'humanité et du dépassement de la « vénération envers la seule patrie » comprise comme « sol natal et ancestral »[9].

Les implications politiques d'une telle approche sont aussi nombreuses qu'ambivalentes. L'on peut ainsi faire état des prises de position de Richard Congreve qui adopta vers 1850 la religion positiviste de l'Humanité et contribua à la faire connaître en Angleterre[10]. Il renonça pour cela à son statut de *clergyman* et exposa publiquement diverses analyses politiques porteuses de vives critiques de l'impérialisme anglais, par exemple en 1857 au moment de la révolte des Cipayes contre la Compagnie des Indes Orientales. Cette insistance sur la politique étrangère, articulée à une critique de colonialisme, est revendiquée comme une conséquence directe de son adhésion à la religion de l'Humanité et du pouvoir spirituel qui en résulte.

Pour des raisons identiques, Comte a exprimé sa désapprobation quant à la colonisation en Algérie. À ses yeux pourtant et conformément à sa philosophie de l'histoire, les peuples européens constituent « l'élite de l'humanité », une élite *de fait* résultant de l'histoire pourrait-on ajouter, mais néanmoins une élite. Cela ne leur confère nullement l'autorisation d'imposer leur domination à tous les autres peuples du monde, mais cela indique néanmoins que l'Europe

---

■ 8. *Cf.* C. Verdet, « L'astronomie selon Auguste Comte », p. 19.
■ 9. *Cf.* T. Useche-Sandoval, « L'Occident défini par Comte : un européocentrisme anticolonial ? », p. 66.
■ 10. *Cf.* M. Bourdeau, « l'apôtre du positivisme anglais », recension de l'ouvrage de M. Wilson, *Richard Congreve, Positivist Politics, the Victorian Press and the British Empire* (Cham, Palgrave Macmillan, 2021), p. 139-144.

s'est trouvée être le moteur de l'histoire et qu'elle doit le rester, à condition de renoncer à la recherche d'une certaine forme d'hégémonie politique et guerrière. À cette fin, Comte envisage une recomposition de l'Europe sous la forme d'une nouvelle « République occidentale »[11] partagée en soixante-dix petites républiques et qui aurait vocation à être un « noyau spirituel » pour l'ensemble de l'humanité au rebours de l'Europe historiquement constituée comme un agrégat d'États-nation. Le choix du vocable « Occident » ne doit rien au hasard, il est justement censé permettre de dissocier une Europe devenue « le quartier général d'un empire planétaire » d'un « foyer spirituel de diffusion du progrès »[12].

La promotion d'une République occidentale soulève malgré tout des questions équivalentes à celles qui ont été évoquées concernant la promotion des femmes au nom de leur affectivité. Celles-ci peuvent être synthétisées dans une interrogation générale sur la nature de l'« ordre » auquel la philosophie positive fait référence et qui englobe aussi bien les phénomènes astronomiques, physiques, chimiques que les phénomènes biologiques ou sociaux. L'ordre est corrélé à l'observation répétée de certaines relations entre des phénomènes. Mais le positivisme – ce positivisme en tous cas – ne se définit pas comme un empirisme et une « théorie » préalable est toujours nécessaire pour « ordonner » ce qui est observé, ainsi que Comte l'expose dès la 1re leçon du *Cours de philosophie positive*. Sans les premières « conceptions théologiques » l'esprit humain ne serait jamais sorti du « cercle vicieux » auquel il était voué : « la nécessité d'observer pour se former des théories réelles et la nécessité non moins impérieuse de se créer des théories quelconques pour se livrer à des observations suivies… »[13].

Si pour Comte, la mise en ordre des phénomènes procède toujours d'une théorisation, comment considérer le rapprochement opéré entre la biologie et la sociologie naissante et qu'en résulte-t-il ? De quelle « théorisation » relève-t-il ? Question qui se pose *a fortiori* si la théorie biologique sur laquelle Comte se fonde, se voit critiquée voire invalidée par des théories nouvelles. La science biologique en est en effet venue à refuser de classer les espèces animales selon une échelle continue de progrès au sommet de laquelle se tiendrait l'homme. Il n'est certainement pas plus acceptable de parler, dans le cadre de la sociologie, de société plus ou moins parfaite, ni plus ou moins développée[14]. Ce sont en tous cas des points sur lesquels Durkheim s'oppose à Comte dans *Les règles de la méthode sociologique* : il faut tenir compte de la singularité des peuples historiques, de leur individualité distincte, la notion du progrès d'une humanité considérée dans son unité n'est pas recevable.

On pourrait objecter qu'aux yeux de Comte la science n'est pas et ne doit pas être le tout de la rationalité. Il faut d'ailleurs constamment ordonner les sciences, les guider au risque de les voir s'éparpiller dans une myriade de travaux de détail inutiles. La philosophie de l'histoire, à qui il revient d'ordonner les savoirs et les actions, pourrait-elle être considérée comme

■ 11. *Cf.* T. Useche-Sandoval, « L'Occident défini par Comte : un européocentrisme anticolonial ? », p. 76-77.
■ 12. *Ibid.* p. 63.
■ 13. *Cf.* A. Comte, *Cours de philosophie positive*, t. 1, Leçon 1, Paris, Hermann, 1975, p. 23.
■ 14. *Cf.* M. Gibier, « Biologie et sociologie chez Auguste Comte », p. 27-29.

une simple *réflexion* sur le destin de l'ensemble de l'humanité soucieuse de poser la question de son sens ? L'ordre et le progrès seraient-ils à considérer comme des principes régulateurs et non des lois effectives de l'histoire ?

L'imbrication constante du descriptif et du normatif reste toutefois un des points d'achoppement de toute lecture de la philosophie d'Auguste Comte.

Nathalie Chouchan

Auguste Comte

L'ASTRONOMIE SELON AUGUSTE COMTE

Cyril Verdet

L'importance de l'astronomie dans l'œuvre d'Auguste Comte est à la mesure de la place fondatrice qu'il lui accorde dans sa propre classification des sciences que constitue le *Cours de philosophie positive*. Comte dispense même un cours populaire d'astronomie, dont l'objectif n'est pas de former à l'astronomie mais à la « saine philosophie » positive. D'où le regard philosophique qu'il porte sur elle comme l'indique son *Traité philosophique d'astronomie populaire*. Pour Comte, l'astronomie est donc tout à la fois, un modèle de science positive et un faire-valoir de la philosophie positive et même de l'engagement positiviste, quitte à restreindre assez fortement son champ d'étude.

De par sa formation, Auguste Comte appartient à la catégorie des « géomètres », c'est-à-dire de ceux qui savent faire usage du calcul en mathématique et appliquer ses règles dans les domaines des sciences qui en dépendent. Parmi elles il y a notamment la mécanique que Galilée avait assujettie avec succès à la géométrie. Mais à l'époque de Comte, c'est l'ensemble des sciences physiques qui tombent sous le joug des mathématiques, plus précisément de l'analyse.

Comte se trouve donc être un témoin privilégié de ce vaste mouvement qui fait entrer les sciences physiques expérimentales dans le giron de la pensée mathématique, épurant au passage tout ce qu'elles pouvaient contenir de suspect du point de vue de l'argumentation rationnelle. Car la pensée mathématique offre une efficacité suffisamment puissante et autonome pour conférer à ce corps de sciences une capacité à rendre compte des phénomènes qu'elles étudient sans recourir à l'argumentation métaphysique. Ce processus est si bien engagé au début du XIXᵉ siècle que l'on peut classer ces sciences selon le degré d'exactitude que la pensée mathématique leur a permis d'acquérir.

De ce point de vue, l'astronomie est incontestablement, aux yeux de Comte, celle qui a atteint le plus haut degré de perfection. Du *Cours de philosophie positive* au *Système de politique positive* en passant par le *Traité philosophique d'astronomie populaire,* Comte ne cesse de louer les vertus de cette discipline dont il entend montrer combien non seulement elle a atteint depuis longtemps son plus haut degré de positivité au point d'être devenue un modèle de science positive pour toutes les autres, mais aussi combien il est indispensable de faire de cette discipline l'objet d'un enseignement populaire dont l'enjeu dépasse très largement celui de l'apprentissage des sciences.

Travaux et sources de Comte en astronomie

Les deux principaux travaux de Comte en astronomie sont les *Cours de philosophie positive* d'une part et le *Traité philosophique d'astronomie populaire* d'autre part. Originairement, l'un comme l'autre sont des leçons dispensées comme il se doit devant des auditoires avant d'être consignées ensuite par écrit et de constituer les textes que nous connaissons aujourd'hui. Les premières ont fait l'objet d'un enseignement pour des savants, dispensé chez Comte lui-même en 1826, puis en 1829 dans un lieu pouvant accueillir plus de monde : l'Athénée, où il est déjà question pour Comte de s'adresser à un public plus large. Les secondes en revanche sont résolument destinées à un public plus large que celui des « messieurs ». Elles sont dispensées entre 1830 et 1844 chaque dimanche à midi à la mairie du IIIᵉ arrondissement de Paris. L'enjeu n'est plus alors de démontrer pourquoi ou comment il n'est plus nécessaire de recourir à quelque métaphysique que ce soit pour discourir sur une question de science, mais de diffuser l'esprit positif aussi largement que possible à travers la population, surtout la moins cultivée :

> L'intention fondamentale qui doit aujourd'hui prévaloir dans une semblable élaboration didactique consiste à concevoir l'universelle initiation systématique de la raison publique à la saine philosophie astronomique, comme constituant un préambule indispensable (…) de l'établissement prochain d'un nouveau système philosophique pleinement homogène [1].

Voilà en quelques mots exprimée l'intention de Comte à propos de son cours d'astronomie populaire : une porte d'entrée vers un système philosophique plus vaste que l'étude de l'astronomie.

Si dans le cadre du *Cours* Comte entend montrer le caractère originaire de l'astronomie au commencement d'une vaste fresque de toutes les sciences, dans celui du *Traité* en revanche, il fait de cette science le seul et unique point d'attention de son discours. Dans tous les cas, il n'entre jamais dans les développements mathématiques que nécessite l'astronomie pour aboutir à des résultats quantitatifs. Son objectif n'est pas d'initier son auditoire ou ses lecteurs à l'exercice technique de l'astronomie, mais d'initier par l'astronomie à la « saine philosophie ». On ne devient pas astronome en lisant les leçons d'astronomie du *Cours*, ni même celles du *Traité*. En revanche, tout philosophe qui se plonge dans la lecture de ces deux ouvrages doit prendre la mesure de la condition de possibilité de l'établissement d'une science positive en considérant l'exemple remarquable donné par l'astronomie. Le *Cours* et le *Traité* sont avant toute chose des réflexions à caractère philosophique – Comte

■ 1. A. Comte, *Traité philosophique d'astronomie populaire*, Paris, Fayard, 1985, « Préface », p. 12.

parle de « revue philosophique des sciences »[2] à propos du *Cours* – et c'est dans cet esprit qu'il convient de les lire sans quoi on ne comprend pas les intentions de l'auteur, quand bien même on ne peut qu'admirer la très haute qualité scientifique des leçons.

Dans le *Cours*, les neuf leçons d'astronomie[3] prennent place parmi les soixante que constituent l'ensemble[4]. Plus précisément, elles se placent au commencement du deuxième tome, lequel est rédigé à l'automne de l'année 1834 et contient aussi les leçons de physique. Le premier tome est consacré aux deux leçons introductives ainsi qu'aux leçons de mathématique en sorte que l'astronomie se trouve à mi-chemin entre les mathématiques et la physique proprement dite. Par ailleurs, dans cette grande fresque que Comte veut « encyclopédique », il donne des sciences une classification selon « leur degré de généralité, de simplicité et d'indépendance réciproque »[5]. Or, ce développement des sciences qui se veut donc essentiellement dogmatique, coïncide aussi avec un déroulement chronologique. C'est la raison pour laquelle l'astronomie occupe pour Comte une place doublement originaire face au progrès de l'esprit humain puisqu'elle se situe au commencement de la pensée savante tant d'un point de vue dogmatique que d'un point de vue historique en sorte que « le premier rang, dans la philosophie naturelle proprement dite, reste incontestablement à l'astronomie »[6].

Dans le *Traité* en revanche, le caractère philosophique est principalement exposé dans le fameux discours introductif qui n'est autre que le *Discours sur l'esprit positif*. On y retrouve exprimé avec plus de développement ce qui constitue la première leçon du *Cours*, à savoir, ce qui caractérise la positivité d'une science. Pour le reste, Comte s'attache à décrire la course des astres et les raisons qui y président. Dans cette démarche qu'il souhaite pédagogique, il n'hésite pas à se placer lui-même dans les pas de Fontenelle et de Laplace. Le premier pour ses *Entretiens sur la pluralité des mondes* et le second non pour le *Traité de mécanique céleste*, œuvre technique et fastidieuse écrite pour les géomètres, mais en référence à son *Exposition du système du monde* qui eut un retentissement important dès sa publication en 1796 car présentant les connaissances de l'époque à propos du système du monde, accessibles sans avoir à recourir à aucun calcul. Mais à la différence de Laplace ou d'Arago qui dispense lui aussi un cours d'astronomie populaire à l'Observatoire de Paris à la même époque[7], la visée de Comte n'est pas de rendre accessible une connaissance scientifique, mais d'ouvrir les esprits

2. A. Comte, *Écrits de jeunesse*, Paris, Mouton, 1970, « Annonce et Programme du cours de philosophie positive », p. 578.

3. 19 Considérations philosophiques sur l'ensemble de la science astronomique ; 20 Considérations générales sur les méthodes d'observation en astronomie ; 21 Considérations générales sur les phénomènes géométriques élémentaires des corps célestes ; 21 Considérations générales sur le mouvement de la terre ; 22 Considérations générales sur les lois de Kepler ; 23 Considérations fondamentales sur la loi de la gravitation ; 24 Considérations générales sur la statique céleste ; 25 Considérations générales sur la dynamique céleste ; 26 Considérations générales sur l'astronomie sidérale, et sur la cosmogonie.

4. Les leçons écrites sont au nombre de 60 alors que le cours sous sa forme orale en comptait 72.

5. A. Comte, *Cours de philosophie positive*, Paris, Hermann, 1998, p. 27, Première leçon.

6. A. Comte, *Cours, op. cit.*, p. 307, Dix-neuvième leçon.

7. Selon le souhait de l'abbé Grégoire, les statuts du Bureau des longitudes stipulaient en effet que le « Bureau fera chaque année un cours public d'astronomie ». C'est Arago qui dispense ce cours entre 1813 et 1846, d'abord dans la salle Cassini de l'Observatoire puis dans un amphithéâtre construit en 1841. La première publication, posthume, de ce cours intitulée « Astronomie populaire », date de 1865.

à une rationalisation de ce qui non seulement est source de considérations chimériques[8] – superstitions, astrologie, croyances –, mais qui constitue en outre un modèle de science positive. Comte n'est donc pas le premier à faire œuvre de vulgarisation en astronomie. D'ailleurs peut-on parler de vulgarisation ? Si tel était le cas, c'est probablement à l'*Astronomie des dames*[9] de Lalande qu'il faudrait comparer le *Traité*. Mais le projet de Comte n'est pas de rendre accessible une connaissance pour elle-même comme le fait Lalande auprès de la gente féminine[10]. Son projet est de faire accéder le plus grand nombre à l'exercice de la rationalité et de la pensée positive. Enfin, le *Traité* présente un intérêt majeur pour saisir l'importance de l'astronomie chez Comte dans la mesure où l'on peut constater l'évolution dans sa manière de présenter cette discipline depuis l'écriture des leçons d'astronomie du *Cours*. Entre ce qui demeure inchangé et ce qui est modifié voire ôté, il est possible d'identifier plus aisément ce qui constitue pour Comte le caractère originaire qui a été souligné plus haut à propos de l'astronomie.

Bien qu'aucun cours d'astronomie à proprement parler ne soit enseigné à l'École polytechnique au temps de Comte, sa formation en mécanique[11] lui permet d'accéder sans difficulté aux problèmes propres à cette science. C'est d'ailleurs grâce à cette compétence qu'il peut exposer les leçons d'astronomie du *Cours* selon une progression très proche de celle qu'on trouve chez Laplace dans le *Traité de mécanique céleste*, mais en dispensant le lecteur des difficultés calculatoires. Car pour les savants du XIXᵉ, l'œuvre de Laplace est à l'astronomie ce que celle de Lagrange est à la mécanique : un modèle d'achèvement. Du point de vue théorique, Comte accède donc à la compréhension des problèmes autant que des solutions. D'un point de vue historique en revanche, c'est la fréquentation de Delambre, envers qui il exprime sa dette dans le *Cours*[12], qui lui permet de prendre connaissance non seulement des étapes importantes de l'histoire de l'astronomie et de mesurer toute l'importance de cette science dans la constitution de la science moderne en Europe, mais aussi des diverses formes qu'elle a prises en dehors du monde occidental. L'œuvre de Delambre[13] à laquelle se réfère Comte n'est pas la seule histoire de l'astronomie dont il dispose[14], mais elle constitue incontestablement un travail majeur sur le sujet.

---

8. « Je n'ai pas besoin de signaler expressément ici, comme trop évident par lui-même et trop communément apprécié aujourd'hui, l'effet des connaissances astronomiques pour dissiper entièrement les préjugés absurdes et les terreurs superstitieuses, tenant à l'ignorance des lois célestes, au sujet de plusieurs phénomènes remarquables, tels que les éclipses, les comètes, etc. ». (Dix-neuvième leçon)

9. J. Lalande, *Astronomie des dames*, Paris, Cuchet, 1786. Jérôme Le Français de Lalande fut directeur de l'Observatoire de Paris et son ouvrage de vulgarisation connut plusieurs rééditions.

10. On lira avec intérêt sur ce sujet C. Le Lay, « Astronomie des dames », *Dix-huitième Siècle* 36, 2004, « Femmes des Lumières », p. 303-312.

11. Le professeur de mécanique de Comte à l'École polytechnique est Denis Poisson. Son estime va toutefois plus volontiers vers la mécanique de Poinsot, son professeur de géométrie, pour qui il a une admiration qu'il ne manque jamais d'exprimer.

12. Notamment à la fin de la dix-neuvième leçon : « mon illustre maître en astronomie, le judicieux Delambre ».

13. Jean-Baptiste Delambre fut directeur de l'Observatoire de Paris entre 1804 et 1822. Ses travaux en histoire de l'astronomie ont donné lieu à plusieurs ouvrages imposants dont *Histoire de l'astronomie* en plusieurs tomes et *Histoire de l'astronomie au dix-huitième siècle*.

14. Comte dispose aussi de l'*Histoire de l'astronomie moderne* de Jean-Sylvain Bailly, de la *Bibliographie astronomique avec l'histoire de l'astronomie depuis 1781 jusqu'à 1802* de Jérôme Le Français de Lalande, ainsi que des travaux des Cassini comportant des considérations historiques, notamment des *Mémoires pour servir à l'histoire des sciences et de l'Observatoire royal de Paris* de Cassini IV.

Structure des leçons d'astronomie

Qu'il s'agisse du *Cours* ou du *Traité*, l'exposé de l'astronomie selon Comte est globalement le même dans sa structure : un exposé liminaire présente les caractères généraux en insistant sur le caractère positif achevé de cette science ; suit une présentation des principaux moyens d'observation ; puis une présentation des mouvements des astres en deux temps : la géométrie céleste et la mécanique céleste. La géométrie céleste rend compte de la description des mouvements des astres. Il s'agit ni plus ni moins que d'une cinématique dont Kepler est aux yeux de Comte la figure emblématique en vertu des trois lois qu'il énonça au début du XVIIᵉ siècle et qui permettent de caractériser les mouvements relatifs des planètes et du soleil. La mécanique céleste quant à elle, rend compte des lois physiques qui permettent de démontrer celles de Kepler. Il s'agit donc d'une dynamique dont Newton est bien entendu l'unique référence grâce à la loi de la gravitation universelle. Enfin, le *Cours* contient une leçon conclusive portant sur la cosmogonie, laquelle ne figure plus dans le *Traité*.

L'astronomie selon Auguste Comte est donc essentiellement une mécanique et non une physique. C'est là une particularité qui peut surprendre le lecteur contemporain tant il est acquis aujourd'hui que l'astronomie est une branche à part entière de la physique. Cette absence s'explique par l'état de l'astronomie au temps de Comte, mais aussi par son propre jugement sur cette discipline. Pour lui en effet, il va de soi que l'astronomie étant exclusivement une science d'observation, nulle physique ne peut permettre d'augmenter de manière significative ses considérations. La mécanique seule suffit au point que pour Comte « l'astronomie tout entière est devenue un problème d'artillerie »[15]. Or, cette réduction de l'astronomie à une science qui appartient pour Comte au registre de la mathématique – les leçons de mécanique figurent à la fin du premier tome du *Cours*, c'est-à-dire parmi les leçons de mathématique dans la mesure où il ne s'agit pour Comte que d'une « mathématique concrète » – confère à cette discipline l'exactitude des mathématiques tout en appartenant au champ des sciences expérimentales. Ce dernier qualificatif est à entendre en un sens restreint étant donné que « l'expérience y est évidemment impossible »[16]. L'astronomie positive repose certes sur des mesures, mais ne permet pas de pratiquer l'expérimentation compte tenu des contraintes propres aux dimensions de taille et d'éloignement des astres. La seule partie de la physique ayant droit de cité aux yeux de Comte en matière d'astronomie est celle de la chaleur[17]. Mais cette tolérance ne vient pas ajouter d'explication à celles que la mécanique est en mesure de donner sur le mouvement des astres.

Enfin, Comte ne manque jamais une occasion de situer un raisonnement, un calcul ou une mesure dans une perspective historique afin de montrer tout

---

15. A. Comte, *Cours, op. cit.*, Vingt-quatrième leçon, p 387.
16. A. Comte, *Cours, op. cit.*, Dix-neuvième leçon, p. 305.
17. « Nous remplaçons l'intervention inintelligible des êtres surnaturels par la simple action continue des deux seuls agents universels que nous offrent à chaque instant tous les phénomènes, depuis les plus vulgaires jusqu'aux plus sublimes, la pesanteur et la chaleur ». *Écrits de jeunesse, op. cit.*, p. 592).

au long de ses exposés combien l'astronomie est héritière d'une progression intellectuelle continue depuis l'école d'Alexandrie. D'ailleurs, la progression qu'il propose dans la première partie du *Traité*, ne manque pas de faire écho à la loi des trois états. Pour Comte en effet, « la succession nécessaire [qui] caractérise essentiellement les trois principales phases historiques de l'astronomie ancienne »[18] est faite des trois outils dont les astronomes firent usage : les machines (globes), support d'un mode de raisonnement dont il souligne le caractère « théocratique », les figures et les calculs.

Les moyens d'observation

Il est tout de même important de souligner que l'astronomie, à défaut de pouvoir se prêter à l'expérimentation, n'en est pas moins une science d'observation et que c'est précisément cela qui fonde son caractère positif en tant que science expérimentale. D'où l'importance pour Comte de présenter, avant d'entrer dans le cœur du sujet, les principaux moyens d'observation dont disposent les astronomes. Or sur ce point, il est important de préciser qu'encore à l'époque de Comte, les mesures en astronomie sont de deux ordres : des mesures d'angle d'une part et de durée d'autre part. Quand bien même l'optique aide dans la précision des mesures d'angles, elle n'est pas encore mise à profit pour analyser la lumière des astres. Et Comte de passer en revue tout ce qui, d'une manière ou d'une autre, est en mesure d'affecter la précision de ces deux types de mesures comme la prise en compte de la réfraction de l'atmosphère déjà soulignée par Kepler, ou du phénomène d'aberration mis en évidence par Bradley. L'enjeu de ces précisions pour une science positive est bien évidemment capital : sans la précision des observations de Tycho Brahé, il n'est pas possible que Kepler établisse la forme elliptique de la trajectoire de Mars ainsi que la loi des aires : deux lois empiriques à partir desquelles Newton peut établir la loi de la gravitation avec le secours de la loi de la chute des corps de Galilée. Inversement, c'est aussi grâce à la précision des télescopes qu'il est possible de vérifier les spéculations tirées de la loi de la gravitation.

Comte s'efforce donc de présenter les instruments et les techniques de mesures d'angles uniquement, étant entendu que l'astronomie de ce début de XIXe siècle repose encore tout entière sur ces seules mesures. L'analyse spectrale de la lumière n'est pas encore une source d'information ni en astronomie, ni ailleurs. Le degré de validité de l'astronomie repose donc sur le degré de précision des mesures d'angles. Depuis le début du XVIIe et l'utilisation de la lunette par Galilée pour observer les astres, ce genre d'instrument ne cesse d'offrir des précisions de plus en plus grandes. Tant et si bien que Comte va jusqu'à développer comment il faut s'y prendre pour que le réticule qui permet de prendre la mesure d'un angle à travers une lunette ou un télescope soit lui-même d'une extrême petitesse en sorte que sa taille n'empiète pas sur la précision théorique de l'instrument. Précisons toutefois qu'en dépit de cette extrême précision, la première mesure effective de la parallaxe d'une étoile par Bessel en 1838 intervient très peu de temps après

---

■ ■ 18. A. Comte, *Traité, op. cit.*, p. 128.

la publication des leçons d'astronomie. Où l'on voit au passage, comment, assez rapidement et à cause de l'évolution spectaculaire des instruments de mesure, les connaissances exposées par Comte deviennent assez rapidement sinon obsolètes, du moins considérablement réduites.

Contours d'un modèle de science positive

Mais le cœur de son propos n'est pas de discourir sur l'amélioration possible des instruments, ni même sur l'avenir de l'astronomie théorique. Plus que tout, le projet de Comte est de nature philosophique. Il s'agit de montrer en quoi « l'astronomie est plus science qu'aucune autre »[19], celle qui a atteint le plein degré de positivité. Comte avertit son lecteur avant même d'entamer les leçons d'astronomie. Dès la deuxième leçon, celle-là même qui introduit la notion de classification et qui préside à l'organisation du *Cours*, il affirme :

> Ainsi, les physiciens qui n'ont pas d'abord étudié l'astronomie, au moins sous un point de vue général ; les chimistes qui, avant de s'occuper de leur science propre, n'ont pas étudié préalablement l'astronomie et ensuite la physique ; les physiologistes qui ne se sont pas préparés à leurs travaux spéciaux par une étude préliminaire de l'astronomie, de la physique et de la chimie, ont manqué à l'une des conditions fondamentales de leur développement intellectuel. Il en est encore plus évidemment de même pour les esprits qui veulent se livrer à l'étude positive des phénomènes sociaux, sans avoir d'abord acquis une connaissance générale de l'astronomie, de la physique, de la chimie et de la physiologie[20].

C'est donc bien en vertu de l'ordre qui lie les sciences entre elles que l'astronomie se trouve à la base de toutes. Non pas d'un point de vue technique : il n'est pas nécessaire de connaître avec précision les mouvements relatifs de Mars et du Soleil pour faire de la physique ou de la chimie. Mais d'un point de vue méthodologique, il est indispensable de pratiquer celle qui est « plus science qu'aucune autre » afin de bénéficier de la pratique d'une science vraiment positive.

Afin de saisir la raison pour laquelle l'astronomie tient aux yeux de Comte cette place de choix, il convient de prendre en considération ce qu'il développe au cours de la première leçon du *Cours*. Selon la loi des trois états en effet, on peut considérer que l'astronomie est la seule parmi toutes les sciences qui ait traversé les âges théologique et métaphysique et à avoir atteint l'âge positif : « L'astronomie est jusqu'ici, affirme Comte, la seule branche de la philosophie naturelle dans laquelle l'esprit humain se soit enfin rigoureusement affranchi de toute influence théologique et métaphysique »[21]. En se distinguant dès son origine, dans la pensée grecque tout au moins, de la cosmologie, l'astronomie a progressivement atteint l'état d'une science positive mue qu'elle fut par le seul objectif de « sauver les phénomènes » sans entreprendre d'interpréter les mouvements des astres à la lumière d'une quelconque physique ou d'une

■ 19. A. Comte, *Cours, op. cit.*, Dix-neuvième leçon, p. 311.
■ 20. A. Comte, *Cours, op. cit.*, Deuxième leçon, p. 61.
■ 21. A. Comte, *Cours, op. cit.*, Dix-neuvième leçon, p. 300.

ontologie particulière. Comte ne manque d'ailleurs pas de rejeter ce qui chez Kepler relève de cette recherche. Tant que Kepler s'attache à rendre compte du mouvement des astres par le biais de rapports constants exclusivement comme c'est le cas de manière admirable avec la fameuse « troisième loi », l'astronomie reste dans le giron d'une science positive. Mais Kepler n'a pas seulement fait œuvre d'astronome. Dès lors que Brahé avait rejeté l'hypothèse des orbes solides comme supports matériels des mouvements des planètes, il fallait que cette cause fût ailleurs et Kepler s'engagea dans cette recherche. Ce faisant il fit aussi œuvre de physicien voire de métaphysicien [22]. Or c'est précisément à partir de là qu'on sort de la science positive, pour autant que les raisons invoquées font référence à des motivations comme celle d'« harmonie » si chère à Kepler. Il en va de même pour la mécanique céleste. Comte rejette « l'emploi malheureux du mot attraction » [23] pour la connotation trop équivoque de ce terme, trop proche de signifier une qualité occulte, lui préférant le terme de « gravitation » [24]. En d'autres occurrences, Comte évoque ces questions sémantiques qui peuvent en effet avoir une influence non sur la valeur théorique mais sur la représentation qu'on peut avoir d'une notion ou d'un phénomène. Car la sémantique participe bien entendu de l'assainissement que Comte appelle de ses vœux, à plus forte raison pour la science la plus positive de toutes.

> L'astronomie est plus science qu'aucune autre.

Mais si l'astronomie est une science positive c'est aussi grâce à la mathématisation dont elle a fait l'objet, et ce très tôt dans son histoire. C'est même précisément ce par quoi l'on peut sauver les phénomènes. Dit autrement, l'astronomie est la première des sciences positives car dès ses origines, la mathématique a partie liée avec son développement. Sans géométrie, il n'y a pas d'astronomie. Et Comte d'insister sur ce point : « Quelque plausible que doive aussitôt sembler cette première induction, elle ne saurait être érigée en une véritable loi naturelle que d'après une exploration susceptible d'une précision vraiment mathématique, que ne sauraient comporter les simples observations d'aspects, toujours nécessairement un peu vagues, et qui par suite, ne peuvent constituer une démonstration pleinement décisive, quoiqu'elles aient d'abord suffi à suggérer une telle notion » [25], en sorte que l'astronomie véritable commence dès lors qu'on entre dans ses développements mathématiques, lesquels sont en mesure de fonder la prédiction des mouvements des astres. L'astronomie est une science positive par excellence car d'une

---

[22]. De l'aveu même de Kepler, il écrit dans le *Mysterium cosmographicum* : « J'en étais même venu à assigner aussi à la terre le mouvement du Soleil, mais alors que Copernic le fait à partir de raisons mathématiques, je le faisais à partir de raisons physiques ou, mieux encore, métaphysiques ». *Le secret du monde*, trad. fr. A. Segonds, Paris, Tel-Gallimard, 1984, p. 31.

[23]. A. Comte, *Cours*, op. cit., Vingt-quatrième leçon, p. 383.

[24]. A. Comte, *Cours*, op. cit., Vingt-quatrième leçon, p. 388 : « C'est afin d'énoncer brièvement cette assimilation fondamentale entre la pesanteur et la force accélératrice des astres qu'on a créé le mot de gravitation, envisagé comme exactement synonyme de pesanteur universelle, pour désigner l'action du soleil sur les planètes, et de celles-ci sur leurs satellites. L'emploi de ce terme a le précieux avantage philosophique d'indiquer strictement un simple fait général, mathématiquement constaté, sans aucune vaine recherche de la nature intime et de la cause première de cette action céleste ni de cette pesanteur terrestre ».

[25]. A. Comte, *Traité*, op. cit., p. 123.

part elle a toujours fondé ses jugements sur les observations, et d'autre part parce qu'elle a toujours cherché à adapter ses spéculations en faisant usage de l'outil intellectuel le plus puissant du point de vue technique et le plus neutre du point de vue métaphysique : la mathématique. La mathématisation, pour autant qu'elle adapte les quantités qu'elle manipule à celles qui sont issues de l'observation, est le pivot entre les faits et leur saine représentation. En un sens, c'est elle qui se porte garante de la positivité de l'astronomie. Bien que pour Comte la mathématique reste au rang d'outil pour les sciences expérimentales – et non de matrice conceptuelle – il n'en demeure pas moins que son usage participe à faire entrer l'astronomie dans la positivité : « il devient maintenant indispensable d'ébaucher ici l'étude mathématique de ces mouvements propres, dont la coexistence avec le mouvement commun du ciel caractérise seule la vraie nature du domaine effectif de l'astronomie positive »[26]. C'est enfin la raison pour laquelle, Comte tresse sans cesse des lauriers à Hipparque, « le vrai fondateur systématique de l'astronomie mathématique », tant dans le *Cours* que dans le *Traité*, pour ce qu'il développe une approche géométrique de l'astronomie.

Pour ces raisons essentielles Comte souhaite faire de l'astronomie l'objet d'un enseignement à part. C'est le projet de son cours d'astronomie populaire dont les leçons constituent le *Traité*. Précisément parce que l'astronomie est un modèle de science positive, il est nécessaire de diffuser sa connaissance aussi largement que possible, auprès de toutes les couches sociales, à commencer par celles des « prolétaires ». Son cours d'astronomie populaire « a pour but de leur donner des notions justes et nettes sur un sujet qui, même involontairement, fixe l'attention de tous les hommes, et sur lequel, par conséquent, à défaut d'idées saines, ils en ont nécessairement d'absurdes, qui exercent inévitablement une influence funeste sur le système général de leur intelligence » écrit-il en 1830 dans une lettre adressée au président de l'Association polytechnique ; avant de préciser que « nous devons essentiellement nous attacher à répandre parmi eux des notions positives, propres à éveiller dans leur esprit le goût et le besoin d'études rationnellement dirigées sur toutes les branches fondamentales de la philosophie naturelle. Le cours que j'offre de faire me paraît éminemment propre à une semblable destination »[27]. C'est donc bien à une œuvre d'assainissement des esprits que Comte entend travailler, et non pas seulement à une présentation de l'astronomie pour elle-même. L'apprentissage de l'astronomie non en tant que connaissance mais en tant que pratique de l'esprit positif présente donc des vertus pédagogiques précieuses.

Rien de surprenant, dès lors, que l'astronomie fasse irruption encore sous la plume de Comte une dizaine d'années après la publication du *Traité*, de surcroît à travers un sujet à visée sociale dont on voit mal de prime abord le lien qu'il peut entretenir avec l'astronomie. C'est pourtant bien dans le *Système de politique positive* qu'il affirme :

---

26. A. Comte, *Traité, op. cit.*, p. 138.
27. A. Comte, lettre à Valat du 18 janvier 1826, lettre XLVI, dans A. Comte, *Correspondance générale et Confessions*, I, Paris-La Haye, Mouton-Vrin-EHESS, 1973, p. 188-194.

Elle seule aussi commence l'éducation normale de la raison humaine, en manifestant la véritable nature de nos saines spéculations. D'abord, sa simplicité supérieure la rend plus propre qu'aucune autre science à faire profondément sentir que toutes nos explications réelles se réduisent nécessairement à lier les divers phénomènes, par similitude ou par succession, afin de prévoir chacun d'eux d'après sa relation à d'autres. Mais, en outre, c'est l'astronomie qui seule présida longtemps à la transformation décisive des conceptions absolues en notions relatives, complétée ensuite dans tout le reste de l'évolution scientifique [28].

Et d'insister à nouveau sur le caractère mathématique qui fonde l'esprit positif : « Ce caractère fondamental de l'esprit positif fut nettement indiqué dès la première ébauche mathématique des études célestes » [29]. Où l'on voit combien la connaissance de l'astronomie revêt pour Comte un caractère social primordial. Juliette Grange note à ce sujet que « c'est la sociologie qui réalisera ce que l'astronomie inaugure pour la première fois dans l'histoire sociale de la connaissance » [30]. Après avoir montré combien l'astronomie constitue l'étape historiquement initiale et méthodologiquement inaugurale de l'exercice de l'esprit positif, Comte souhaite faire de cette discipline un véritable point d'ancrage dans la culture populaire pour éduquer ou convertir les prolétaires à l'esprit positif, en sorte que celui-ci ne soit pas seulement la propriété des savants et des gens de société [31].

Le système du monde

Si l'astronomie est bel et bien un modèle de science positive, elle ne peut le rester qu'en respectant les conditions de positivité. Or, il en est une sur laquelle Comte insiste tout particulièrement ; elle consiste à délimiter strictement le champ d'étude en le restreignant au seul système solaire. C'est une contrainte méthodologique forte mais indispensable aux yeux de Comte :

> Nos saines connaissances astronomiques, affirme-t-il dans le *Traité,* sont nécessairement bornées au monde dont nous faisons partie, c'est-à-dire au groupe peu nombreux qui, conjointement avec notre terre, circule autour du Soleil. [...] Quant à tous les corps que nous pouvons apercevoir, nous ne possédons avec sécurité que des notions purement négatives, en vertu desquelles nous pouvons assurer qu'ils n'appartiennent pas à ce système partiel, unique objet propre de l'astronomie positive [32].

Les justifications de ce type sont légion sous la plume de Comte, dans le *Cours* comme dans le *Traité,* empruntant tour à tour les distinctions entre

■ 28. A. Comte, *Système de politique positive,* t. 1, Introduction fondamentale, Chapitre Deuxième, Paris, Librairie scientifique-industrielle, 1851, p. 505. Comte souligne aussi les trois raisons principales qui, selon lui, invitent à regarder l'astronomie comme un exemple d'activité positive : « D'abord, on doit à l'astronomie le premier essor systématique de l'art d'observer, et, par suite, de la véritable induction », ensuite à cause de « son aptitude spontanée à caractériser la saine institution des hypothèses scientifiques », enfin parce que l'astronomie est « une école spontanée pour l'institution abstraite des véritables études théoriques ».

■ 29. A. Comte, *Système de politique positive, op. cit.,* p. 505.

■ 30. J. Grange « Le rôle social des sciences : l'astronomie dans l'histoire de la modernité », dans A. Kremer-Marietti (éd.), *Auguste Comte et le rôle social des sciences. L'exemple de l'astronomie,* Paris, L'Harmattan, 2007. p. 85-100, https://halshs.archives-ouvertes.fr/halshs-00985532.

■ 31. On retrouve des considérations sur ces questions chez B. Bensaude-Vincent, *L'astronomie populaire, priorité philosophique et projet politique, Revue de Synthèse* 1, IVe série, janvier-mars 1991. L'auteur y souligne notamment le lien étroit entre le projet politique de Comte et l'esprit révolutionnaire de l'An II.

■ 32. A. Comte, *Traité, op. cit.,* p. 118.

le monde « intérieur » et « extérieur », ou encore entre le monde « solaire » et « sidéral ». Elles expriment de toutes les manières possibles le rejet de la notion d'« univers » entendu comme étant la totalité de ce qui existe ; ce que Jacques Merleau-Ponty résume de la manière suivante : « pour Comte, en tout cas, l'Univers est donc essentiellement exclu non seulement de la science mais de la philosophie positive »[33]. Cette notion est doublement hors du champ d'une astronomie positive pour deux raisons essentielles. D'abord parce qu'en vertu de la restriction à ce qui est observable il va de soi que la totalité en tant que telle échappe à cette condition. Or ce qui n'est pas observable ne peut légitimement entrer en ligne de compte dans l'étude d'une science positive. En sorte que la notion même de totalité est en soi une notion métaphysique :

> La pensée de ce que nous appelons l'univers est par elle-même nécessairement indéfinie, en sorte que, si étendues qu'on veuille supposer dans l'avenir nos connaissances réelles en ce genre, nous ne saurions jamais nous élever à la véritable conception de l'ensemble des astres[34].

Ensuite parce que d'un point de vue pratique, tout ce qui est situé au-delà des limites du système de notre monde n'a pas d'influence sur nous et ne peut donc pas affecter nos besoins. Alors même qu'à cette époque, Herschel commence à découvrir les premières galaxies, Comte entend désigner les limites de l'intelligible pour une science positive. Pour Comte, les « faits généraux » sont essentiellement intramondains.

La cosmogonie positive de Comte

Reste la question de la cosmogonie et plus précisément de la cosmogonie positive. Elle consiste à s'interroger sur la chronologie des étapes qui ont précédé l'état du système du monde tel qu'on l'observe actuellement. Là encore, on voit bien combien il paraît délicat de délimiter le sujet d'étude qui est pourtant bien loin d'être inexploré à l'époque de Comte. Laplace lui-même a déjà effectué une excursion dans ce domaine et l'on peut lire les résultats de ses recherches dans l'ajout qui est fait lors de l'édition de 1808 de son *Exposition du système du monde*. La note VII précisément, celle qui se trouve à la toute fin de l'ouvrage. En une dizaine de pages, Laplace se risque à « remonter à la cause des mouvements primitifs »[35]. Il y expose son hypothèse d'une nébuleuse primordiale qui aurait donné lieu à notre système solaire.

En dépit du caractère très hypothétique de ce genre d'étude, Comte ne craint pas de tenter une incursion toute personnelle dans ce domaine, allant jusqu'à proposer à l'Académie des sciences au début de l'année 1835, soit peu de temps après la rédaction des leçons d'astronomie du *Cours*, un mémoire[36]

■ 33. J. Merleau-Ponty, *La science de l'univers à l'âge du positivisme. Étude sur les origines de la cosmologie contemporaine*, Paris, Vrin, 1983.
■ 34. A. Comte, *Cours, op. cit.*, Dix-neuvième leçon, p. 303.
■ 35. P.-S. Laplace, *Exposition du système du monde*, Paris, Fayard, 1984, p. 564.
■ 36. « Premier mémoire sur la cosmogonie positive, contenant une vérification mathématique de l'hypothèse proposée par Herschel et Laplace, pour expliquer la formation de notre système solaire, par Auguste Comte ancien élève de l'École polytechnique, répétiteur d'Analyse transcendante et de Mécanique rationnelle à cette École », dans A. Comte, *Écrits de jeunesse, op. cit.*, 1970, « Mémoire sur la cosmogonie de Laplace », p. 581. Ce mémoire est lu les 19 et 26 janvier 1835. Arago, alors Secrétaire perpétuel de l'Académie, mentionne à propos de ce mémoire : « Il n'y a pas lieu à rapport ».

qui y sera lu publiquement au cours de deux séances. À cette époque-là, il ne fait pas de doute pour Comte que la cosmogonie est éligible à la positivité étant entendu que « la cosmogonie positive a réellement commencé quand les géomètres, d'après la théorie mathématique de la figure des planètes, ont démontré leur fluidité primitive »[37]. C'est d'ailleurs au moyen des résultats bien connus de la mécanique, notamment de la loi de conservation du moment cinétique, qu'il tente « une vérification positive » de l'hypothèse de Laplace et Herschel. Il ne s'agit pas d'une vérification théorique, mais numérique dont l'objectif et d'apporter une validité plus forte à l'hypothèse cosmogonique en retrouvant par le calcul, les valeurs numériques des vitesses de révolution des planètes dans le référentiel héliocentrique.

Outre qu'on y trouve exposée de manière très nette la nécessité de limiter dans l'espace les recherches de l'astronomie[38], il va de soi qu'il est donc nécessaire de délimiter aussi dans le temps les recherches propres à la cosmogonie. En l'occurrence, il s'agit de « déterminer, avec un degré de précision correspondant, le nombre de siècles écoulés depuis la formation de la Terre »[39]. On voit sans mal en quoi l'absence d'observations doit restreindre immanquablement la recherche dans ce domaine. Mais on voit bien en revanche qu'il est question de ne pas confondre l'exploration dans le temps avec la recherche d'un commencement, ou pire, d'une origine, laquelle serait bien évidemment hors de propos dans le cadre d'une science positive. La cosmogonie positive se trouve ainsi limitée dans l'espace et dans le temps à notre monde : « Notre monde étant, dans l'ensemble du ciel, le seul connu, sa formation est tout au plus la seule que nous puissions raisonnablement chercher »[40].

Jacques Merleau-Ponty ne manque pas cependant de souligner le « fiasco »[41] de Comte, reprenant à son compte l'exposé de Charles-Cléophas Person[42] paru en 1835, dans lequel ce dernier présente « Le cercle vicieux dans lequel M. Comte est tombé » et qui « pourrait se résumer ainsi : Je suppose, dans ma formule, que le soleil tourne comme la planète ; et je trouve, tout calcul fait, qu'il tourne comme la planète ». Étonnante méprise en effet de la part de Comte, qui constitue peut-être l'une des raisons pour lesquelles il renonce à parler de cosmogonie dans le *Traité* quelques années plus tard. Selon lui toutefois, c'est pour des raisons philosophiques, comme il l'exprime à Stuart-Mill dans une lettre datée de 1845 :

> Je puis vous annoncer confidentiellement que je suis décidé à la retrancher entièrement, en cas de seconde édition [du *Cours*] comme n'étant pas suffisamment positif. (…) Je suis très convaincu maintenant qu'une telle recherche est réellement inaccessible, comme je l'avais déclaré mais avec trop

---

■ 37. A. Comte, « Mémoire sur la cosmogonie », *op. cit.*, p. 433.

■ 38. Comte précise notamment que « nous ignorons même complètement jusqu'ici s'il existe en effet un univers » (p. 588).

■ 39. A. Comte, « Mémoire sur la cosmogonie », *op. cit.*, p. 602.

■ 40. A. Comte, « Mémoire sur la cosmogonie », *op. cit.*, p. 432.

■ 41. J. Merleau-Ponty, *La science de l'univers à l'âge du positivisme, op. cit.*, p. 166.

■ 42. C.-C. Person, *Précis analytique des travaux de l'Académie royale des Sciences, Belles-Lettres et Arts de Rouen pour 1835*, « Note de M. Person sur une prétendue explication de la théorie du système solaire de Laplace, par M. Comte », p. 51-52.

peu d'énergie, en faisant même cette tentative, déjà ancienne. Cet effort est une concession vicieuse aux dernières habitudes d'athéisme métaphysique qui poursuivent, à leur manière, des questions que la saine philosophie doit finalement écarter[43].

C'est donc à cause de sa proximité trop grande avec la métaphysique que Comte renonce à la cosmogonie. Qu'il s'agisse d'un renoncement contraint ou consenti, il dit à n'en pas douter l'attachement de Comte pour l'astronomie telle qu'elle se pratique durant cette première moitié du XIXe siècle, et comment il tente d'en délimiter le domaine d'étude en sorte qu'elle demeure non seulement une science positive mais aussi un modèle du genre.

Conclusion

Il paraît incontestable que l'astronomie selon Auguste Comte occupe une place de choix dans sa pensée. Bien que les écrits dont il a été question ici concernent surtout la première partie de son existence – celle qui précède sa rencontre avec Clotilde de Vaux en 1845 – il est difficile de ne pas les considérer dans la perspective de son vaste projet philosophique et politique. Or de ce point de vue, on comprend mieux l'attachement de Comte vis-à-vis de cette discipline, quitte à ne pas considérer à leur juste valeur les promesses de développement qu'elle porte en elle. Si Comte sépare l'astronomie de la physique, c'est avant tout en vertu de la visée philosophique qui est la sienne. Le plein état de positivité que l'astronomie a atteint mérite par conséquent d'être souligné, enseigné et imité car c'est là la marque de son achèvement d'une science positive. L'astronomie que Comte chérit est en quelque sorte une astronomie qu'il considère achevée parce qu'elle a atteint son point culminant grâce aux explications acquises par l'intermédiaire de la loi de la gravitation de Newton. Ce n'est pas une astronomie en chantier tournée vers l'avenir, mais une sorte d'objet de contemplation intellectuelle qu'il est capital de maintenir en l'état ; un point de référence de ce que l'esprit humain a déjà accompli dans son travail d'émancipation. D'où ces contours que Comte attribue à l'astronomie pour la maintenir dans l'état d'une science positive, d'où aussi la nécessité de rendre publics ces contours en sorte qu'ils servent d'exemple aux autres sciences comme c'est déjà le cas à travers la « thermologie » de Fourier notamment et comme il faudra que ça le soit pour la physique sociale. Si l'astronomie cède, c'est un socle de la pensée comtienne qui s'effondre, un socle sur lequel doit pouvoir prendre appui l'évolution sereine de la pensée humaine.

Cyril Verdet
Professeur de physique au lycée Stanislas (Paris) et chercheur associé au laboratoire Syrte de l'Observatoire de Paris

---

43. A. Comte, « Mémoire sur la cosmogonie », *op. cit.*, p. 483.

DOSSIER

Auguste Comte

BIOLOGIE ET SOCIOLOGIE CHEZ AUGUSTE COMTE

Mathieu Gibier

La philosophie de l'histoire d'Auguste Comte, méconnue aujourd'hui, mérite un nouvel examen. L'idée de progrès social qui lui sert de fil conducteur s'éclaire lorsqu'on la compare à la hiérarchie animale telle qu'elle est conçue notamment par Lamarck et Blainville. De ce point de vue, on s'aperçoit que les critiques déjà formulées par Cuvier envers une telle hiérarchie préfigurent celles qu'on peut adresser à la conception comtienne de l'histoire, qui semble postuler une corrélation trop rigide entre les différents aspects sociaux. Mais ne peut-on pas alors interpréter les idées de progrès social et de hiérarchie animale comme des principes régulateurs et non des faits observables ?

Quand la philosophie politique se laisse influencer par la biologie, c'est plus fréquemment pour le pire que pour le meilleur : l'application de la théorie de la « sélection naturelle » à la société n'est souvent rien d'autre qu'un contresens sur la pensée de Darwin, par lequel on s'efforce de renouveler la doctrine sophistique du droit du plus fort[1]. Or la philosophie d'Auguste Comte, au contraire, a ceci d'original qu'elle s'inspire de la biologie d'un Lamarck ou d'un Blainville sans pour autant être un *biologisme*. Les lignes qui suivent ont pour but d'expliquer et de justifier une telle affirmation.

De son propre aveu, les principes de la sociologie d'Auguste Comte doivent beaucoup aux acquis de la biologie. La distinction entre le point de vue statique et le point de vue dynamique, qu'il faut d'abord séparer pour mieux les combiner ensuite, trouve sa source dans la science du vivant, dont le but est de corréler l'organe et la fonction. De même, le principe fondamental de la statique sociale pose que tous les aspects de la vie collective agissent et réagissent les uns sur les autres, et ne peuvent donc être étudiés séparément :

---

1. C'est une forme parmi d'autres de ce qu'Auguste Comte appelait *matérialisme*, le définissant comme la réduction du supérieur à l'inférieur. Voir A. Comte, *Système de politique positive*, Paris, Carilian-Gœury et V. Dalmont, 1854, t. 1, « Discours préliminaire », p. 50.

or cette notion de *consensus* vient également de la biologie, où le mot désigne à l'époque l'harmonie nécessaire entre toutes les fonctions vitales.

Mais c'est surtout pour la fondation de ce que Comte appelle *dynamique sociale*, c'est-à-dire sa philosophie de l'histoire, que le modèle fourni par les sciences de la vie semble jouer un rôle décisif. L'histoire dans son ensemble, explique Auguste Comte, doit être comprise comme le développement progressif des dispositions humaines, et ce développement obéit à des lois, dont la plus fondamentale, concernant spécifiquement le développement de l'intelligence, est dite « loi des trois états ». Or, cette conception de l'histoire comme une « série »[2] semble bien être elle aussi directement inspirée par ce que le fondateur du positivisme considère comme une conquête majeure de la biologie de son temps, la classification des animaux selon la « méthode naturelle ». Les classifications zoologiques établies, dans la première moitié du XIXe siècle, par Cuvier, Lamarck, et Blainville notamment, ont pour ambition de représenter les véritables affinités entre les organismes qu'elles comparent. Elles font apparaître des plans d'organisation communs à plusieurs classes d'animaux qui ne se ressemblent pas à première vue et, assez souvent, permettent de passer d'une classe à l'autre par transitions graduées. Bien plus, chez Lamarck et Blainville, ces classifications ne se présentent pas comme des arbres – le schéma auquel les théories darwiniennes nous ont habitués – mais comme des classifications linéaires, des *séries* censées aller des organismes les plus simples aux organismes les plus complexes : disons de l'éponge à l'homme[3].

C'est de la même manière qu'Auguste Comte s'efforce de rendre intelligible le progrès de l'humanité à travers le temps : il s'agit de disposer les grandes périodes historiques en une série allant de celles où les dispositions de l'homme sont encore toutes à l'état embryonnaire, jusqu'à la société à venir où elles pourront trouver leur plein développement. Même s'il admire la célèbre image de Pascal comparant l'humanité à « un seul homme qui subsiste toujours et qui apprend continuellement »[4], Comte précise dans la 48e leçon que « l'enchaînement nécessaire des différents états sociaux » n'est pas équivalent à la comparaison biologique entre les différents âges de la vie, mais s'apparente davantage à la « série organique fondamentale »[5], c'est-à-dire au classement hiérarchique des êtres vivants tel que le conçoivent un Lamarck ou un Blainville. Il annonce même que « l'usage continu » qu'il s'apprête à faire de la méthode historique « confirmera hautement cette similitude logique, en témoignant que la succession nécessaire des divers états sociaux correspond exactement, sous le point de vue scientifique, à la coordination graduelle des divers organismes […] »[6]. Ces séries ne sont pas seulement *analogues* mais, d'une certaine manière, la seconde constitue un prolongement de la première,

2. A. Comte, *Cours de philosophie positive*, Paris, Hermann, 2012, 48e leçon, p. 208 : « L'esprit essentiel de cette méthode historique proprement dite me paraît consister dans l'usage rationnel des séries sociales… ».

3. Ou en sens inverse, de l'homme à l'éponge, comme sont encore aujourd'hui disposées les collections de la galerie d'anatomie comparée du Musée d'histoire naturelle, lorsqu'on parcourt la salle dans le sens des aiguilles d'une montre.

4. B. Pascal, *Traité du vide*, « Préface », Paris, Gallimard, 1954, p. 534

5. A. Comte, *Cours de philosophie positive*, op. cit., 48e leçon, p. 173.

6. *Ibid.*, p. 211-212.

en accentuant la tendance de la vie animale, et principalement des « fonctions intellectuelles et morales », à prendre l'ascendant sur la vie organique (les fonctions de nutrition, croissance et reproduction) :

> Sous un tel aspect philosophique, notre évolution sociale ne constitue donc réellement que le terme le plus extrême d'une progression générale, continuée sans interruption parmi tout le règne vivant...[7].

La pensée d'Auguste Comte est-elle prisonnière de la biologie de son temps?

Or, aux yeux d'un lecteur moderne, il semble que ces similitudes avec la biologie, loin de donner plus d'autorité à la sociologie d'Auguste Comte, la fragilisent et peut-être la condamnent. Il en va ici comme de toute philosophie qui prétend s'appuyer sur la science de son temps : si elle peut en retirer un poids momentané aux yeux des contemporains, elle risque en revanche de se trouver périmée lorsque les progrès de la science auront relégué dans le passé des théories que le philosophe jugeait définitives. Il semble que la biologie dont se réclame Auguste Comte ait été en grande partie rendue obsolète par les progrès spectaculaires réalisés par la science du vivant au XIXᵉ et au XXᵉ siècle.

La partie la plus faible du système, de ce point de vue, semble être la dynamique sociale, l'idée de progrès qui la sous-tend n'ayant plus rien pour nous d'une évidence. Elle a perdu l'assise biologique que voulait lui donner Comte, puisque la classification linéaire des animaux, plus ou moins directement issue de « l'échelle des êtres » de Charles Bonnet, a été complètement abandonnée par les théories ultérieures. Déjà, à l'époque de Comte, cette idée de ranger les êtres selon une échelle de perfectionnement aurait pu passer pour une lubie de Lamarck (associée chez lui à l'idée d'évolution des espèces), si elle n'avait été reprise par celui qui fut pour Auguste Comte à la fois un maître et un ami : Blainville, le disciple rebelle de Cuvier. Et la théorie de Darwin est venue lui apporter le coup de grâce. Si les espèces évoluent sous la pression de la « sélection naturelle », dans le sens d'une adaptation mécanique à leur environnement, alors cette évolution n'a pas du tout le sens d'un progrès vers une plus grande perfection, ni même vers une plus grande complexité. Quant à placer l'homme au sommet de cette échelle, n'est-ce pas se rendre coupable d'anthropocentrisme? Dès lors il n'y a qu'un pas à faire pour condamner totalement la sociologie inspirée d'une telle biologie. Pas plus qu'on ne peut classer les espèces animales selon une échelle de progrès, on ne peut parler de société plus ou moins parfaite, ni même plus ou moins « développée », qu'en prenant arbitrairement pour critère un type inspiré des sociétés qui sont les nôtres. Pas plus qu'il n'y a *une* série animale, mais un buissonnement évolutif, il n'y aurait *une* histoire de l'humanité, mais des histoires irréductibles dans leur diversité, chaque société qui naît et meurt devant être conçue comme singulière. Telle est déjà la critique adressée à Comte par celui qu'on considère trop souvent comme son continuateur. Durkheim observe que « la suite des

7. A. Comte, *Cours de philosophie positive, op. cit.,* 51ᵉ leçon, p. 276.

sociétés ne saurait être figurée par une ligne géométrique ; elle ressemble plutôt à un arbre dont les rameaux se dirigent dans des sens divergents »[8]. La critique paraît d'autant plus dévastatrice que la logique de la série se retrouve partout dans la philosophie d'Auguste Comte : il suffit de penser à la hiérarchie des sciences[9].

Je me propose pourtant, dans les pages qui suivent, de défendre le projet comtien, en approfondissant la comparaison de méthode déjà esquissée entre la biologie et la sociologie. Si cette défense se veut fidèle à l'esprit du fondateur du positivisme, elle s'écarte de la lettre sur certains points décisifs. Non, la sociologie d'Auguste Comte n'est pas à proprement parler « une science » telle qu'on entend ce mot aujourd'hui. Osons dire qu'elle est plus que cela : une réflexion sur le destin de l'humanité qui ne refuse pas de poser la question du sens. Cela signifie, premièrement, que certains principes sur lesquels elle s'appuie, bien que Comte n'hésite pas à les qualifier de « lois », doivent être conçus comme *régulateurs* et non comme constitutifs ou déterminants. On sait que Kant fait cette distinction entre deux usages de la faculté de juger, à propos des « maximes du sens commun » auxquelles les naturalistes ont recours : la subordination des espèces sous des genres, ou encore la maxime chère à un Leibniz ou un Lamarck, selon laquelle « la nature ne fait pas de saut ». La faculté de juger dans son usage réfléchissant, qui cherche une loi ou un concept sous lesquels penser un particulier donné, a besoin d'un principe dans cette recherche. Nous ressentons un tel principe comme nécessaire, sans pouvoir lui accorder une valeur objective : cette nécessité traduit un besoin de notre raison, et non pas une structure qui serait nécessairement liée à une nature en général. Je voudrais donc voir si la série animale et la série sociale ne peuvent pas encore aujourd'hui être considérées comme des idées valables à titre régulateur et heuristique, plutôt que comme des faits ou des lois déterminantes. Penser le progrès de l'humanité à la manière de Comte ne serait pas constater un fait, mais comprendre l'histoire humaine dans l'horizon d'une foi rationnelle.

Examen de la critique de Durkheim

Il faut d'abord écarter certaines critiques superficielles qui sont souvent adressées à l'idée d'histoire comme progrès : telles sont les objections de Durkheim dans ses *Règles de la méthode sociologique*. Il rappelle qu'Auguste Comte conçoit ce progrès comme « une réalisation toujours plus complète de la nature humaine » ; ce qu'il blâme aussitôt :

> À supposer que cette évolution existe, la réalité n'en peut être établie que la science une fois faite ; on ne peut donc en faire l'objet même de la recherche que si on la pose comme une conception de l'esprit, non comme une chose[10].

Outre l'étrange usage qu'il fait du mot de « chose » (en bon français, une évolution, réelle ou fictive, n'est de toute façon pas « une chose »),

---

8. É. Durkheim, *Règles de la méthode sociologique*, Paris, P.U.F., 1967, p. 50.

9. Voir la 2ᵉ leçon du *Cours* pour l'exposé classique de la hiérarchie des sciences. Qui oserait dire aujourd'hui que telle science est « inférieure » à telle autre ? Auguste Comte voit des hiérarchies partout, nous n'en supportons nulle part.

10. É. Durkheim, *Règles de la méthode sociologique*, op. cit., p. 50.

Durkheim semble proscrire ici tout usage de l'hypothèse dans l'observation scientifique. Faut-il condamner Galilée lorsqu'il suppose que la loi de la chute des corps est un mouvement uniformément accéléré avant de l'avoir vérifié par l'expérience ? Comte lui a répondu d'avance en montrant qu'une théorie quelconque doit toujours précéder l'observation des faits, pour permettre de les lier et de les retenir. Il est bien plus illusoire de prétendre « considérer les faits sociaux comme des choses »[11] de façon neutre, sans être guidé par aucune idée directrice préalable aux données de l'observation. Car, comme il est impossible d'observer sans théorie, on se condamne à voir les faits à travers des présupposés dont on n'a pas soi-même conscience. Du reste, Auguste Comte reconnaît lui-même que la meilleure preuve qu'il puisse donner de la réalité et des modalités du progrès est l'ensemble de sa philosophie de l'histoire[12].

Mais Durkheim va plus loin : « ... en fait, ce progrès de l'humanité n'existe pas. Ce qui existe, ce qui seul est donné à l'observation, ce sont des sociétés particulières qui naissent, se développent, meurent indépendamment les unes des autres »[13]. L'objection est étonnante de la part d'un penseur qui n'a cessé de nous expliquer la primauté axiologique et ontologique de la société sur les individus. Car, si l'argument est valable, que répondra Durkheim à un individualiste qui nie l'existence de la société en disant : « cette entité n'existe pas ; ce qui seul est donné à l'observation, ce sont des individus particuliers qui naissent, se développent, meurent indépendamment les uns des autres » ? Dans les deux cas, c'est le même présupposé : n'est réel que ce qui est immédiatement « donné à l'observation ». Toutefois Durkheim fait une concession qui l'oblige à préciser le sens de sa critique :

> Si encore [les sociétés] les plus récentes continuaient celles qui les ont précédées, chaque type supérieur pourrait être considéré comme la simple répétition du type immédiatement inférieur avec quelque chose de plus ; on pourrait donc les mettre tous bout à bout (...) et la série ainsi formée pourrait être regardée comme représentative de l'humanité.

Mais en fait un peuple qui succède à un autre

> n'est pas simplement un prolongement de ce dernier avec quelques caractères nouveaux, il est autre, il a des propriétés en plus, d'autres en moins, il constitue une individualité nouvelle et toutes ces individualités distinctes, étant hétérogènes, ne peuvent pas se fondre en une même série continue, ni surtout en une série unique[14].

Le fait qui réfute la conception de Comte, d'après Durkheim, est donc la singularité de chaque peuple historique, « individualité distincte » et non simple continuateur du peuple qui a décliné avant lui ; par exemple, la société féodale, bien qu'elle s'inspire sur certains points des institutions romaines, est une structure *sui generis* qui ne peut pas être conçue comme continuant l'œuvre commencée par la civilisation romaine. On pourrait de nouveau

11. *Ibid.*, p. 46.
12. Par exemple A. Comte, *Cours de philosophie positive, op. cit.*, 51e leçon, p. 289.
13. É. Durkheim, *Règles de la méthode sociologique, op. cit.*, p. 50.
14. *Ibid.*, p. 50.

répondre par un argument *ad hominem*. Si des « individualités distinctes » ne peuvent jamais « se fondre en une même série continue » ni collaborer successivement à une même œuvre, alors ne faut-il pas nier l'idée même d'héritage culturel et la possibilité pour un peuple de rester le même plus d'une génération ? Après tout, un peuple aussi est formé « d'individualités distinctes », qui ont « des propriétés en plus, d'autres en moins »[15] !

De plus, Auguste Comte a déjà levé cette objection dans la 48e leçon du *Cours*, en expliquant « l'heureux artifice judicieusement institué par Condorcet, l'hypothèse nécessaire d'un peuple unique, auquel seraient idéalement rapportées toutes les modifications sociales consécutives effectivement observées chez des populations distinctes ».

> Cette fiction rationnelle s'éloigne beaucoup moins de la réalité qu'on n'a coutume de le supposer : car, sous le point de vue politique, les vrais successeurs de tel ou tel peuple sont certainement ceux qui, utilisant et poursuivant leurs efforts primitifs, ont prolongé leurs progrès sociaux, quels que soient le sol qu'ils habitent, et même la race d'où ils proviennent[16].

Sans doute, à partir du *Système de politique positive*, Comte ne qualifierait-il plus l'Humanité de « fiction rationnelle ». Il reste que les peuples dont l'histoire nous montre la succession ne se proposent pas toujours *consciemment* de contribuer à une même œuvre universelle, c'est la raison pour laquelle l'idée « d'un peuple unique » peut être qualifiée d'artifice. Mais ce fait assez évident n'interdit pas de former, selon un titre bien connu de Kant, « l'idée d'une histoire universelle au point de vue cosmopolitique », c'est-à-dire l'idée d'une collaboration d'abord inconsciente et, pour ainsi dire, extorquée aux hommes par la nature, ayant pour finalité le développement des dispositions rationnelles et morales de l'humanité. Qu'une telle interprétation puisse être contestée, soit. Mais elle n'est en rien disqualifiée par les considérations de Durkheim sur l'individualité et l'hétérogénéité des sociétés qui se succèdent dans l'histoire.

Un dernier reproche adressé par ce dernier à l'idée d'un progrès historique de l'humanité mérite qu'on s'y arrête. Durkheim la critique comme trop proche du sens commun, dont les notions vagues n'ont en général qu'une valeur pratique et doivent donc être écartées de la science :

> En somme, Comte a pris pour le développement historique la notion qu'il avait et qui ne diffère pas beaucoup de celle que s'en fait le vulgaire. Vue de loin, en effet, l'histoire prend assez bien cet aspect sériaire et simple[17].

Cette objection soulève un problème de fond : est-il vrai que la philosophie et la science doivent s'opposer au sens commun ? Ne sont-elles pas destinées au contraire à lui rendre justice, en systématisant les notions que celui-ci a d'abord formées spontanément ? Si c'est le cas, alors la remarque de Durkheim

---

■ 15. Certes, les hommes qui composent un peuple ne sont pas « hétérogènes » puisqu'ils sont tous hommes. Mais que veut exactement Durkheim quand il affirme que les sociétés humaines, elles, sont hétérogènes ? Ce n'est pas clair, il me semble.

■ 16. A. Comte, *Cours de philosophie positive*, op. cit., 48e leçon, p. 171-172.

■ 17. É. Durkheim, *Règles de la méthode sociologique*, op. cit., p. 50-51.

devient un éloge involontaire plutôt qu'une critique. Éloge que d'ailleurs Comte s'était, pour ainsi dire, déjà adressé à lui-même à la fin de la 48ᵉ leçon :

> Je ne dois pas négliger de remarquer ici que la nouvelle philosophie politique, consacrant, d'après un libre examen rationnel, les anciennes indications de la raison publique, restitue enfin à l'histoire l'entière plénitude de ses droits scientifiques [...] [18].

Un point faible de l'argumentation de Comte dans ses leçons de sociologie

Si les arguments utilisés par Durkheim dans ses *Règles de la méthode sociologique* sont insuffisants pour disqualifier la grande pensée d'Auguste Comte, « l'idée-mère du progrès continu, ou plutôt du développement graduel de l'humanité » [19], cette dernière n'en a pas moins besoin d'une justification. Il faut donc examiner de quelle manière Comte entend l'établir. Dans la 48ᵉ leçon, il commence par remarquer que, dans certains domaines, l'existence d'un progrès déterminé par des lois nécessaires est irrécusable : c'est le cas surtout de « l'évolution intellectuelle », plus précisément du progrès des sciences. Qui niera en effet qu'il y ait, dans les découvertes scientifiques, un enchaînement rationnel déterminé par l'ordre des raisons ? Pour que Newton découvre la loi de la gravitation universelle, il fallait que Galilée ait déjà énoncé la loi de la chute des corps et que Kepler ait mis au jour les trois lois qui portent son nom. Or Kepler, à son tour, n'aurait pu obtenir ces lois, et notamment comprendre la forme elliptique de la trajectoire des planètes, sans les travaux des géomètres grecs sur les sections coniques. Du reste, on se représente trop souvent le progrès des sciences comme une simple *accumulation* de résultats, comme si la science se réduisait à un empilement de faits. L'essentiel de la science est dans la *coordination* de plus en plus profonde des faits, un nombre toujours plus grand de phénomènes étant expliqués par un petit nombre des lois. La connaissance humaine se développe à la manière d'un organisme, et non d'un tas que chaque génération viendrait grossir de quelques pierres.

La question est de savoir si le progrès des sciences constitue un cas particulier ou bien un modèle de progrès que l'on peut étendre à tous les autres aspects sociaux. Or, la loi fondamentale de la statique sociale nous conduit aussitôt à opter pour la seconde possibilité. Ni la technique, ni les beaux-arts, ni les mœurs ou la politique ne sont séparables de l'état des sciences dans une société donnée. Il est donc impossible, semble dire Auguste Comte, que celles-ci progressent sans que les autres ne se développent en parallèle :

> La solidarité déjà constatée, pour l'état statique, entre tous les divers éléments sociaux (...) doit, à plus forte raison, subsister pendant le mouvement, qui, sans cela, finirait par déterminer spontanément, comme en mécanique, l'entière décomposition du système. Or, la considération d'une telle connexité simplifie et fortifie à la fois les démonstrations préalables de l'ordre dynamique

---

18. A. Comte, *Cours de philosophie positive, op. cit.*, 48ᵉ leçon, p. 212 ; Comte ajoute que « la science réelle ne saurait être, à tous égards, qu'un spécial prolongement systématique » du « bon sens vulgaire ».
19. *Ibid.*, p. 171.

nécessaire, puisqu'il suffit ainsi de l'avoir constaté sous un rapport quelconque, pour qu'on soit aussitôt rationnellement autorisé à étendre d'avance le même principe à tous les autres aspects sociaux [20].

Comte cherche à prouver la nécessité d'un progrès en histoire.

La réalité du progrès historique semble donc être une conséquence presque immédiate du *consensus* social. Puisque tous les aspects sociaux sont solidaires, il suffit d'établir le perfectionnement nécessaire de l'un d'entre eux pour pouvoir l'affirmer de tous. Or le progrès scientifique est incontestable. C'est donc bien l'ensemble des dispositions de l'humanité qui se développent de façon continue dans l'histoire.

Ainsi présenté, le raisonnement de Comte n'est pas très convaincant. Même si l'on admet une certaine solidarité entre tous les aspects sociaux, il ne s'agit pas d'une détermination stricte, et rien n'indique par conséquent que le développement d'une faculté humaine à travers l'histoire doive nécessairement entraîner un progrès de la société sous tous les rapports. D'ailleurs, la corrélation ne pourrait-elle pas jouer en sens inverse ? Si, par exemple, comme le pensait Rousseau, le progrès des sciences et des arts s'accompagne toujours d'une corruption des mœurs, alors il y a bien une corrélation entre ces deux aspects, mais une corrélation pour ainsi dire *négative*. La solidarité entre les dimensions de la vie sociale ne constitue donc pas un fondement suffisant pour affirmer que, s'il y a progrès sous un certain rapport, il doit y avoir progrès aussi sous les autres. Auguste Comte a bien conscience, par exemple, du problème spécifique que pose l'histoire des beaux-arts [21]. Songeons à Hugo qui, dans son *William Shakespeare*, déclare la notion de progrès valable en science mais non en art. Comte ne voit là qu'une exception apparente, qui se dissipe dès qu'on distingue les *facultés* des *œuvres* : certes, les Romains par exemple n'ont pas produit de chefs-d'œuvre à la hauteur de ceux des Grecs ; mais cela ne prouve pas que leurs facultés esthétiques étaient moindres, cela peut indiquer simplement que les circonstances étaient moins favorables [22]. Nous ne pouvons pas ici approfondir ce point comme il le mériterait. Mais le risque d'une telle manière d'argumenter est qu'elle ne semble plus se prêter à la vérification. À chaque exception apparente à la loi du progrès, on aura toujours la ressource de supposer un développement caché de la faculté correspondante, empêchée d'agir pour telle ou telle raison.

La faiblesse de l'argumentation de Comte serait donc de supposer à la légère qu'on a le droit d'inférer, du progrès de l'humanité dans un domaine particulier, son progrès nécessaire dans tous les autres ; et, en particulier, de faire comme si tous les grands changements sociaux étaient déterminés par l'évolution intellectuelle. Cette hypothèse est posée en toute netteté dans la 51ᵉ leçon : « On ne saurait hésiter à placer en première ligne l'évolution

■ 20. A. Comte, *Cours de philosophie positive, op. cit.*, 48ᵉ leçon, p. 176.
■ 21. *Ibid.*, p. 175 : « L'exception apparente relative aux beaux-arts recevra, spontanément, dans notre étude directe de la dynamique sociale, une explication rationnelle, pleinement suffisante, j'espère, pour empêcher désormais tous les bons esprits de voir dans ce cas essentiel une sorte de grave objection contre l'ensemble régulier du mouvement nécessaire et continu de l'humanité ».
■ 22. A. Comte, *Système de politique positive, op. cit.*, p. 356.

intellectuelle, comme principe nécessairement prépondérant de l'ensemble de l'évolution de l'humanité ». Car : « On a toujours reconnu, d'une manière plus ou moins distincte, mais constamment irrécusable, l'histoire de la société comme étant surtout dominée par l'histoire de l'esprit humain »[23]. Si l'on accorde une telle hypothèse, alors il est parfaitement logique de fonder toute la philosophie de l'histoire sur une loi d'évolution de la pensée humaine telle que la fameuse « loi des trois états ». Mais on sait que le principe en question, loin d'être évident de soi, sera directement combattu par Marx et la doctrine qu'on a appelée le « matérialisme historique », soutenant au contraire que les opinions des hommes sont déterminées par leurs conditions matérielles d'existence. Or, au fond, le plus critiquable dans toute cette question semble être le présupposé commun au positivisme et au marxisme, à savoir *qu'un seul* aspect de la vie sociale pourrait déterminer tous les autres, que ce soit la « philosophie » prise au sens large chez Comte, ou bien la structure économique chez les marxistes. Tel est, par exemple, le point qui oppose un Raymond Aron, non seulement à la doctrine de Marx, mais aussi à la sociologie de Comte : « Il n'est pas vrai que la technique, le degré de développement des forces économiques ou la répartition des ressources collectives *détermine* l'ensemble de la société ; pas davantage il n'est vrai que l'on puisse déduire de l'organisation des pouvoirs publics toutes les caractéristiques de la société »[24]. Bref, dit-il encore dans ce premier chapitre de *Démocratie et Totalitarisme* : « Il est facile de démontrer que toute théorie de la détermination unilatérale de l'ensemble social par une partie de la réalité collective est fausse »[25]. Certes, il serait faux de parler dans le cas d'Auguste Comte d'une « détermination unilatérale » de l'intelligence sur les autres aspects de la société. Comparant le *Cours de philosophie positive* à *l'Esprit des lois*, Aron observe à juste titre : « Il n'est pas plus question, chez Auguste Comte, de la détermination de l'ensemble social par l'intelligence qu'il n'est question chez Montesquieu de la détermination de l'ensemble social par le régime politique »[26]. Il s'agit plutôt, dans les deux cas, d'une « action et réaction entre les différents secteurs de la réalité sociale globale ». Cependant, chez Comte, « le primat de l'intelligence n'en subsiste pas moins » puisque « les grandes étapes de l'histoire de l'humanité sont fixées par la façon de penser »[27].

Une critique analogue de la série animale

De telles objections contre la manière dont Auguste Comte cherche à prouver la nécessité d'un progrès en histoire prennent encore plus de force lorsqu'on les compare à celles qui ont été opposées, en biologie, à l'idée de série zoologique. Dans les deux cas, c'est la même faute de raisonnement qui se révèle : postuler une corrélation trop rigide entre toutes les dimensions de l'organisme, social ou individuel.

Considérons, en effet, les raisons pour lesquelles Cuvier a rejeté de plus en plus nettement l'échelle zoologique de Lamarck. Dans ses premiers

23. *Ibid.*, p. 286.
24. R. Aron, *Démocratie et Totalitarisme*, chap. I, Paris, Gallimard, 1965, p. 32-33.
25. *Ibid.*, p. 33.
26. R. Aron, « Auguste Comte », dans *Étapes de la pensée sociologique*, Paris, Gallimard, 1967, p. 101.
27. *Ibid.*, p. 101.

travaux d'anatomie comparée, Cuvier représente volontiers la classification des animaux comme une échelle de progrès qu'on peut d'ailleurs parcourir dans les deux sens : de l'organisme le plus parfait, celui de l'homme, à l'organisme le moins parfait (la classe des « zoophytes »), ou inversement. Son « fixisme » ne l'empêche pas d'envisager d'abord le classement de tous les organismes animaux dans un ordre croissant ou décroissant de perfection. Dans son *Tableau élémentaire de l'histoire des animaux*, il opte pour une présentation selon l'ordre décroissant. Il commence par l'homme, « qui est le plus parfait des animaux »[28], continue avec les mammifères, c'est-à-dire « les animaux qui ressemblent le plus à l'homme », pour terminer par les animaux qui possèdent à la fois le moins d'organes et, corrélativement, le moins de facultés, les zoophytes :

> Voici les derniers des animaux, quant à leur organisation et à leurs facultés. Les mollusques ont pour la digestion, la circulation, les sensations, la respiration, à peu près les mêmes viscères que les animaux à sang rouge ; ils s'approchent même beaucoup des poissons. Les insectes plus bas d'un degré n'ont plus de circulation distincte, et ne respirent que par des tranchées ; néanmoins on leur voit une moëlle épinière, des nerfs et des organes sensitifs bien prononcés. (…) Mais, dans les zoophytes, nous ne trouvons plus rien de tout cela : à peine des viscères digestifs, et quelque indice de respiration dans quelques-uns[29].

Nous voyons dans ce passage très significatif que Cuvier n'a aucun scrupule à envisager l'ensemble des classes animales comme une hiérarchie dont l'homme occupe le sommet, le passage d'une classe supérieure à une classe inférieure revenant à descendre d'un « degré » dans cette hiérarchie, par dégradation de facultés comme la respiration ou la circulation sanguine du fait de la simplification ou de la disparition des organes correspondants (poumons ou branchies, cœur). Cette marche, loin d'être un simple artifice de présentation, constitue un fondement de toute l'anatomie comparée, une méthode pour mieux comprendre cette corrélation entre l'organe et la fonction qui constitue aux yeux de Cuvier comme d'Auguste Comte le véritable but de toute la science biologique.

Cependant, dès le *Cours d'anatomie comparée*, Cuvier prend conscience des limites d'une telle méthode, et en vient à critiquer sévèrement l'idée d'ordonner toutes les classes zoologiques le long d'une unique série ascendante. La chose se révèle impossible pour deux raisons décisives. Premièrement, comme Cuvier l'avait soupçonné dès sa jeunesse[30], l'ordre de complexification ou, inversement, de dégradation croissante n'est pas toujours le même selon qu'on envisage tel appareil d'organe ou tel autre, telle faculté animale ou telle autre. Comme il l'écrit dans ses *Leçons d'Anatomie comparée* :

> […] les organes ne suivent pas tous le même ordre de dégradation : tel est à son plus haut degré de perfection dans une espèce, et tel autre l'est dans une espèce toute différente, de manière que si l'on voulait ranger les espèces

---

■ 28. G. Cuvier, *Tableau élémentaire de l'histoire naturelle des animaux*, Paris, Baudouin, 1798, p. 23.
■ 29. *Ibid.*, p. 640.
■ 30. Voir G. Cuvier, la lettre à Pfaff du 19 février 1791, citée par H. Daudin dans *Les Classes zoologiques et l'idée de série animale*, Paris, Alcan, 1926, t. 2, p. 83.

d'après chaque organe considéré en particulier, il y aurait autant de séries à former que l'on aurait pris d'organes régulateurs [31].

Par exemple, Cuvier, qui vient de découvrir la présence de véritable sang rouge chez certaines espèces de Vers (annélides), remarque qu'il faudrait ainsi les placer « au-dessus même de la plupart des insectes », alors que d'un autre côté, du point de vue des organes des sens, la classe des Vers « s'abaisse presque au niveau des zoophytes » [32]. Même si les annélides, les insectes et les crustacés appartiennent tous à un même embranchement fondamental, celui des « arthropodes » ou animaux articulés, cette identité de structure ne va pas donc pas jusqu'à impliquer un parallélisme strict dans le développement des organes et des fonctions. On voit bien, sur cet exemple, que l'idée d'une série animale se heurte exactement à la même difficulté que l'argument d'Auguste Comte en faveur d'un progrès unique et continu de l'espèce humaine. Ces deux principes semblent reposer sur le même présupposé inexact, à savoir que tous les appareils dont un organisme est constitué devraient se complexifier en même temps, en vertu de leur corrélation. Certes, la corrélation est bien réelle, mais rien n'empêche en fait qu'elle ne soit dans certains cas négative, c'est-à-dire que le développement d'un appareil s'accompagne de la dégradation d'un autre, comme nous l'avons remarqué successivement pour l'organisme social et pour l'organisme individuel.

L'autre raison fondamentale pour laquelle Cuvier en vient finalement à rejeter l'idée de série zoologique résulte de sa théorie des quatre embranchements. Sa pratique de l'anatomie comparée le convainc en effet de plus en plus que, si l'on peut trouver, entre certaines classes suffisamment ressemblantes, des « nuances » qui permettent de passer de l'une à l'autre sans faire de sauts, il n'en va pas de même pour les grandes masses qui composent le règne animal [33]. Les plans d'organisation des zoophytes, des arthropodes, des mollusques et des vertébrés sont, selon Cuvier, irréductibles : il est vain de chercher à concevoir, comme s'y échine Lamarck, une progression de l'un à l'autre. Les faits anatomiques réfutent donc l'autre condition impliquée par l'idée d'une échelle des êtres : la continuité dans le passage d'un organisme moins parfait ou moins développé à celui censé être au-dessus de lui. L'objection est particulièrement grave en ce qui concerne le système évolutionniste de Lamarck, puisque selon ce dernier la série zoologique n'est pas seulement une hiérarchie idéale, mais l'ordre *réel* d'après lequel les espèces animales ont dû provenir les unes des autres. Si l'on voulait poursuivre l'analogie avec la critique de l'idée de progrès en histoire, on pourrait rapprocher cette objection de Cuvier à Lamarck, de celle que Durkheim fait à Auguste Comte. Les peuples qui se succèdent dans l'histoire sont trop différents les uns des autres pour que l'on puisse les considérer comme faisant partie d'une même série, comme les continuateurs les uns des autres.

Pourtant, à l'examen, la conception des quatre embranchements de Cuvier, réinterprétée et amendée par Blainville, apparaît au contraire comme une

31. G. Cuvier, *Leçons d'Anatomie comparée*, Paris, Baudoin, 1805, t. 1, p. 59-60.
32. *Ibid.*, p. 353.
33. Voir par exemple G. Cuvier, *Leçons d'anatomie comparée, op.cit.*, p. 60.

source d'inspiration susceptible d'éclairer la dynamique sociale. D'une part, comme le remarque Henri Daudin, il subsiste chez Cuvier une hiérarchie entre eux, bien qu'à l'intérieur de chacun d'eux il soit impossible d'ordonner toutes les classes en série : les zoophytes sont plus simples que les arthropodes, eux-mêmes plus simples en moyenne que les mollusques, tandis que les organes et les facultés des vertébrés sont les plus développés. Cuvier ne nie donc pas qu'on puisse globalement ordonner les animaux selon une échelle de progrès, même si cela se révèle impossible dans le détail ; il nie seulement la continuité. Or, non seulement Comte lui donne raison dans la controverse qui l'oppose sur ce point à Lamarck[34], mais la conception de l'histoire comme progrès chez Comte n'implique pas non plus un développement régulier, constant, sans à-coups, de toutes les facultés humaines d'une génération à l'autre. Il y a des révolutions dans l'histoire (et même l'histoire de l'Occident n'est en un sens, pour Comte, qu'une immense révolution). Il y a aussi des ruptures, par exemple, entre les trois états, même si la trichotomie comtienne a l'avantage sur la division en quatre de permettre de concevoir le terme moyen comme terme de transition.

Quoi qu'il en soit du second argument de Cuvier, sa première critique s'est avérée décisive. On peut bien observer les dégradations progressives d'un même organe chez des espèces proches, dont on sait maintenant comment, malgré l'opinion de Cuvier, elles ont pu provenir les unes des autres. Mais il n'y a aucune raison pour que les « dégradations » d'un organe (ou, en sens inverse, ses complications) se fassent toujours parallèlement à celles d'un autre : la logique de l'évolution du vivant n'est pas celle d'un perfectionnement, mais celle d'une adaptation constante et mécanique des organismes à la diversité des milieux où ils sont amenés à vivre. Aussi a-t-on abandonné définitivement l'idée d'une hiérarchie animale unique après Darwin, et des biologistes modernes, comme S. J. Gould par exemple, rappellent périodiquement au grand public qu'*évolution* ne veut pas dire progrès[35]. En suivant Blainville plutôt que Cuvier, Auguste Comte n'a-t-il pas fait une erreur évidente ? Pire, cette erreur ne se retrouve-t-elle pas, *mutatis mutandis*, dans sa dynamique sociale ? Là non plus, il n'aurait pas assez tenu compte du fait que les divers types de progrès humains ne sont pas nécessairement concordants, de sorte qu'un peuple « primitif », par exemple, peut être à certains égards supérieur à une nation civilisée, même s'il lui est inférieur quant à ses connaissances scientifiques ou ses moyens techniques ?

L'approfondissement de l'idée de progrès dans le *Système de politique positive*

Faire un tel reproche à la philosophie d'Auguste Comte serait pourtant injuste. Car non seulement Comte admet ce genre de discordances dans l'évolution des sociétés humaines, mais bien plus il en fait un objet essentiel de ses méditations historiques, surtout dans le *Système de politique positive*. Nous avons vu que, dans le *Cours*, la statique sociale ou théorie de « l'ordre

---

34. *Cf.* A. Comte, *Cours de philosophie positive, op. cit.,* 42ᵉ leçon, p. 780.

35. S. J. Gould, *It's a Wonderful Life*, New York-London, Norton and Company, p. 35 : « Life is a copiously branching bush, continually pruned by the grim reaper of extinction, not a ladder of predictable progress ».

humain » est fondée sur l'idée de *consensus*. C'est encore plus nettement le cas avec le tome II du *Système*, qui s'ouvre sur une « théorie générale de la religion » enfin comprise dans son vrai sens, c'est-à-dire comme la « théorie positive de l'unité humaine » : « La religion constitue donc, pour l'âme, un consensus normal exactement comparable à celui de la santé envers le corps »[36]. Et pourtant, tout s'éclaire d'un nouveau jour par rapport à la 48e leçon du *Cours*, en vertu d'un double approfondissement décisif : premièrement, comme le montre la citation précédente, ce consensus est individuel en même temps que collectif. La fonction religieuse n'est pas moins de *régler* l'existence intérieure de chacun d'entre nous que de *relier* nos vies les unes aux autres, ces deux synthèses s'avérant inséparables chez l'homme : « régler et rallier exigent nécessairement les mêmes conditions fondamentales »[37]. Deuxièmement, il n'est pas *fait*, mais *à faire* : toute l'histoire de l'humanité doit être comprise comme un acheminement vers la seule synthèse qui permette vraiment d'unifier entre elles les trois dimensions de notre existence, le sentiment, l'intelligence et l'activité. Tant que cette immense préparation n'est pas accomplie, l'harmonie reste imparfaite et précaire, non seulement en chaque homme mais à l'intérieur des sociétés et des peuples. Par exemple, dans la Grèce antique, qui constitue le type d'un « polythéisme militaire » n'ayant pu se réaliser, contrairement à Rome, dans un véritable système de conquête, le développement de certaines intelligences d'élite se fait au prix d'une corruption des mœurs chez la plupart des autres hommes, l'intelligence primant vicieusement sur le cœur et l'activité dans une telle civilisation. Ainsi, loin d'être une réfutation de l'idée de progrès telle qu'il la conçoit, la discordance entre les différentes dimensions de notre existence, individuelle et collective, est au contraire le moteur de l'histoire : l'humanité est dans la nécessité de rompre avec l'ordre social au sein duquel elle s'est développée d'abord tant que celui-ci ne lui permet pas d'atteindre une harmonie complète, à la fois mentale, pratique et morale. Seule la religion de l'Humanité, que toute l'œuvre de Comte a pour but de faire advenir en la systématisant, peut réaliser un tel but :

> L'unité personnelle et l'unité sociale constituent le double but de la religion. Or, envers chacune d'elles, il devient facile de reconnaître que la synthèse fondée sur l'Humanité est la seule complète et durable, comme étant la seule conforme à notre nature[38].

Mais en admettant que l'unité humaine est un idéal plus qu'une réalité[39], Comte ne remet-il pas en cause toute la preuve de l'idée de progrès que nous avons examinée plus haut? Premièrement, comment justifier dans ce cas le

36. A. Comte, *Système de politique positive, op. cit.*, t. 2, p. 8.
37. *Ibid.*, p. 10.
38. *Ibid.*, p. 66.
39. Dès les leçons de biologie du *Cours*, l'unité de l'organisme se présente à la fois comme une donnée première et comme un résultat à atteindre, toujours précaire. Comme l'écrit L. Clauzade dans « Auguste Comte's Positive Biology », *in* M. Bourdeau, M. Pickering, W. Schmaus (eds.), *Love, Order & Progress. The Science, Philosophy and Politics of Auguste Comte*, Pittsburgh (PA), University of Pittsburgh Press, p. 116-117 : « From the anatomical view, the unity of organized bodies was to be considered a premise : it indeed accounted for the irrelevance of experimentation. From the physiological point of view, the fact that living bodies functioned as wholes was merely a precarious outcome, achieved through the balancing of all animal functions ».

choix de prendre le développement de l'intelligence comme fil conducteur de toute l'histoire humaine ? Puisqu'on vient d'admettre que le progrès de l'intelligence n'est pas nécessairement solidaire d'un progrès dans l'ordre des sentiments ou même de l'activité, l'hypothèse paraît maintenant gratuite. Auguste Comte n'ignore pas la difficulté et s'y confronte dans sa théorie de la religion. Il répond en montrant que cela résulte d'une analyse exacte des conditions de l'unité humaine, approfondissant ainsi une idée déjà présente dans la 51e leçon. Les « penchants » qu'il s'agit d'harmoniser ne peuvent trouver leur régulateur que dans l'ordre extérieur, auquel notre intelligence et notre activité sont forcées de se conformer de plus en plus : il faut *régler le dedans sur le dehors*. C'est pourquoi, bien que le désir de savoir soit loin d'être le plus intense des mobiles humains, l'évolution de nos opinions concernant cet ordre extérieur est le moteur principal de toutes les transformations sociales, et ce dont dépend au premier chef l'harmonie individuelle et sociale :

> Malgré la faible influence directe de l'intelligence dans l'ensemble de notre constitution cérébrale, elle détermine finalement le caractère effectif de la religion, pour l'individu, et surtout pour l'espèce, à chaque phase de notre évolution[40].

On aurait donc tort d'interpréter cette prépondérance du développement intellectuel dans la philosophie de l'histoire de Comte comme une forme d'intellectualisme. Au contraire, son vrai point de vue est celui de l'unité humaine envisagée dans toutes ses dimensions, et une des conditions décisives de cette unité est, précisément, la soumission de l'intelligence au cœur, comme Comte ne cesse d'y insister dans le *Système*.

La philosophie positive est-elle un finalisme ?

Reste une seconde objection décisive en apparence : qu'est-ce qui nous autorise à concevoir l'histoire comme la réalisation inévitable et progressive de cet idéal d'unité, que la plupart des hommes et des peuples ne se sont certes pas proposé consciemment ? Admettons que les conditions de l'unité humaine soient exactement celles indiquées par Comte dans sa théorie de la religion. Celle-ci sera précieuse si elle nous indique vers quel but doivent tendre nos efforts, mais elle ne prouve nullement par elle-même que toutes les civilisations se sont constamment rapprochées d'une telle fin. Et ainsi le fondement de la dynamique sociale paraît toujours aussi incertain. Ne faut-il pas admettre qu'Auguste Comte, malgré sa critique vigoureuse des « causes finales » caractéristiques de l'âge théologique, se laisse influencer à son insu par une forme de providentialisme et d'optimisme ? La référence à la biologie ne serait alors que la caution scientifique apportée après coup à une simple croyance ou « idéologie », et il n'y aurait finalement pas grand-chose de *positif* dans cette philosophie de l'histoire. C'est ce que pense Raymond Aron :

> On voit ainsi comment celui que l'on donne comme le fondateur de la science positive peut être aussi présenté comme le dernier disciple du providentialisme chrétien […]. Qu'il s'agisse des intentions de la providence ou des lois nécessaires

■ 40. A. Comte, *Système de politique positive, op. cit.*, t. 2, p. 27.

du devenir humain, l'histoire est conçue comme nécessaire et une. Le dessein est unique puisqu'il a été fixé soit par Dieu, soit par la nature de l'homme ; l'évolution est nécessaire, puisque, ou la providence en a fixé les étapes et la fin, ou la nature même de l'homme et des sociétés en a déterminé les lois [41].

Finalement, la question est de savoir ce que veut dire Comte lorsqu'il affirme fonder toute sa sociologie sur une théorie de la « nature humaine » élaborée par la statique sociale. Comme le remarque Aron, c'est l'unité de cette nature, à la fois point de départ et fin, qui est censée justifier sa conception de l'histoire humaine « comme nécessaire et une ». Elle seule également pourrait fournir une mesure susceptible d'éclaircir la notion problématique de *perfection* toujours présupposée par celle de progrès : l'homme se perfectionnerait dans la mesure où sa « nature » se développerait. Or, là-dessus, les affirmations d'Auguste Comte sont équivoques. Il laisse souvent penser que c'est à la biologie de nous faire connaître notre nature et l'on sait, de fait, quelle importance il attache à sa théorie des penchants fondamentaux de l'homme et à leur localisation cérébrale. Mais ce qui oriente toute sa méditation, en réalité, c'est d'abord une *exigence d'universalité* qui ne doit rien aux données positives de la biologie. N'est-ce pas cette exigence qui fait de l'idéal « religieux » de l'unité humaine le fondement de toute la statique sociale ? Ce que j'appelle ici *universalité* n'est pas un accord simplement extérieur entre les hommes, aussi large qu'on le suppose, mais cette convergence entre les hommes qui résulte de ce que chacun s'est d'abord mis en accord avec lui-même. Comte en cela retrouve Platon :

> Toute doctrine propre à régler pleinement un seul entendement, devient, par cela même, capable de rallier graduellement les autres cerveaux, dont le nombre ne peut jamais influer que sur la rapidité du concours [42].

Comme on l'a vu, notre entendement n'est pas seul concerné par cette unification, puisqu'elle doit embrasser, avec lui, les sentiments et l'activité. L'exigence d'universalité est *morale* plus encore qu'intellectuelle. Remarquons, de ce point de vue, que l'altruisme n'est pas le *fondement* de la morale d'Auguste Comte, bien qu'il soit l'inventeur du mot et malgré sa formulation du problème moral en termes de subordination des penchants égoïstes aux penchants altruistes. Pour quelle raison, en effet, cette subordination est-elle nécessaire ? Non parce que le rapport à autrui aurait par lui-même une valeur infinie. Simplement, la subordination inverse ne pourrait produire qu'une unité « imparfaite et précaire », parce qu'elle opposerait les hommes les uns aux autres, et surtout parce qu'elle opposerait chacun à soi-même, « d'après l'antagonisme nécessaire des divers penchants égoïstes, dont chacun réclame une indispensable satisfaction ». L'unité morale ainsi conçue n'est certes pas un fait mais un *devoir-être*. Or, qu'est-ce qui nous en fait ainsi un devoir, sinon la raison pratique, c'est-à-dire l'universel en tant que principe de détermination de la volonté ? Tel est, me semble-t-il, le fondement implicite de la philosophie de l'histoire de Comte, qui n'a donc rien à voir avec un « biologisme », une réduction de la vie humaine à ses fonctions biologiques. Cela ne veut pas dire

41. R. Aron, « Auguste Comte », *Étapes de la pensée sociologique, op. cit.*, p. 22.
42. A. Comte, *Système de politique positive, op. cit.*, t. 2, p. 10.

que l'anthropologie de Comte ne doive rien à la biologie. Toutes les remarques sur la faiblesse relative de certains de nos penchants par rapport à d'autres sont clairement de nature empirique. Mais il s'agit alors d'une « anthropologie au point de vue pragmatique », au sens que Kant donne à cette expression : une réflexion sur la nature de l'homme tout entière orientée par l'exigence pratique inconditionnée, c'est-à-dire l'exigence de la réalisation de l'universel.

Lorsqu'Auguste Comte pose qu'une telle unité humaine *doit* se réaliser progressivement dans l'histoire, il formule cette exigence pratique. Puisque nous avons le devoir de contribuer à la réalisation de l'unité humaine, nous devons aussi croire que cette unité est réalisable, et que l'histoire ne lui oppose pas d'insurmontables obstacles. Bien que les hommes n'aient qu'une idée confuse de ce vers quoi leur nature les fait tendre spontanément, bien que leurs préjugés et leurs passions puissent beaucoup les en éloigner, nous devons espérer qu'il est possible de voir, dans l'évolution de ces passions et de ces préjugés, une immense « préparation » de la synthèse finale. Ainsi, Aron n'a pas tort de parler de providentialisme ou de finalisme. D'une certaine manière, Comte le reconnaît lui-même, puisqu'il conçoit la suite de préparations qui constitue le « théologisme » comme une sorte de « tutelle » de l'Humanité régentée par les dieux fictifs qu'elle a elle-même inventée, avant de pouvoir devenir à elle-même sa propre providence. À la différence de la pensée théologique telle que Comte la comprend, cet usage de la notion de finalité ne s'oppose pas à l'immuabilité des lois naturelles, mais au contraire se fonde sur elle. D'autre part, si une telle pensée du sens de l'histoire humaine ne peut pas être qualifiée de « scientifique » selon les critères actuels de la science, cela ne lui ôte pas sa valeur : la compréhension du sens se situe sur un autre plan que l'explication des faits, même si Comte lui-même, il est vrai, ne distingue pas toujours clairement ces deux ordres.

Certes, Comte récuse le providentialisme théologique, auquel l'esprit positif substitue le principe des conditions d'existence. Ce principe, déjà mis en œuvre par Cuvier pour démontrer la solidarité des parties de l'organisme, consiste à remonter d'un fait à ses conditions de possibilité, sans toutefois supposer une intention à l'œuvre dans la production de ce fait. Si un animal peut voir, il faut bien qu'il possède des organes capables de remplir cette fonction, mais cela ne veut pas dire que la nature lui a donné les yeux *pour voir*. En outre, quoique l'existence même des êtres vivants et des sociétés suppose un certain ordre spontané, rien ne prouve que cet ordre soit le meilleur possible. Un tel principe exclut donc tout fatalisme face aux imperfections et aux injustices du monde. Mais, dans sa philosophie de l'histoire, Comte fait implicitement un usage élargi du principe des conditions d'existence : il ne s'interroge plus seulement sur les conditions de possibilité d'un fait déjà réalisé, mais sur les conditions de possibilité de la tâche suprême de l'humanité, la « religion » au sens précis qu'il donne à ce mot. Postuler que l'histoire est la mise en place progressive de ces conditions, c'est bien prendre pour fil conducteur de la dynamique sociale, non un fait ni même un principe constitutif du réel, mais une foi en l'homme qui n'est pas susceptible de démonstration bien qu'elle soit rationnelle.

La philosophie de l'histoire d'Auguste Comte est donc gouvernée par ce qu'il a lui-même appelé la « méthode subjective ». L'idée de progrès qu'il place au fondement de sa dynamique sociale n'est pas un fait susceptible d'être établi par observation ou mesure, mais un fil conducteur dont notre raison pratique ne peut se passer. Plutôt que permettre de véritables prévisions comparables à celles de l'astronomie (on sait que Comte s'est parfois trompé dans ses prévisions historiques, par exemple à propos de l'extinction des guerres européennes), sa mise en œuvre fortifie une foi qui, sans être suffisante, est indispensable pour la réalisation de son objet. On peut donc la dire *subjective* dans la mesure où sa nécessité est celle d'un besoin de la raison, non d'une loi de la nature. Au fond, c'est cette « subjectivité » qu'à partir de Durkheim à peu près tous les sociologues et beaucoup de philosophes ont reprochée à l'œuvre de Comte. Voulant s'en tenir à la « méthode objective », ils ont souvent cherché leurs modèles dans les démarches des sciences de la nature. Il en est résulté ce que Comte avait prévu (sans erreur, pour le coup) : la perte de « l'esprit d'ensemble ». La sociologie de Comte enseigne au contraire l'impossibilité d'étudier rationnellement un moment de la société si on l'isole de tous les autres avec lesquels il forme toujours nécessairement un système. Aussi l'histoire s'est-elle trop souvent perdue en purs travaux d'érudition. Mais, plus largement, si Auguste Comte a raison, c'est le destin de toute la science qui est ici en jeu. N'est-elle pas vouée à s'éparpiller dans des travaux de détails, imposés de plus en plus par des pressions extérieures à la recherche du savoir et du perfectionnement humain (il faut trouver des financements), tant qu'on rejette comme « antiscientifique » toute « méthode subjective » susceptible de coordonner nos connaissances et de les rapporter aux fins ultimes de l'humanité ?

La hiérarchie animale du point de vue de la « méthode subjective »

Mais en quoi cette « méthode subjective » consiste-t-elle exactement ? Je voudrais donner quelques indications à ce sujet, en revenant sur le problème de la hiérarchie animale. La question est de savoir si, en l'interprétant elle-même comme une idée régulatrice, on ne peut pas en faire aujourd'hui encore un usage valable.

D'abord, Comte n'ignore pas les critiques dont elle a fait l'objet de la part de Cuvier et d'autres naturalistes. Il a même conscience que les arguments de Cuvier sont décisifs, qu'on ne pourra jamais classer tous les animaux selon une série unique.

En effet, les habitudes actuelles ne la mettraient hors d'atteinte que si tous les animaux pouvaient y rentrer, ce qui restera certainement impossible, et de plus en plus. Des exceptions nombreuses et irrécusables suffisent alors pour renverser un tel édifice[43].

Mais ces difficultés ne prouvent pas, à ses yeux, qu'on doive abandonner cette grande notion. Il faut la concevoir autrement qu'on ne l'a fait jusqu'alors :

---

43. A. Comte, *Système, op. cit.*, p. 656.

On suscitera des débats sans fin tant qu'on représentera cette construction comme une expression absolue de la réalité extérieure, au lieu d'y voir surtout une fondation subjective, destinée au perfectionnement logique des hautes spéculations vitales[44].

Si en effet Auguste Comte a toujours jugé cette série essentielle, c'est principalement pour des raisons de méthode : suivre, comme l'a fait Cuvier lui-même, la dégradation progressive puis la disparition d'un organe le long de cette série est la meilleure manière de comprendre comment chaque partie de cet organe contribue à l'accomplissement de sa fonction. Il ne s'agit pas de reconstituer une genèse réelle, mais simplement de disposer d'un principe régulateur permettant la comparaison rationnelle de tous les organismes. La classification comme outil au service de l'anatomie comparée n'est pas la même chose que la classification qu'on appelle aujourd'hui « phylogénétique », dont le but est de reconstituer la parenté réelle de toutes les espèces. La première appartient à la biologie comme science abstraite, dans la mesure où elle contribue à éclairer la corrélation entre les organes et les fonctions ; la seconde relève de cette science concrète qu'est l'histoire de la terre, dont l'évolution des espèces constitue un chapitre important. Quand, par exemple, Cuvier fait de l'anatomie comparée, il traite de la biologie proprement dite. Mais lorsqu'il utilise ses connaissances sur la corrélation des organes dans les espèces connues pour identifier des fossiles, il inaugure la paléontologie, une science « concrète » au sens qu'Auguste Comte donne à ce terme. Aujourd'hui, les sciences concrètes occupent le devant de la scène scientifique. Aussi ne pense-t-on guère à la systématique qu'en termes phylogénétiques. Or, ne serait-il pas utile de réintroduire *aussi* une classification d'une autre nature, résolument « subjective » ?

Il pourrait être judicieux, en particulier, de recourir dans l'enseignement à des classifications plus proches de celle prônée par Comte, afin d'apprendre d'abord aux élèves à observer méthodiquement les organismes. La marche d'un seul esprit reproduisant toujours les grandes étapes de l'évolution de l'Humanité, il convient dans un premier temps d'introduire la classification zoologique à la manière de Cuvier ou Lamarck, sans avoir peur de suivre une échelle de progrès. Les élèves seraient dès lors en mesure de percevoir par eux-mêmes la pertinence des théories de Darwin, qui n'auraient pas pu voir le jour sans l'anatomie comparée[45]. Dans ses « leçons de philosophie biotaxique », Comte prévoit de réduire cette échelle à ce qu'il considère comme ses trois degrés principaux : « les animaux inférieurs, surtout rayonnés, les animaux intermédiaires, mollusques et articulés, et les animaux supérieurs ou vertébrés »[46]. Une telle série ne correspond à rien du point de vue phylogénétique, puisque les vertébrés, qui sont à ranger avec les ascidies ou les oursins dans le « phylum » des *deutérostomiens* (l'ouverture buccale se forme dans l'embryon après l'ouverture anale), n'appartiennent pas à la même branche de l'évolution que les mollusques et les insectes, qui sont des

---

■ 44. A. Comte, *Système, op. cit.*, p. 656.
■ 45. De façon analogue, Comte, comme professeur de mathématiques, ne se hâtait pas d'introduire le calcul différentiel.
■ 46. *Ibid.*, p. 659.

protostomiens. Toutefois, peut-on sérieusement nier que, de l'ascidie à l'homme, l'évolution ait le sens d'un *progrès*, et voir seulement dans notre organisme et celui de l'ascidie deux adaptations à des milieux de vie différents ? Même si nous distinguons plusieurs grandes séries là où Comte n'en voyait qu'une, l'idée de progrès ne disparaît pas pour autant. Peut-on s'empêcher de voir, dans le passage de la symétrie rayonnée à la symétrie bilatérale, auquel Auguste Comte, à la suite de Blainville, attache une importance fondamentale, un perfectionnement significatif ? Mais c'est finalement du point de vue de la raison pratique que se justifie le maintien de la série animale conçue comme une échelle de progrès. Puisque l'Humanité seule peut constituer une « fin en soi », un foyer pour la synthèse intégrale que doit réaliser la religion, il est permis de regarder l'ensemble de la nature comme si tout était destiné à préparer son développement. Certes, on ne fait alors que penser le sens de la nature, sans empiéter sur l'explication scientifique de ses productions. Expliquer l'évolution des espèces par la sélection naturelle n'interdit pas de concevoir le sens de cette évolution comme une élévation, non pas vers l'homme biologique, mais vers l'Humanité, comme réalisation concrète de l'universel[47].

La pensée politique d'Auguste Comte n'est donc pas fondamentalement remise en cause par les emprunts qu'elle semble faire à la science biologique de son temps, et plus précisément à des méthodes de classification du vivant qui nous semblent aujourd'hui dépassées. Si la biologie lui fournit des matériaux importants (pour certains fort douteux, comme le principe des localisations cérébrales de Gall), le véritable fondement de la sociologie d'Auguste Comte se situe, à mes yeux, dans une conviction d'ordre pratique, l'exigence d'universalité, à partir de laquelle se déploie ce que je propose d'appeler suivant Kant, plutôt qu'une « foi démontrée », une foi rationnelle. Ainsi comprise, la philosophie de l'histoire d'Auguste Comte mérite encore aujourd'hui d'être examinée avec soin. Sa discussion contribuerait à nous replacer au « point de vue d'ensemble » sans lequel les travaux historiques se perdent dans la poussière de faits que plus rien ne vient coordonner. Et loin d'avoir besoin de la caution de la biologie, en réalité, elle pourrait montrer l'intérêt d'une « méthode subjective » qui contribuerait à introduire un esprit plus systématique dans la biologie actuelle menacée par l'empirisme. Autrement dit, c'est seulement à condition de reconnaître qu'elle n'est pas toute la rationalité que la science peut rester vraiment *science*, et non simple instrument au service de nos intérêts matériels.

Mathieu Gibier
CPGE-Compiègne, lycée Pierre d'Ailly

47. On hésite néanmoins à suivre Comte lorsqu'il va jusqu'à écrire : « Toute espèce animale ne pouvant constituer, au fond, qu'un Grand-Être plus ou moins avorté, la sociologie est seule apte à fournir le véritable type de la hiérarchie biologique » (*Système de Politique positive*, I, *op. cit.*, p. 658).

Auguste Comte

LA FEMME ET LA FAMILLE SELON AUGUSTE COMTE

Annie Petit

Pour la société à « réorganiser », Comte repense les relations entre les sexes et la politique de la famille. Dans sa jeunesse il affiche des positions « libérales ». Appuyant ensuite sa sociologie sur la biologie et sur l'histoire, il fait de la famille l'élément social fondé autour d'un rapport homme-femme très différencié où l'un exerce l'autorité et l'autre est affectivité et soumission. Comte systématise aussi ses positions à partir de l'échec de son propre couple, d'un amour sublimé, et des femmes côtoyées. Ambivalences voire paradoxes s'accumulent dans ce conservatisme familial réformateur qui se prétend militant pour la femme.

C omte a donné aux femmes une place qu'il juge importante dans le positivisme ; elles ont eu un rôle déterminant dans la construction et l'évolution de sa philosophie. Or les relations entretenues avec les femmes de sa vie, complexes voire paradoxales, ont dessiné un curieux féminisme phallocrate, où ont été diagnostiqués les « aberrations » d'un « devenir-femme » ou « le roman d'une "fatale concurrence" »[1].

On s'attachera ici à préciser comment Comte, à partir de ses propres expériences, systématise, pour la société positiviste qu'il entend « réorganiser », les relations entre les sexes et une politique de la famille.

---

[1]. Voir B. Bensaude-Vincent et A. Petit, « Le féminisme militant d'un auguste phallocrate : à propos du *Système de Politique positive* d'A. Comte », *Revue Philosophique* 3, 1976 ; S. Kofman, *Aberrations, Le devenir-femme d'Auguste Comte*, Paris, Aubier-Flammarion, 1978 ; P. Molinier, « Auguste Comte et le génie féminin ou le roman d'une "fatale concurrence" », dans *Sous la science sociale, le genre*, Paris, La Découverte, 2010.

De l'expérience à la théorisation
Des amours de jeunesse ...

Dès sa jeunesse Comte est sensible à la condition des femmes. En 1819, il la juge bien « triste » et affiche des positions « libérales » contre ce qu'il dénonce comme un véritable asservissement :

> Une femme dans l'ordre social actuel, est regardée par les lois, et presque toujours par les hommes, [...] comme un meuble, comme un joujou destiné de toute éternité au bon plaisir et à l'usage de sa Majesté *l'Homme*, [...] On déguise, dans *la bonne compagnie*, cette triste condition des femmes, [...] par de mauvais quatrains où on leur répète qu'elles sont les *maîtresses*, les *dominatrices*, que les hommes sont leurs *esclaves*, et autres bêtises de cette force [...]. Je m'étonne toujours [...] qu'il puisse exister des femmes qui ne soient pas libérales[2].

Ce « libéralisme » ne manque cependant pas d'ambiguïtés, car le jeune Comte est depuis deux ans l'amant d'une femme mariée, dont il a une fille[3], et il avoue « sentir [s]a liberté un peu gênée par l'assiduité à laquelle [il a] accoutumé [s]on amie ».

Les ambivalences marquent aussi la liaison de Comte puis son mariage avec Caroline Massin. Les relations suivies ont commencé avec des cours de mathématiques. D'emblée Comte apprécie les « qualités d'esprit » de son élève, affirmées avant même celles « du cœur et du caractère »[4]. Il choisit d'abord l'union libre, la « fiction matrimoniale », et se déclare réticent au mariage[5]. Mais quatre mois plus tard il se dit convaincu :

> Mon parti est pris [...] je suis amoureux [...]. Je lie irrévocablement ma vie et j'acquiers le dévouement absolu d'une femme aimable et spirituelle et plus que cela même organisée à la Roland et à la de Staël [...]. Elle n'a pas plus de préjugés que moi quoique douée d'une extrême délicatesse naturelle[6].

Comte va même jusqu'à braver le refus de consentement de ses parents, et le mariage a lieu civiquement le 19 février 1825. Pour justifier ce mariage dont il souligne les aspects non conformistes, Comte mêle à ses déclarations amoureuses des arguments bien traditionnels.

> Il me faut une femme, je le sens, je le vois, physiquement et moralement, et une femme que je puisse avouer et tenir à la clarté du jour, car l'intrigue est dégoûtante pour moi comme moyen de passer la vie. [...] la réunion, sinon complète, du moins aussi grande que je puisse raisonnablement l'espérer, des qualités de l'esprit, du cœur et du caractère, si indispensables pour mon bonheur, je les trouve dans cette jeune personne[7].

■ 2. Comte à Valat, 24 sept. 1819, A. Comte, *Correspondance générale et confessions*, I, Paris, Mouton-EHESS-Vrin, 1973 – désormais cité *CG* –, p. 56-57, souligné par Comte.
■ 3. Voir Comte à Valat, 17 avril 1818, *ibid.*, p. 29-30.
■ 4. Comte à Tabarié, 22 août 1824, *ibid.*, p. 115, puis 116.
■ 5. Voir Comte à Tabarié : bien que « un peu tourmenté par [s]a Caroline », il se dit « bien décidé à ne pas aller plus loin », *ibid.*, p. 74-75.
■ 6. Comte à Tabarié 22 août 1824, *ibid.*, p. 116.
■ 7. *Ibid.*, p. 114-115.

Ainsi se soucie-t-il d'abord de ce qu'il lui « faut » et de son propre « bonheur », et se pose-t-il d'emblée comme celui qui élèvera sa jeune femme à la « culture convenable ». Quant au « défaut absolu de fortune de [s]a Caroline »[8], dont il se fait « un motif d'honneur », il n'est point exempt d'un certain calcul : « je m'assure par là dans cette jeune femme une affection fondée sur la reconnaissance, et qui survivra certainement à l'amour pur et simple »[9]. Une dernière considération concerne le sort de la jeune femme, puisque Comte dit craindre que leur liaison, déjà durable et connue, empêcherait Caroline « de s'établir jamais ailleurs »; or ajoute-t-il « pour les femmes le métier unique [...] c'est le mariage, d'où il résulterait que si je ne l'épouse pas j'aurais à me reprocher le malheur de sa vie ». Comte revient donc opportunément au mariage par un mélange de considérations morales et sociales, où le souci d'« établir » Caroline est aussi celui de s'établir lui-même et de se prémunir de tout remords. L'amoureux a dûment raisonné voire calculé ; il s'érige dans le couple en guide et protecteur ; s'il souligne les qualités de l'épouse, il se donne le beau rôle.

Mais très vite le mariage s'avère malheureux. Il ne correspond guère aux conceptions de Comte sur la distribution des rôles sexués telle qu'il l'esquisse par des conseils à son ami Valat s'apprêtant à son tour à convoler :

> L'esprit et le goût sont assurément fort commodes à rencontrer pour un homme de mérite dans la compagne de toute sa vie [...]; mais entre nous, ces qualités sont peu de choses pour le bonheur réel. [...]. L'essentiel [...] est l'attachement; le dévouement de cœur et la douceur de caractère avec le genre de soumission que peut lui inspirer le sentiment de la supériorité morale de son époux, et qui puisse suffire pour étouffer à sa naissance tout vain désir de domination[10].

Comte veut chez la femme « une certaine dose d'intelligence et d'instruction sans laquelle il ne saurait y avoir de contact réel »[11], mais point trop n'en faut. Or Caroline avait de l'une et de l'autre une « dose » plutôt forte, qu'attestent ses lettres écrites avec élégance, et l'intérêt toujours porté à l'œuvre de son mari.

La correspondance des époux montre les tensions grandissantes d'une relation ponctuée de séparations, et les réconciliations n'effacent pas les amertumes qui s'accumulent : la quatrième séparation en 1842 est définitive[12]. Pour Comte[13], sa femme, bien que « douée d'une rare élévation à la fois morale et intellectuelle », n'obéit qu'à de « vicieux principes et suivant une fausse appréciation de la condition nécessaire de son sexe dans l'économie humaine ». Pour Caroline[14] : « Mon grand crime était de voir en vous un mari

---

■ 8. Caroline Massin « n'a d'autre dot que celle qui inspire à Harpagon de si comiques remontrances, son bon cœur, ses grâces, son heureux caractère et ses bonnes habitudes », Comte à Valat, 25 déc. 1824, *ibid.*, p. 152.
■ 9. *Ibid.*, p. 115 et 116.
■ 10. Comte à Valat, 16 nov. 1825, *ibid.*, p. 166-167.
■ 11. *Ibid.*, p. 167.
■ 12. *Correspondance Auguste Comte - Caroline Massin*, Paris, L'Harmattan, 2006, cité désormais *C. AC-CM*. Voir Bruno Gentil, » Caroline Massin, une épouse dévouée mais pas soumise », dans D. Labreure, A. Petit (dir.), *Femmes et positivisme*, Strasbourg, P.U.S., 2020.
■ 13. Comte à Mill, 24 août 1842, *CG*, II, p. 76.
■ 14. C. Comte à A. Comte, 28 mai 1843, *C. AC-CM*, p. 173.

et pas un maître. Je sais fort bien que vous m'êtes supérieur sous beaucoup de rapports et d'ailleurs ces comparaisons m'ont toujours paru tout ce qu'il y a de plus absurde, nous n'avons pas à faire les mêmes choses ». L'un voit une distribution différentielle des rôles en termes hiérarchiques ; si l'autre argue de la différence, elle oppose le « dévouement » à la « soumission »[15].

Par la suite, Caroline Comte poursuit une correspondance assidue où elle donne à son mari des conseils pour sa santé et la conduite de ses relations familiales et professionnelles ; elle assiste à ses cours et fait jouer ses propres relations pour lui venir en aide[16]. Comte y voit plutôt du harcèlement et oppose aux tentatives de rapprochement une intransigeance autoritaire.

Dans ses œuvres Comte théorise les conceptions du mariage et de la famille, sous-jacentes aux mésententes entre époux.

… aux leçons du *Cours*[17]

Le *Cours* rationalise les conceptions des relations hommes-femmes et de la famille par les sciences. Comte s'appuie d'abord sur la biologie, qui précède et fonde la sociologie-politique. La biologie comtienne offre une connaissance des vivants qui les insère dans un réseau de déterminations, tant dans leurs structures (anatomie) que dans leurs fonctions (physiologie) ; appuyée sur « la saine théorie de notre nature intellectuelle et morale »[18], la sociologie déploie alors une « statique sociale », étude des structures de « l'organisme social » et des fonctions qui doivent y être remplies, et une « dynamique sociale » ou histoire des civilisations, montrant ce que les hommes en société ont fait des conditions qui étaient les leurs.

En sociologie statique[19] Comte développe la thèse de « la sociabilité fondamentale de l'homme », liée à l'affirmation de « l'énergique prépondérance des facultés affectives » et au fait que dans celles-ci les « instincts égoïstes » dominent « les nobles penchants à la sociabilité ». D'où la nécessité, pour l'équilibre de « l'organisme social », de cultiver ceux-ci contre ceux-là. La famille est la « véritable unité sociale », « là où l'homme […] apprend d'abord à vivre dans autrui », et donc « la première base essentielle de l'esprit social ». Or Comte la voit fondée sur deux types de relations : « la subordination des sexes et ensuite celle des âges »[20]. « L'inévitable subordination naturelle de la femme envers l'homme » donne lieu à une critique sévère des « sophismes » qui soutiennent les « chimériques déclamations révolutionnaires sur l'égalité des deux sexes » ; « la biologie positive » fournit à Comte la « représentation du sexe féminin comme nécessairement constitué, comparativement à l'autre, en une sorte d'état d'enfance continue ». Ceci étant, l'« infériorité fondamentale » s'accompagne d'une « supériorité secondaire » du point de vue social : moins bien lotie que l'homme pour la spéculation et pour le gouvernement, par une

---

■ 15. Voir C. Comte à A. Comte, 17 janv. 1850, *C. AC-CM*, p. 250 : « Je vous ai toujours été bien dévouée, mais je n'étais pas soumise. Moins de dévouement réel, plus de soumission, et les choses auraient été mieux entre nous ».

■ 16. Voir par exemple *C. AC-CM*, p. 66, 78, 97, 102, 108, 138, 173, 191-200, 214, 249, 255-257, 260-263. Et voir ses interventions pour obtenir la poursuite du « Cours philosophique sur l'histoire de l'Humanité » en 1850.

■ 17. A. Comte, *Cours de Philosophie Positive* [1830-1842], Paris, Hermann, 1975, désormais cité *C*.

■ 18. *C*, 49ᵉ l., p. 157.

■ 19. *C*, 50ᵉ l., p. 177-180.

■ 20. *Ibid.*, p. 183-184.

intelligence et une raison moindres, la femme l'est mieux en facultés affectives et par sa propension à la « sympathie » et à la « sociabilité ». Sa fonction dans la famille est donc d'exercer sur « la raison trop froide ou trop grossière qui caractérise habituellement le sexe prépondérant » une « indispensable fonction modératrice »[21]. Ainsi la famille est le lieu où se construisent les relations sociales, où l'on trouve « de la part de l'inférieur la plus respectueuse obéissance spontanément imposée, sans le moindre avilissement [...] ; et chez le supérieur, l'autorité la plus absolue unie au plus entier dévouement »[22]. « Obéissance » ou « commandement », et « discipline », organisent ainsi la vie de famille, avec « séparation des travaux » et « coopération des efforts », ce qui prépare à la vie de la société générale[23].

En suivant les formes variées prises par la famille au cours de l'histoire, la sociologie dynamique confirme ces déterminations : Comte y voit la construction progressive du « vrai caractère social de la femme » ; « l'essor très imparfait du vrai génie féminin » sous le « régime polythéique » apporte avec la réclusion domestique des femmes un net progrès par rapport à « l'âge de barbarie où le sexe le plus faible restait communément assujetti aux travaux pénibles dédaignés par le sexe prépondérant »[24] ; un « perfectionnement général de la famille humaine » est dû au monothéisme qui apporte le développement du « juste sentiment des devoirs mutuels », et, pour les femmes, le catholicisme contribue « en les concentrant davantage dans leur existence essentiellement domestique, à garantir la juste liberté de leur vie intérieure »[25].

Savantes leçons ! Or ces idées valent à Comte non seulement la faillite de son mariage, mais aussi l'éloignement de celui qui fut son premier admirateur et propagandiste.

Débats et affrontements avec J. S. Mill

Comte a confié à Mill son « duel domestique », mais celui-ci est loin de partager les convictions de celui-là. Les discussions deviennent irréductibles dissensions. Leur analyse détaillée étant développée ailleurs[26], on se contente ici d'en marquer les points-clés.

Un différend sur le divorce s'élève fin 1842 : Comte le refuse farouchement, le dit cause et effet de mœurs « dissolvantes » et « anarchiques »[27]. Puis Mill en juin 1843 déclare ne point admettre « la subordination nécessaire d'un sexe à l'autre »[28]. Pour Comte, les différences entre hommes et femmes sont « naturelles » ; la sociologie et la politique doivent plutôt les développer. Pour Mill, les différences sont culturelles, acquises, créées et renforcées par l'éducation et les habitudes ; la sociologie et la politique doivent y remédier

21. *Ibid.*, p. 185-6, 187-8, 186, 187.
22. *Ibid.*, p. 188.
23. *Ibid.*, p. 190-192.
24. *C*, 53ᵉ l., p. 300, 304.
25. *C*, 54ᵉ l., p. 365-366.
26. A. Petit, « A. Comte, J. S. Mill, É. Littré : La femme au cœur des conflits dans la politique positive », dans A. Corbin, J. Lalouette, M. Riot-Sarcey (dir.), *Les Femmes dans la cité, 1815-1870*, Grâne, Créaphis, 1998, p. 461-481 et V. Guillin, *Auguste Comte and Sexual Equality*, Leden-Boston, Brill, 2009, et ses articles.
27. Comte à Mill, 30 sept. 1842, *CG*, II, p. 93.
28. Mill à Comte, 17 juin 1843, *CG*, II, p. 388.

par plus d'égalité[29]. La lecture comtienne de l'histoire, comme réalisation progressive d'une « nature » des femmes qui les appelle au foyer pour y développer leurs dévouements obéissants, s'oppose frontalement à celle de Mill qui voit l'histoire comme celle d'un assujettissement à dénoncer et combattre. Comte condamne en termes sévères les mouvements dits d'émancipation[30] alors que Mill vit avec la féministe militante Harriet Taylor. Les relations se distendent peu à peu entre Comte et Mill et leur correspondance s'arrête vers 1846 : si leurs conceptions du rôle des femmes ne sont pas leurs seules divergences, elles en furent l'une des plus importantes[31]. Plus tard, dans un texte militant contre *L'Assujettissement des femmes* Mill réunit et développe entre autres les arguments déjà débattus avec Comte[32].

Idéalisation, rationalisation et systématisations
L'amour de maturité : l'effet-Clotilde

Ayant achevé le *Cours*, et libéré aussi des liens matrimoniaux houleux, Comte se prépare à développer enfin la sociologie politique qu'il vient de fonder. Or bientôt le philosophe tombe amoureux de Clotilde de Vaux.

Ceci a donné lieu à bien des commentaires, car Comte lui-même a proclamé l'importance déterminante de cet amour pour son œuvre philosophique et en a fait le point de départ de ce qu'il appelle sa « deuxième carrière »[33]. Les disciples ont poursuivi les hommages commémoratifs envers C. de Vaux[34] et multiplié les gloses sur cette « amoureuse histoire »[35]. Pour les études sur Comte et son itinéraire philosophique, le moment-Clotilde et ses conséquences sont passages obligés[36] ; la question est aussi traitée dans de nombreux articles et études critiques récentes[37]. On s'en tiendra ici à quelques rappels.

■ 29. Mill à Comte, 30 août 1843, *CG*, II, p. 396-397 ; 13 octobre 1843, p. 399 ; 30 octobre 1843, p. 401-406.

■ 30. Comte à Mill, *ibid.*, p. 206-211.

■ 31. Ainsi le pense Littré qui les rapporte, vingt ans après, dans *Auguste Comte et la philosophie positive*, Paris, Hachette, 1863, p. 401, où il est clair que Littré penche du côté de Mill.

■ 32. *The Subjection of Women*, publié en 1869.

■ 33. Ce thème apparaît dans la correspondance avec C. de Vaux (*CG*, III, p. 78-83, 304-305) avant de devenir un leitmotiv du *Système de politique positive* [1851-1854], Paris, Anthropos, 1969-1970, désormais *S*. Voir A. Petit, *Le Système d'Auguste Comte. De la science à la religion par la philosophie*, Paris, Vrin, 2016, chap. X.

■ 34. Les exécuteurs testamentaires étaient chargés de publier la correspondance « sacrée » avec C. de Vaux. Lors des pèlerinages des disciples au Père-Lachaise pour l'anniversaire de la mort de Comte, honneurs sont rendus aussi sur la tombe de son égérie. Les disciples brésiliens ont particulièrement vénéré C. de Vaux, et ils ont établi une « chapelle positiviste » dans l'immeuble où elle était censée avoir habité.

■ 35. Voir C. de Rouvre, *L'Amoureuse histoire d'Auguste Comte et de Clotilde de Vaux*, Paris, Calmann-Lévy, 1917 ; M. Wolff, *Le roman de Clotilde de Vaux et d'Auguste Comte*, Paris, Perrin, 1929.

■ 36. La question est ainsi traitée par Jane Style, Émile Henriot, Henri Gouhier, Mecca M. Varney, Pierre Ducassé, André Thérive, Étienne Gilson, Pierre Arnaud.

■ 37. Voir M. Pickering, *Auguste Comte. An Intellectual Biography*, vol. 2, Cambridge, Cambridge University Press, 2009 ; « Clotilde de Vaux and the Search of identity », in J.-B. Margadant (ed.), *The New Biography*, Oakland (CA), University of California Press, 2000 ; A. Petit, *Le Système…, op. cit.*, chap. X ; « Auguste Comte et Clotilde de Vaux : Les confidences de 'l'année sans pareille' », *Cahiers d'Études sur les Correspondances du XIXe siècle* 8, Paris, Nizet, 1998 ; « Un "ange inspirateur" : Clotilde de Vaux » dans J. Carroy, N. Edelman, A. Ohayon et N. Richard (dir.), *Les femmes dans les sciences de l'homme (XIXe-XXe siècles)*, Paris, Séli Arlan, 2005 ; C. Giolito, « Les raisons du cœur : lectures de la relation de Comte à Clotilde », *Romantisme* 82, 1993, p. 31-40 ; M. Blanc, *Carnet Clotilde de Vaux, l'égérie d'Auguste Comte*, site de la Bibliothèque des Amis de l'Instruction, openedition.org/18062 ; « Clotilde de Vaux, l'égérie d'Auguste Comte » dans *Femmes et positivisme, op. cit.*

Lorsqu'il rencontre chez l'un de ses élèves, Maximilien Marie, sa sœur Clotilde de Vaux, Comte est seul depuis 2 ans et il a 47 ans. Elle a 30 ans, a été abandonnée par un mari qui, ayant perdu au jeu sa fortune, a fui les poursuites judiciaires par-delà les frontières. Toujours légalement liée à celui qui l'a délaissée, elle est sans ressources. À ces malheurs, s'ajoute une santé fragile. La délicate jeune femme, romantiquement belle – teint de lait, yeux émeraude et chevelure en bandeaux châtains – est aussi fort romantiquement phtisique. La première lettre de Comte à Clotilde du 30 avril 1845 inaugure une ample correspondance, où l'« amie », devient « très chère », puis de « noble sœur », devient « épouse véritable », en même temps qu'elle est promue « inspiratrice », « intime collaboratrice » …

En fait, la relation avec Clotilde de Vaux, où Comte voit une révolution affective, révèle quelques constantes de ses comportements amoureux. Comte aime des femmes sans fortune, pour s'en donner volontiers le rôle de protecteur. Pour Caroline Massin qui n'avait pas de dot, il y voyait un gage de solidité de leur couple. Clotilde de Vaux est aussi sans ressources et, s'il l'encourage à échapper au « despotisme maternel », à refuser le « communisme domestique »[38], il se fait devoir d'un « cordial protectorat » en lui ouvrant sa bourse, quelles que soient ses propres gênes[39]. Comte aime aussi des femmes spirituelles et cultivées. Il appréciait en Caroline Massin « l'organisation à la Roland et à la de Staël » ; Clotilde de Vaux ne manque pas non plus de la « dose d'intelligence et d'instruction » nécessaire selon Comte au « contact réel » entre un homme et une femme[40]. Il engage d'ailleurs les relations par la littérature[41] ; la jeune femme insiste vite pour qu'ils ne parlent « que de nos têtes »[42]. Aussitôt Comte saisit le prétexte de la sainte Clotilde pour lui envoyer une longue « Lettre philosophique sur la commémoration sociale » qui digresse sur « l'influence sociale des femmes »[43]. Clotilde, dont une nouvelle vient d'être publiée en feuilleton[44], s'efforce de situer les échanges comme ceux d'auteur à auteure. Elle entreprend un nouveau roman, *Willelmine*; ceci déclenche de la part de Comte une avalanche de conseils littéraires entremêlés de considérations sociales[45]. Lors même qu'il finit par admettre sa volonté d'écrivaine, Comte affirme une coopération qui est partage des tâches et des domaines :

> Tous deux, nous traitons, quoique sous des faces très différentes, le même sujet fondamental, la nature et l'existence humaine : mais vous vous y bornez à la vie privée, réduite même à son centre moral, indépendamment de toute

38. Voir par exemple, *CG*, III, p. 182, 185, 269, etc.
39. Clotilde doit faire assez souvent appel à l'aide de Comte. Il lui fait plusieurs prêts qu'il veut considérer comme dons : voir *ibid.*, p. 91 ; p. 135 ; p. 140, 142, p. 184-185 ; p. 189, 192 ; p. 313 etc.
40. Comte à Valat, 16 nov. 1825, *ibid.*, p. 167.
41. Le 30 avril 1845 Comte envoie à C. de Vaux une traduction de *Tom Jones*.
42. Comte à C. de Vaux, 29 mai 1845, *CG*, III, p. 23.
43. Comte à C. de Vaux, 2 juin 1845, *ibid.*, p. 27-33.
44. Il s'agit de *Lucie*, histoire présentée en treize lettres et d'inspiration évidemment autobiographique. Comte a reproduit *Lucie* comme « Complément de la Dédicace » du *Système de politique positive*.
45. Voir Comte à C. de Vaux, 6 juin 1845, *ibid.*, p. 39. Comte voit en Clotilde la femme « destinée à réparer dignement les ravages moraux résultés aujourd'hui du déplorable emploi du beau talent féminin », 11 août 1845, p. 92.

influence spéculative ou active ; moi je dois surtout embrasser l'ensemble de la vie collective de l'Humanité.[46].

Comte multiplie les « lettres philosophiques » espérant que la jeune femme s'en fasse l'écho. Mais la romancière n'entend pas être l'instrument du philosophe. Elle dit clairement vouloir garder la maîtrise de son œuvre, comme de sa vie[47]. Clotilde comme Caroline, l'une et l'autre fort intelligentes, luttent à leur manière contre l'oppression des femmes, forçant Comte à la penser même s'il repousse avec constance l'idée de leur égalité.

Ceci conduit à un autre rapprochement entre les correspondances de Comte avec sa femme et avec son « épouse spirituelle ». De fait Comte n'écoute guère celle-ci plus que celle-là. Il ne lit que ce qu'il veut lire ; il parle de lui et n'entend pas ce qu'elles disent. Il ne tient guère compte des conseils ni des plaintes de Caroline Massin[48]. Avec C. de Vaux, Comte semble plus attentif. Mais dans les quelques confidences obtenues, il voit aussitôt une communauté de destins, et allie la jeune femme au sien. Lorsqu'elle affirme sa propre ambition de carrière, il s'empresse de se poser en guide et mentor[49] et ses compliments sont en fait auto-gratifiants[50]. Le contraste de leurs échanges sur leurs maux physiques est net aussi : les distances que C. de Vaux veut garder causent chez Comte divers dérangements dont il l'entretient dramatiquement ; elle, par contre, bouscule toute hypocondrie complaisante[51], veut éviter les « parlementages »[52] ; enfin, quand sa propre santé se délabre, elle essaie malgré tout d'être rassurante et de trouver des formules enjouées[53], alors que Comte se livre aux « épanchements » et laisse couler ses larmes sur les « tristes fatalités »... Bref, Comte voit ses femmes en fonction du rôle qu'il attend d'elles : de Caroline qu'il voulait épouse soumise, mais qui voulait « un mari et pas un maître »[54], il ne voit pas les efforts de collaboration ; de Clotilde, dont il fait son inspiratrice promue en collaboratrice, il n'entend pas les réticences et ne voit pas la force de sa quête d'indépendance. Il y a fort à parier que si C. de Vaux avait vécu, elle aurait encore moins supporté l'autorité de Comte que C. Massin.

Car les échanges amicaux ou passionnés de C. de Vaux et de Comte ne durent que le temps de ce qu'il appelle « l'année sans pareille » : la jeune femme meurt en avril 1845. Le philosophe est inconsolable. Sublimant l'aimée disparue en « ange inspirateur », Comte lui dédicace son second traité[55].

■ 46. Comte à C. de Vaux, 16 sept. 1845, *CG*, III, p. 129-130.
■ 47. C. de Vaux à Comte, 30 oct. 1845, *ibid.*, p. 168 ; aussi 26 déc. 1845, *ibid.*, p. 254.
■ 48. C'est pire après la séparation : lorsque Caroline se soucie de sa carrière et de sa santé, il ne voit dans ses lettres que l'expression d'un « vain désir de domination », ou celui de renouer, ce qui attente à la paix nécessaire à son œuvre.
■ 49. Ainsi Comte met en garde C. de Vaux contre la « tourbe écrivante », 6 juin 1845, *CG*, III, p. 37-38.
■ 50. Comte à C. de Vaux, 25 juin 1845, *ibid.*, p. 43 : « vous avez dignement caractérisé la vraie condition sociale des femmes, suivant le principe philosophique que mon ouvrage avait établi ».
■ 51. « Ne caressez donc pas comme vous le faites vos insomnies […]. C'est un peu long de vivre vingt-quatre heures par jour », *ibid.*, p. 169.
■ 52. *Ibid.*, p. 337.
■ 53. *Ibid.* « Mon cœur est comme un château de cartes, il me semble qu'il va s'écrouler […]. Je vois qu'il faut en passer par l'huile de foie de morue en ce monde », p. 325. Autres formules p. 332, 336, 347.
■ 54. *C. CM-AC*, p. 173.
■ 55. La « Dédicace » est rédigée en octobre 1846 dans la douleur de la récente disparition.

Surmontant sa douleur en établissant pour lui-même la constante méditation de leur correspondance et des rites commémoratifs, il systématise l'usage de l'affectivité dans le positivisme développé comme nouvelle religion de l'Humanité, dont il s'agit d'être « serviteurs » au lieu d'« esclaves de Dieu » ; le programme en est précisé dans un *Catéchisme positiviste* où dialoguent un « Prêtre » et une « Femme » expressément référée à C. de Vaux, qui cumule ainsi les fonctions d'élève et de patronne[56]. Dans cette religion destinée à « relier et rallier » – par les pensées, nourries du « dogme » fourni par les sciences, par les sentiments développés dans le « culte », par les actions encadrées par le « régime »[57] – Comte invite à symboliser l'Humanité comme une jeune femme de trente ans, tenant un enfant – l'avenir – dans ses bras, recommandant de lui donner les traits de C. de Vaux ; une telle Humanité est censée remplacer, sur les autels des nouveaux temples et chapelles, les représentations de la Vierge Marie, dont elle est la reprise en même temps que le dépassement. Comte demande aussi à ses exécuteurs testamentaires de veiller à la publication de ce qu'il érige en « correspondance sacrée », articulant toujours histoire privée et systématisation publique.

Tout comme Comte a systématisé ses expériences académiques et populaires pour déterminer les rôles des savants[58], il systématise ses expériences amoureuses pour concevoir les rôles féminins. Alors que Clotilde de Vaux est sublimée en symbole de la féminité parfaite, Caroline Massin est caricaturée en celui de la féminité dangereuse. De C. de Vaux, Comte maximise l'influence inspiratrice d'une découverte de l'affectivité qui réoriente son œuvre[59] ; il fait de l'« épouse spirituelle » sa « collaboratrice », sa « collègue », alors que la romancière se montrait pour le moins réservée sur le rôle militant qu'essayait de lui faire tenir le philosophe et qu'elle cherchait l'indépendance par le travail. De C. Massin, dont Comte dénonce dans son *Testament* un douteux passé de prostitution, il fait une indisciplinable révolutionnaire voire un « démon » ; mais il a minimisé l'amour certes houleux mais profond qui les a liés, il a tu le dévouement aux heures de l'« orage cérébral » et l'aide apportée même après la séparation.

Comte s'est appliqué à opposer les deux femmes de sa vie, mais en fait ne les a-t-il pas traitées d'une manière assez commune, et ne furent-elles pas plus proches qu'on ne l'a dit ?

La systématisation philosophique politique et religieuse de la « deuxième carrière »

Comte prétend avoir découvert grâce à C. de Vaux l'importance de l'affectivité qu'il aurait trop longtemps sous-estimée, tant pour l'équilibre de chaque individu, que dans la distribution des rôles sociaux. Y a-t-il, dans

56. Comte suspend la publication de son second traité pour publier en 1852 ce *Catéchisme*, Paris, GF-Flammarion, 1966, désormais cité *Cat.* ; pour le choix de la catéchumène, voir « Préface », p. 36 *sq.*
57. La tripartition « Dogme », « Culte » et « Régime » donne le plan des « Entretiens » du *Catéchisme positiviste*.
58. Voir A. Petit, « Le Corps scientifique selon Auguste Comte : Critiques et propositions », dans A. Kremer-Marietti (dir.), *Sociologie de la Science. Sociologie des sciences et rationalité scientifique*, Sprimont, Mardaga, 1998, p. 69-91.
59. Voir « Préface », « Dédicace » et « Complément de la dédicace » du *S*, I et la « Conclusion totale » du *S*, IV.

ce que Comte désigne comme sa « deuxième carrière », infléchissements ou innovations de ses conceptions sur la femme et la famille ?

De la systématisation politique ...

> **Les femmes positivistes ont des rôles bien traditionnels.**

La femme reste en tout cas « sexe faible » et « sexe aimant », pilier affectif du couple, de la famille et de la société ainsi qu'elle l'était dans le *Cours*. Mais Comte systématise ses conceptions en prétendant donner enfin aux femmes la condition sociale qu'elles méritent et qui leur permettrait une pleine réalisation. En 1848, le *Discours sur l'ensemble du positivisme*, leur consacre toute une partie[60] ; en 1852, le *Catéchisme positiviste*, dont « La Femme » est la catéchumène, affine la distribution des rôles féminins et masculins ; dans les développements du *Système de politique positive*, il étudie la « Théorie positive de la famille humaine », la situation des femmes aux divers moments de l'histoire, et les réformes et réorganisations attendues. Se précisent dans ces textes des positions en constantes ambivalences, qu'éclairent les confrontations avec celles de contemporains.

Le *Discours* de 1848 motive « l'indispensable adjonction des femmes à la coalition rénovatrice » qui « dirigera notre réorganisation » et leur donne même un rôle dominant :

> Ce troisième élément permettra *seul* à l'impulsion organique de prendre son vrai caractère définitif, en y assurant *spontanément la subordination continue de la raison et de l'activité à l'amour universel* de manière à prévenir autant que possible les divagations de l'une et les perturbations de l'autre[61].

Voici donc les femmes intégrées dans la « révolution » comme « élément le plus moral de l'humanité »[62]. La biologie donne l'homme supérieur en force « non seulement de corps, mais aussi d'esprit et de caractère »[63], mais la femme est « supérieure » et a une « prééminence naturelle » pour tout ce qui touche la sociabilité, la morale et l'amour. Alors les femmes rejoignent les philosophes et les prolétaires pour former la « force morale destinée à modifier le règne spontané de la force matérielle »[64]. Comte s'inscrit en faux contre les jugements habituels, taxant les femmes de « tendance rétrograde » et il veut les « associe[r] pleinement à la révolution »[65]. Le positivisme dépasse ce que le catholicisme avait commencé, en donnant aux femmes « une noble destination sociale, à la fois publique et privée, pleinement conforme à leur vraie nature »[66]. Et Comte montre comment « par leur auguste vocation domestique »[67] les femmes exercent leur influence.

■ 60. *Discours sur l'ensemble du positivisme* [1848], Paris, GF-Flammarion, 1998, désormais D. Ens. P., IVe partie.
■ 61. *Ibid.*, p. 236, je souligne.
■ 62. *Ibid.*., p. 237.
■ 63. *Ibid.*, p. 241.
■ 64. *Ibid.*, p. 244.
■ 65. *Ibid.*, p. 238-239.
■ 66. *Ibid.*, p. 257.
■ 67. *Ibid.*, p. 262.

Le rôle d'épouse est selon Comte primordial :

> [...] l'instinct public regarde la femme comme essentiellement caractérisée par sa vocation d'épouse. Outre que le mariage humain est souvent stérile, une indigne épouse ne peut presque jamais être une bonne mère. C'est donc [...] comme simple compagne de l'homme que le positivisme doit surtout apprécier la femme, en écartant d'abord toute fonction maternelle[68].

Ceci renvoie à la théorie du mariage appuyée sur « les différences naturelles des deux sexes, heureusement complétées par leurs diversités sociales ». Pour Comte l'homme, destiné à la vie active, a aussi l'aptitude spéculative ; la femme est « surtout vouée à la vie affective » ; le mariage, permet la combinaison équilibrée. Un point essentiel est que les époux se choisissent : le mariage doit être « liaison volontaire ». L'amour rend « chacun indispensable au perfectionnement moral de l'autre » et vise « à compléter et consolider l'éducation du cœur » ; il est « tendresse », ou « meilleur type de la véritable amitié »[69]. Peu de sexe, sinon au départ et d'ailleurs surtout chez l'homme. Il s'agit plutôt de s'en épurer : « Le positivisme rend la théorie du mariage indépendante de toute destination physique [...]. Toute l'efficacité personnelle et sociale du mariage serait aussi réalisable dans une union qui quoique plus tendre resterait toujours aussi chaste que le lien fraternel »[70]. Le mariage est plutôt une ascèse, où désir et passion se diluent en amitié, modèle réduit de l'amour universel, impersonnel au sens fort comtien. Le caractère « exclusif et indissoluble » du mariage positiviste est appuyé sur une lecture de l'histoire selon laquelle « notre espèce part de la plus complète polygamie et tend à la plus parfaite monogamie »[71]. La monogamie régénérée requiert une fidélité éternelle autant qu'exclusive. L'évolution espérée du couple répéterait l'évolution historique des sociétés, vues en progrès du refoulement de la sexualité.

Quant à « l'office maternel » Comte le comprend essentiellement comme « mission morale », qui, d'après lui, « relève encore la dignité féminine »[72]. Les femmes assurent « l'éducation morale » d'abord et longuement (jusqu'à 12 ans !), avant toute éducation intellectuelle. La maternité maintient la femme dans son rôle réservé, celui de l'affectif et de la morale. De plus, Comte va jusqu'à dépersonnaliser la fonction maternelle ; c'est en tant que femme et non en tant que mère qu'elle réussit dans sa tâche éducative. La relation physique mère-enfant, comme l'érotisme entre époux, ne joue qu'aux débuts. Comte fait tout pour effacer l'individu derrière la fonction sociale : l'efficacité de l'éducatrice vient de son insertion familiale[73]. Enfin cette éducation est aussi ascèse et répression. La mère initie son enfant à la censure, au refoulement :

---

68. *Ibid.*, p. 263. A. Le Bras-Chopard souligne cette position partagée avec Proudhon qui est « à contre-courant de la pensée philosophique et médicale de leur siècle qui voit dans la femme un utérus et exalte sa destination maternelle ». Voir « Une statue de marbre. L'idéal féminin d'Auguste Comte. Convergences et dissonances avec ses contemporains socialistes », dans M. Bourdeau, J.-Fr. Braunstein, A. Petit (dir.), *Auguste Comte aujourd'hui*, Paris, Kimé, 2003, p. 170-183.

69. *Discours sur l'ensemble du positivisme, op. cit.*, p. 264, 265.

70. *Ibid.*, p. 269-270.

71. *Ibid.*, p. 267.

72. *Ibid.*, p. 270 *sq.*

73. Lorsque dans les thèses « communistes » qu'il critique, Comte s'élève contre toute communauté des femmes et des enfants, c'est moins parce qu'elle néglige la filiation naturelle que l'institution familiale.

« amortir la personnalité », « commencer le difficile apprentissage de la lutte intérieure qui dominera toute sa vie pour subordonner graduellement les impulsions égoïstes aux instincts sympathiques »[74].

S'appuyant toujours sur une inégalité dite naturelle des sexes, vouant les femmes à la faiblesse physique et la force morale et les hommes à l'inverse, Comte définit aux unes et aux autres leur champ d'action : le « sexe aimant » est contraint à « une stricte renonciation à l'activité habituelle du sexe dirigeant », l'argument étant de respecter la « délicatesse du sentiment » comme la « pureté des affections » propres aux femmes et de les préserver de toute corruption[75]. Le discours qui impose aux femmes de « renoncer » se donne comme devoir impératif pour les hommes : « *L'homme doit nourrir la femme*, telle est la loi naturelle de notre espèce »[76]. La femme, étrangère à toute richesse matérielle car vouée au culte de la richesse morale, ne travaille pas et ne possède rien. Elle a le « privilège » de rester au foyer et elle dépend matériellement entièrement de l'homme. Le discours moral du devoir et un paternalisme doucereux sauvent la tradition acceptée.

Cependant, la conception du rôle éducateur des femmes impose l'urgence de leur propre éducation[77] : « Les femmes auront donc, comme les philosophes, la même éducation que les prolétaires », et il s'agit de « rehausse[r] la dignité des études féminines ». Celles-ci doivent être complètes, c'est-à-dire comprendre comme l'éducation des hommes toute la formation scientifique et bien que les leçons soient séparées pour les deux sexes, ils ont mêmes programmes et mêmes professeurs. Mais les professeurs des deux sexes sont des hommes, et à eux seuls est réservée toute formation et toutes activités professionnelles...

Le *Discours* de 48 combine donc des mesures d'émancipation des femmes, comme le souci du mariage choisi, la suppression de l'usage des dots et l'insistance sur l'éducation des femmes. Mais les femmes positivistes ont des rôles bien traditionnels : cantonnées dans une existence « domestique », elles y sont maintenues encore plus fortement dans la dépendance du mâle nourricier et commandeur. Interdites d'activités autres que domestiques, destinées à « influencer » mais à ne jamais « commander », les femmes restent dépossédées y compris dans la promotion cultuelle de « la » femme qui les efface au nom de l'Humanité. Le bonheur des dames est au foyer ; et ce n'est qu'à la condition d'y rester qu'elles incarnent l'Humanité.

... à la systématisation religieuse

En 1849 pourtant Comte fait entrer des femmes dans son nouveau *Calendrier*[78]. Elles n'ont qu'une place modeste. Dans le « Culte concret », aucun des 13 mois n'est sous présidence féminine ; les femmes ne sont fêtées qu'à partir du 6e mois ; sur 365 jours 21 seulement leur sont octroyés et elles

---

74. *Discours sur l'ensemble du positivisme, op. cit.*, p. 272. La femme exerce sa force morale surtout comme répression aussi dans les nouveaux « salons ».

75. *Ibid.*, p. 275 *sq.*

76. *Ibid.*, p. 277-278, souligné par Comte.

77. *Ibid.*, p. 279-282.

78. La première version du *Calendrier positiviste ou Système général de commémoration publique* est publiée en avril 1849, voir annexes de *CG*, V, p. 292-314 ; elle est complétée en 1852 et commentée en 1854.

n'ont jamais l'honneur du dimanche[79]. Les sélections sont significatives[80]. Il n'y a pas de modèle à l'antique ; les premières femmes illustres relèvent du Moyen Âge, quand se développe une religion du sentiment qui a permis aux femmes de s'épanouir[81]. Les élues inscrites au 6e mois, celui du « Catholicisme », sont sainte Monique, sainte Pulchérie, sainte Geneviève de Paris, Héloïse rejointe par Béatrice en 1852, sainte Thérèse, sainte Catherine de Sienne, puis, pour le 7e mois de la « Civilisation féodale », Jeanne d'Arc, sainte Clotilde, sainte Bathilde à qui est jointe en 1852 sainte Mathilde de Toscane[82], sainte Elizabeth de Hongrie, Blanche de Castille. Les commentaires plus tard donnés sur ces choix relèvent trois privilégiées dans cette litanie : Clotilde, Geneviève et Bathilde qui toutes ont encouragé par leur qualité morale l'engagement politique de l'Occident chrétien. Cette majorité de saintes catholiques, retenues pour leur piété, illustre la vocation sentimentale féminine ; et si quelques-unes ont des rôles historiques directs (Geneviève de Paris, Mathilde de Toscane) la plupart n'en ont eu qu'indirect, par les mâles interposés dont elles sont épouses (Clotilde, Bathilde), mères (Monique, Blanche de Castille) ou inspiratrices (Héloïse et Béatrice). Jeanne d'Arc, qui déroge à la féminité par ses prouesses guerrières et son action politique directe, reste une « anomalie »[83], exceptionnelle aussi car issue du peuple en un temps où seules les femmes aristocrates occupent la scène historique : Jeanne est comme sexuellement hybride et historiquement d'avant-garde. Pour les temps modernes Comte sélectionne plutôt des intellectuelles : Mme de La Fayette, Mme de Staël, Mme de Motteville, Mme Roland, Mme de Sévigné, Lady Montague, Miss Edgeworth, Mme Lambert et Sophie Germain. Les femmes modernes semblent pouvoir directement exercer une activité spéculative ; mais les élues ont le plus souvent fait œuvre littéraire plutôt sentimentale et à visée morale, elles sont auteures de romans, mémoires, lettres ou discours édifiants[84], à l'exception de Sophie Germain, mathématicienne. Des reines franques, en passant par la dame du chevalier médiéval, aux mondaines des salons modernes, les femmes restent surtout des animatrices dont la vocation est d'intercéder, de conseiller et de stimuler. Enfin, elles restent rares dans le *Calendrier*, même si Comte compense un peu en consacrant à une « Fête générale des Saintes Femmes » le jour additionnel des années bissextiles… et il est piquant de rappeler qu'il fut d'abord donné pour une Fête des Réprouvés ! Dans le « Culte abstrait ou Célébration systématique de la sociabilité finale », on s'attendrait à voir les premiers honneurs rendus à la femme, pilier du foyer. Or dans la célébration des « liens fondamentaux », la maternité est effacée par la paternité[85]. Le culte de la femme est renvoyé au 10e mois : elle est identifiée à « la vie affective » dans la première version,

79. 26 femmes se partagent 21 jours, certaines étant des héroïnes alternatives fêtées une année sur 3.

80. Voir B. Bensaude et A. Petit, « Le féminisme militant… » art. cit. et Jacqueline Lalouette, « La femme glorifiée et les femmes ignorées dans le *Calendrier positiviste* », dans *Femmes et positivismes, op. cit.*, p. 83-100.

81. Thème déjà présent dans *C*, 54e leçon et développé plus tard dans *S.*, t. 3, chap. VI, où le catholicisme féodal est présenté comme « la transition affective ».

82. Ajoutée en 1852 à l'édition du *Catéchisme*.

83. Le terme utilisé au *D. Ens. P.*, p. 292, est repris en *S*, III, p. 538.

84. Mme de Motteville, auteur des *Mémoires sur Anne d'Autriche*, Mme Lambert, des *Avis d'une mère*, livre figurant dans la Bibliothèque positiviste. Maria Edgeworth est une romancière et moraliste anglo-irlandaise.

85. « Tableau sociolâtrique », *S*, IV, p. 159. La Paternité est fêtée dès le 3e mois, après l'Humanité et le Mariage.

puis à la « Providence morale » dans les autres ; lorsque sont précisées ses fonctions, Comte indique alors la mère avant l'épouse.

Les développements du *Système* sur la famille et les femmes cumulent les équivoques des proclamations d'un ordre nouveau progressiste, qui paraissent moins des subversions que des légitimations de l'ordre établi.

La « Théorie positive de la famille humaine » de la statique sociale conjugue toujours le naturel et l'histoire, si bien que Comte la dit à la fois « élément naturel » et « institution »[86]. La critique des « utopies subversives » qui croient pouvoir se livrer aux « aberrations anti-domestiques » est constante[87]. Comte ne défend pourtant pas une « immobilité de la constitution domestique », qui révolterait la raison moderne, et il en propose des « perfectionnements ». La famille est toujours l'élément fondamental de toute société. L'exposé des liens familiaux est précisé en usant des concepts mis en œuvre dans la « théorie cérébrale » dont Comte avait tiré « la position fondamentale du grand problème humain, subordonner l'égoïsme à l'altruisme »[88]. La femme vouée au foyer par nature et histoire conjuguées[89] est le centre moral de la famille, l'initiatrice de l'altruisme et du développement de la culture sympathique. L'action de la femme sur l'homme est vue comme « douce influence » pour transformer « le caractère naturellement égoïste de l'activité » et « préserver l'homme de la corruption inhérente à son existence pratique et théorique »[90]. La « paternité », combinant bonté et protection tandis que la filiation est vénération, entraîne au niveau politique la valorisation de l'adoption et de la liberté de tester[91]. La vie de famille prépare à la vie sociale, la vie privée à la vie publique, l'existence domestique à l'existence politique. Encore faut-il « développer l'altruisme », car la famille peut susciter un « égoïsme collectif » à effet pervers, qui pourrait se retrouver dans l'attitude envers la Patrie[92]. Le 9e entretien du *Catéchisme*[93] développe la théorie positive du mariage, en insistant sur la « constitution altruiste », sur sa « purification » et sa « subordination normale au service de l'Humanité » ; la femme, qui doit être « préservée du travail extérieur afin de pouvoir remplir dignement sa sainte mission », renonce à tout héritage, « libre exhérédation » qui selon Comte permettrait mieux les libres choix.

Du point de vue de la dynamique sociale du *Système*, Comte persiste à lire dans l'histoire les progrès de l'organisation familiale et les perfectionnements apportés par le détournement des femmes de l'existence pratique et par leur réclusion domestique[94]. De nouveaux développements sont cependant donnés sur la « suave création de la Vierge » médiévale[95].

---

86. Voir *S*, II, p. 5 pour la famille « élément naturel » et p. 177 pour sa désignation comme « institution ».
87. *Ibid.*, p. 177, 178.
88. Voir *S*, I, p. 669-734, et le tableau de la « Classification positive des 18 fonctions du cerveau », p. 726 bis.
89. « Dans toutes les sociétés humaines, la vie publique appartient aux hommes et l'existence des femmes est essentiellement domestique. Loin d'effacer cette diversité naturelle, la civilisation la développe », *ibid.*, p. 97.
90. *S*, II, p. 203.
91. *Ibid.*, p. 189-190, et 195-200.
92. *Ibid.*, p. 211-212.
93. *Catéchisme positiviste*, Paris, GF-Flammarion, 1966, p. 229-236, exposé du « Régime privé ».
94. Voir *S*, III, p. 110, 143, 271-272, 357-361.
95. *Ibid.*, p. 485.

L'innovation capitale du *Système* concernant la famille positiviste est l'utopie de la Vierge-Mère[96]. Loin des utopies « métaphysiques », elle se veut hypothèse raisonnée, qui sert pour « idéaliser l'avenir »[97], et qui est déjà œuvre régénératrice, commandant une évolution. Comte la dit fondée sur des données scientifiques. Historiques, car l'espèce humaine semble évoluer vers la maîtrise des instincts. Biologiques, car exploitant les théories d'Harvey, Comte les pousse à la limite : pour celui-là le mâle ne participe à la fécondation qu'à titre de stimulant, excitant « l'éveil du germe » ; celui-ci espère passer d'une « participation minime » à une intervention nulle. La femme, toute seule, pourrait déclencher le processus, sa constitution permettant « une meilleure réaction du système nerveux sur le système vasculaire ». C'est ainsi que le fruit des entrailles féminines est enfant de l'Humanité et ne doit rien aux puissances de la virilité. En réservant aux femmes le travail de procréation, Comte croit les affranchir d'une grossière dépendance à l'égard des mâles et les promouvoir aux plus hautes responsabilités : assurer l'amélioration de la race et la continuité du Grand-Être. Mais quelle sorte d'autonomie est alors donnée aux femmes ? L'intériorisation de la stimulation fécondante ne leur laisse pas l'initiative. Elles échappent à la contrainte du devoir conjugal, mais pour s'en imposer de nouvelles et multiples. Plus d'obligations corporelles, mais pressions psychologiques et pouvoirs du milieu se substituent aux géniteurs. Elles subissent d'une part leur corps ; d'autre part, à travers lui, les influences du milieu. Fausse indépendance. Et peut-on parler de libération lorsqu'on change de maître ? La femme est encore plus soumise aux impératifs sociaux. Instrument d'un projet qui la dépasse, elle ne s'appartient plus. La femme n'est plus une mère personnalisée mais le fonctionnaire de la reproduction. En marge des circuits de production, la seule dont elle est spécialiste lui est aussitôt confisquée : c'est la tête sacerdotale qui décide des usages du corps féminin, et avec visée eugénique, car le perfectionnement de la race humaine exige une sélection des reproductrices. Ainsi « le développement du nouveau monde ferait bientôt surgir une caste sans hérédité, mieux adaptée que la population vulgaire au recrutement des chefs spirituels et même temporels dont l'autorité reposerait alors sur une origine vraiment supérieure »[98]. L'apparente démocratisation de la maternité vierge débouche sur l'aristocratie. Enfin la spécialisation féminine dans la procréation est curieusement justifiée. N'est-il pas paradoxal en effet de réserver cet office physique aux femmes en vertu de leurs plus hautes qualités affectives et morales ? Étrange raisonnement lié à l'effort pour sublimer l'instinct sexuel. Le plaisir n'est valorisé chez Comte que dans la mesure où il déclenche la « réaction sympathique » : réaction « d'autant mieux assurée que la satisfaction est plus restreinte, sans interdire une volupté dont la dignité cesse après la concession initiale »[99]. Comte propose ainsi la pureté absolue comme idéal. Le sexe reste impur, la dictature

96. *S*, IV, p. 67, 68, 240, 241, 276 *sq.*, 304. Sur cette « utopie » voir aussi M. Pickering, *Auguste Comte…*, vol. 3, p. 322-331 ; J.-Fr. Braunstein, *La Philosophie de la médecine d'Auguste Comte*, Paris, P.U.F., 2009, chap. IV ; L. Clauzade, « L'Utopie de la Vierge-Mère », dans *Femmes et positivismes, op. cit.*, p. 101-117.

97. *S*, IV, p. 304, 305.

98. *Ibid.*, p. 279.

99. *Ibid.*, p. 278.

de la tendresse ira jusqu'à l'extinction du désir. L'amour conjugal, dilué en amitié, où l'épouse est réduite à faire l'éducation sentimentale de son mari est déjà modèle réduit de l'amour universel, impersonnel ; la femme-mère est aussi dépossédée de sa maternité, dépersonnalisée en quelque sorte au bénéfice d'une collectivité sous gouvernement masculin, tandis que l'homme est déchargé du travail procréateur pour son bénéfice propre, puisqu'il peut ainsi faire « bon emploi du fluide vivifiant », l'économiser pour l'investir dans des actions appropriées : une vie professionnelle plus énergique, une acuité intellectuelle plus intense !

Par le culte positiviste et ses développements, Comte pense accomplir une promotion des femmes [100]. Mais qu'y gagnent-elles ? Recluses au foyer, sacralisées en « prêtresses de l'humanité » et en « anges », non seulement les femmes ne participent pas aux activités collectives mais elles n'ont même pas la possibilité de se constituer en collectif. Retirées du monde pour être sublimées en figure idéale, elles perdent en présence concrète. Sanctifiées mais cloîtrées et surveillées. « Sociolâtrée », la Femme incarne l'Humanité, mais sous forme désincarnée. Son rôle est de représentation. Tant et si bien que sa présence réelle n'est même pas nécessaire pour ce « culte abstrait ». À la limite, la femme vivante est gênante ; morte, elle est plus efficace : l'état de veuvage est bienheureux et les héroïnes du passé soutiennent ceux qui n'ont pas trouvé l'âme sœur, tout comme la Vierge Marie était « la dame commune des cœurs inoccupés » [101]. Les effigies collectives pallient l'absence actuelle. Sous l'apparente révolution culturelle, la promotion cultuelle et religieuse de la femme, maintient l'assujettissement séculaire du sexe faible.

Familles et femmes positivistes

Les théories et propositions de Comte sur la famille et le statut des femmes sont en grande partie des systématisations de ses expériences de vie. Mais comment se vivent-elles, se traduisent-elles dans le mouvement positiviste autour de lui ?

L'interventionnisme familial

Des familles positivistes se constituent autour de Comte, sur lesquelles il veille soigneusement.

D'abord il multiplie les conseils pour les mariages, pour le choix des époux et sur les modalités de l'union [102]. Il est nettement partisan de mariage entre coreligionnaires, sans repousser les mariages « mixtes » ; il donne ses avis sur les conjoints. L'intrusion « sacerdotale » dans la vie des familles se poursuit avec l'administration des autres « sacrements », tout particulièrement pour les « présentations » des enfants : Comte se mêle des choix des parrains et marraines, et du choix des prénoms ; dans ses recommandations pour les prénoms féminins, il écarte les « patronnes » purement intellectuelles, au profit du seul « patronage moral » [103].

■ 100. *S*, IV, p. 62 : « la femme se trouve […] placée au premier rang de la sociocratie ».
■ 101. *S*, III, p. 486.
■ 102. La correspondance laisse entrevoir l'interventionnisme de Comte : voir *CG*, VII, p. 113, t. 8, p. 122, 296.
■ 103. Voir par exemple *CG*, VIII, p. 81, t. 6, p. 177, 179, 181-182.

D'autre part, Comte inaugure avec C. de Vaux un « culte angélique » qu'il systématise en une nouvelle « théorie des anges gardiens » : chaque homme doit s'en référer à des figures féminines, épouse, mère et fille, anges et patronnes, complétant éventuellement par choix sa « famille subjective » si la famille naturelle fait défaut[104]. Comte promeut d'ailleurs d'autres « anges » féminins : de jeunes filles prématurément décédées, il fait les « compagnes sacrées » de l'ange Clotilde[105]. C'est ainsi que Comte « incorpore » au positivisme bien des femmes, tout particulièrement dans le culte des morts.

Enfin, quant aux femmes vivantes, ses disciples, il leur confie la tâche de tenir les « salons positivistes ». Comte apprécie aussi les femmes qui s'occupent d'éducation, ce qui est le cas de la plupart des femmes avec qui il entretient relations et correspondances.

Des appuis féminins

Quelques autres femmes gravitent autour du positivisme, bien que trop peu nombreuses selon le fondateur. Sarah Austin est l'une des premières femmes avec qui Comte discute beaucoup. Une autre anglaise a plus tard des liens avec Comte : Harriet Martineau, qui publie en 1853 un condensé du *Cours de philosophie positive*[106]. Or cette femme de lettres qui a une œuvre importante – livres d'économie politique, de pédagogie, romans, guides touristiques – a également été une activiste politique ayant pris des positions féministes[107].

Du côté des Françaises, outre les femmes, sœurs et filles de positivistes qui sont adeptes du mouvement, il faut mentionner le ralliement de Eugénie Delhorbe-Pelserf. Auditrice du cours de Comte au Palais-Cardinal en 1851, elle est l'une des premières femmes adhérant pleinement au positivisme. De formation catholique, elle exerce le métier, très féminin selon Comte, d'enseignante et il compte sur elle pour illustrer le « prosélytisme féminin »[108]. Par E. Delhorbe Comte fréquente la Brésilienne Nisia Floresta Brasileira Augusta et correspond avec elle, espérant en faire une militante auprès des femmes. Le philosophe saisit aussi toutes les occasions d'échanges avec des femmes portant intérêt à l'éducation.

Un conservatisme familial réformateur et un féminisme phallocrate

Les relations de Comte avec sa famille et les femmes qu'il a fréquentées exhibent de multiples paradoxes. Ce défenseur de la famille s'est fâché avec la sienne ; il a eu un enfant illégitime ; son mariage a échoué ; et son amour est mort. De son vivant sa « céleste amie » trouvait pesante son adoration ; et, comme sa femme terrestre, elle essayait de s'affranchir de son autorité. Il

104. La « théorie des anges gardiens » est systématisée dans la « 5ᵉ Confession annuelle », *CG*, V, p. 152-153 et reprise dans *Catéchisme*, « 6ᵉ entretien ».

105. Il s'agit de filles de disciples : Louise Pénard et Victorine Bonnin, voir *CG*, VI, p. 104-105.

106. H. Martineau, *The Positive Philosophy of Auguste Comte*, London, John Chapman, 1853.

107. M. Pickering, « Auguste Comte and the Curious Case of English Women », in *The Anthem Companion to Auguste Comte*, New York, Anthem Press, 2017, p. 175-183 ; « L'empreinte positiviste sur les femmes progressistes anglaises et américaines », dans *Femmes et positivismes, op. cit.*, p. 155-170.

108. *CG*, VI, p. 172. E. Delhorbe milite pour le positivisme auprès d'amies catholiques.

est cependant remarquable que parmi les sympathisantes correspondantes de Comte, certaines affichent des positions féministes avancées, qu'elles semblent avoir reconnues au moins pendant un temps et en partie dans le positivisme comtien.

Les positions de Comte sur la famille et le rôle des femmes sont pour le moins ambivalentes. D'un côté, il veut des familles très traditionnelles, aussi bien dans la conception des relations du couple que dans celles des rôles paternel et maternel. D'un autre côté, il envisage des réformes importantes : il voudrait libérer la femme des contraintes matérielles, que les mariages soient d'amour et non d'intérêt, et que toutes les familles aient de bonnes conditions d'habitation. Il remet aussi en cause les liens de sang lorsqu'il promeut l'adoption et la liberté de tester, et même lorsqu'il invite chacun, en cas de liens familiaux défaillants, à leur substituer des « familles subjectives ». Pour les femmes, les paradoxes sont encore plus criants : elles restent contraintes par leurs déterminations biologiques, leur prétendu « sexe affectif » et leurs fonctions d'épouse et mère, où Comte ne leur accorde qu'une sexualité asservie au social peu soucieuse de plaisir. Mais la fonction maternelle étant éducatrice, Comte réclame l'éducation des femmes. Et en imposant aux hommes le respect voire une vénération sociolâtrique de la femme, il espère aussi les libérer d'une domination masculine. Comte est ainsi persuadé d'être « féministe », convaincu de donner à la femme le maximum en lui donnant un pouvoir affectif et spirituel qu'elle exerce au foyer et dans des salons renouvelés ; il promeut la femme et même la met sur un piédestal en imposant à l'homme de la nourrir, de la servir et de l'écouter. Elle reste cependant enfermée au foyer, interdite de travail extérieur, contrainte d'être « protégée » par l'homme et soumise à son autorité. Les femmes réelles payent le prix fort à la femme adorée.

Annie Petit
Professeure émérite de Philosophie
Université Paul-Valéry Montpellier 3

DOSSIER

Auguste Comte

L'OCCIDENT DÉFINI PAR COMTE : UN EUROPÉOCENTRISME ANTICOLONIAL ?

Tonatiuh Useche-Sandoval

Pour Auguste Comte, l'idée européenne ne servait plus à éclairer ni à modifier la marche des peuples vers ce stade final de l'Humanité qu'est l'état positif. Comte redéfinit l'Europe comme Occident, afin que le centre européen, au lieu d'être le quartier général d'un empire planétaire, soit un foyer spirituel de diffusion du progrès. L'article rappelle les contours sociologiques et les composantes politiques qui distinguent la République occidentale, avant de s'intéresser aux mesures concrètes que Comte envisagea pour instaurer l'occidentalité et restaurer l'unité du genre humain, menacée par le colonialisme.

Mort en 1857, Comte considérait les peuples européens comme « l'élite de l'humanité ». Pour un non-Européen, l'affirmation de Comte relève de l'européocentrisme[1]. Comme le géocentrisme en astronomie, ce terme évoque une pensée enfermée dans un schéma circulaire : au centre, l'Europe, expression de l'excellence humaine ; à la périphérie du cercle, les sauvages – Africains, Asiatiques, Américains –, aux confins de l'humanité et de l'animalité ; entre le centre et la périphérie, des populations plus ou moins civilisées, c'est-à-dire plus au moins européanisées. La critique de l'européocentrisme dénonce les périls entraînés par une certaine idée de l'Europe qui a sévi en démembrant l'espèce humaine en races supérieures et inférieures, et qui a nourri « la conception bouchère de la filiation »[2]. Parfois, dans les *post-colonial studies*, cette dénonciation se double d'un

---

1. R. Aron, *Les étapes de la pensée sociologique*, Paris, Gallimard, 1967, p. 81. Pour les œuvres de Comte les plus citées, les abréviations seront les suivantes : *C* : *Cours de philosophie positive*, Paris, Hermann, 1975, t. 2 ; *S* : *Système politique de positive*, Paris, Société positiviste, 1929, 4 tomes ; *KT* : *Catéchisme positiviste*, Paris, Éditions du Sandre, 2009 ; *APL* : *Appel aux conservateurs*, Paris, Éditions du Sandre, 2009 ; *CG* : *Correspondance générale et confessions*, Paris, Mouton-Vrin-EHESS, 1973-1990, 8 tomes.
2. Voir P. Legendre, *Les enfants du Texte*, Paris, Fayard, 1992, p. 235.

effort pour achever de provincialiser[3] une Europe qui prétendit être le siège directeur et le bras armé de la civilisation. Malgré ses vertus émancipatrices, le concept d'européocentrisme a l'inconvénient de ne pas expliciter les liens entre l'Europe et la notion de centre, qui désigne à la fois le lieu d'origine, l'élément moteur et la finalité d'un processus. Pour Comte, le lent essor du stade scientifique et industriel est un phénomène localisable, puisqu'il est observable : son foyer est en Europe, noyau depuis lequel il rayonne. Mais la localisation européenne de cette dynamique entraîne-t-elle pour autant une destination exclusivement européenne ? Comte rejette l'idée que cet avènement localisé de l'état positif aurait pour conséquence inévitable la transformation de l'Europe en une oligarchie asservissant le reste de l'espèce. Pour Comte, l'Europe est à la fois historiquement incontournable et politiquement insatisfaisante. L'enjeu était d'éviter que l'Europe, muée en un redoutable conglomérat d'États-nations, abusât de sa position dominante pour s'abîmer dans une aventure coloniale. D'abord, nous rappellerons la dimension, à la fois générique et exceptionnelle, que Comte attribue à l'histoire européenne. Afin de surmonter les incohérences présentes dans ce foyer de l'état positif, Comte envisage la possibilité de dépasser l'Europe, ce qui l'amène, comme il apparaîtra dans un deuxième temps, à avancer une définition de l'Occident en tant qu'unité sociologique. Vu que la sociologie fonde la politique, nous nous intéresserons, ensuite, aux efforts de Comte pour remplacer l'Europe des États-nations par la République occidentale, dont nous éluciderons les trois précédents. En quatrième lieu, nous exposerons les principales mesures prônées par Comte pour empêcher que le patriotisme déréglé et les projets d'expansion coloniale de ses contemporains soient le tombeau de la solidarité humaine.

À travers et outre l'Europe

Comte constate que les développements théoriques et pratiques accomplis par les nations européennes les ont portées à remplir une fonction directrice au sein des relations internationales, puisque les populations socialement avancées finissent par jouer un rôle politiquement directeur. Toutefois, cette avant-garde ne constitue pas une humanité à part. Elle obéit aux mêmes lois naturelles que les autres populations. Si comparée au reste, cette minorité se révèle « plus développée », entendons moins éloignée de l'état final, c'est que la vitesse pour franchir les étapes est variable. Point de différence d'ordre, mais de degré de civilisation, laquelle réside « dans le développement de l'esprit humain d'une part, et de l'autre, dans le développement de l'action de l'homme sur la nature, qui en est la conséquence »[4]. Dans chaque société, le niveau de civilisation s'élève suivant l'amélioration des circonstances matérielles et de l'éducation. Aucun peuple n'est incivilisé.

À la différence des autres animaux sociables, la sociabilité humaine ne se borne pas à la « solidarité actuelle », mais se déploie dans l'horizon de la « continuité historique ». Aussi la sociologie de Comte débouche-t-elle sur une

■ 3. D. Chakrabarty, *Provincialiser l'Europe, La pensée postcoloniale et la différence historique*, Paris, Éditions Amsterdam, 2009.
■ 4. *S*, IV, appendice, p. 62, 86.

philosophie de l'histoire qui, sous le nom de « dynamique sociale », envisage, suivant « l'hypothèse de Condorcet », la marche du genre humain comme celle d'un peuple unique[5]. Comment cette dynamique, qui énonce les étapes nécessaires à franchir pour atteindre le but ultime du développement social, pourrait-elle être positivement déterminée, alors que notre espèce apparaît fractionnée en histoires particulières ? Pour comprendre l'approche de Comte, il faut se référer au début de la 52ᵉ leçon du *Cours de philosophie positive*, qui ouvre la partie historique du traité. En deux mots, le problème demeure insoluble tant que les lois du mouvement social ne sont pas « appréciées dans le cas le plus favorable à leur pleine manifestation ». Or, le moyen pour parvenir à cette appréciation est de considérer « l'évolution la plus complète et la mieux caractérisée » plutôt que des « progressions plus imparfaites et moins prononcées ». Dans ce dessein, Comte opère une double « restriction logique » qui condense l'histoire du genre humain dans l'histoire de l'une de ses parties. D'une part, Comte restreint l'exploration historique à ce qu'il nomme « l'élite de l'humanité » ou, pour être plus précis, surtout dans les Temps modernes, aux peuples de l'Europe occidentale. D'autre part, l'analyse historique de cette pléiade des nations « doit seulement embrasser les résultats les plus généraux de l'exploration ordinaire du passé, en écartant avec soin toute appréciation trop détaillée ». Autrement dit, pour rechercher les lois de l'histoire, Comte se concentre sur l'Europe en faisant abstraction des « circonstances caractéristiques » des Européens. L'examen du passé social de ces peuples singuliers n'est qu'une ressource pour accéder à la connaissance de « l'évolution fondamentale de l'humanité »[6]. En se focalisant rigoureusement sur la trajectoire suivie par l'Europe, Comte espère fonder une sociologie capable d'englober toutes les trajectoires sociales, y compris les dérives inévitables.

« C'est pour avoir méconnu l'existence d'espèces sociales que Comte a cru pouvoir représenter le progrès des sociétés humaines comme identique à celui d'un peuple unique », objecta Émile Durkheim en 1894. Pour Durkheim, la sociologie en tant que progrès de l'humanité dans le temps, est une « représentation toute subjective » : « ce qui existe, ce qui seul est donné à l'observation, ce sont des sociétés particulières qui naissent, se développent, meurent indépendamment les unes des autres »[7]. Cette objection souligne, par contraste, que la loi des trois états, clef de voûte de la sociologie comtienne, est une conception qui pose l'unité de l'histoire humaine.

Pour Comte, la loi des trois états permet d'apprécier l'histoire théorique, pratique et affective d'un homme ou de l'Humanité entière. Dans son versant intellectuel, cette loi affirme que notre esprit s'éclaire à la lumière des volontés divines, d'abord, des causes métaphysiques, ensuite, des lois démontrables, enfin. Concernant l'activité, notre capacité à agir collectivement sort de sa torpeur initiale au moyen des conquêtes militaires, puis elle confirme sa croissance à l'aide d'un mélange d'occupations défensives et d'opérations

5. *C*, 48ᵉ, p. 123.
6. *C*, 52ᵉ, p. 237 sq.
7. É. Durkheim, *Les règles de la méthode sociologique*, Paris, P.U.F., 2013. Voir les chap. II et IV.

civiles, pour enfin trouver un essor décisif grâce aux travaux industriels[8]. Dans son versant affectif, la sociabilité spontanée de l'espèce s'élargit à partir de l'attachement familial pour s'épanouir dans la bonté ou l'amour universel, après avoir franchi le cap de la vénération envers la patrie en tant que sol natal et ancestral[9].

L'humanité que cultive l'état positif n'est pas une qualité abstraite, mais un sentiment. L'idée la plus générale repose sur l'instinct le plus généreux. Le stade final parachève les dispositions initiales. Cet « amour universel » traverse l'histoire européenne. Il parle dans la sagesse antique par la voix de Térence dans « l'admirable sentence » : *homo sum*; *nihil humani a me alienum puto*[10]. Au Moyen Âge, la vertu chrétienne de charité l'illustre. Elle pointe dans la philanthropie moderne, en dépit de l'insistance des métaphysiciens sur le caractère égoïste de l'humaine nature. Adepte du principe d'après lequel on ne détruit que ce qu'on remplace[11], Comte a conservé, complété et aboli l'impératif catholique d'*aimer son prochain* en lui substituant le devoir plus large de *vivre pour autrui*.

Il s'agit de quitter l'état théologique pour se rapprocher de l'état positif. La transition entre ces deux extrêmes de la dynamique sociale est assurée par l'état métaphysique, sorte de pont reliant et séparant les deux rives. Selon Comte, la traversée des nations européennes prendra fin quand elles mettront leurs facultés affectives, théoriques et pratiques au service des autres, quand elles vivront pour l'Alter Ego par excellence, ce Grand-Être davantage composé de morts et de personnes à naître que de vivants, à savoir l'Humanité avec une majuscule.

L'Europe est certes avancée, mais désorientée. Comte voyait que les progrès accomplis étaient insuffisants pour considérer les nations européennes comme un modèle à imiter, car elles avaient dû suivre une marche « empirique », adjectif qui évoque les tâtonnements de l'éclaireur au milieu d'une contrée inexplorée. L'Europe ne trouvait sa voie qu'à mesure qu'elle la parcourait. La trajectoire décrite, loin de ressembler à une ligne droite, n'était faite que d'oscillations par rapport à la normale.

En raison de leur degré d'avancement, les nations européennes eurent l'étrange privilège de s'engager les premières dans une impasse. Pour Comte, les expériences révolutionnaires de 1789, 1830 et 1848 dévoilaient que l'Europe était enfermée dans une crise qui résultait de l'affrontement entre deux projets contradictoires de société : les peuples européens, au nom de l'esprit d'amélioration, s'acharnaient pour parvenir à la suppression d'un Ancien Régime rétrograde, tandis qu'au nom de l'esprit de conservation, l'Europe des rois réunis autour de la Sainte-Alliance, s'obstinait à protéger l'ordre divin contre les ravages de l'anarchie. C'était un cercle vicieux : « l'instinct anti-rétrograde » des révolutionnaires nourrissait la « tendance anti-anarchique »[12] des royalistes qui, en retour, entretenait l'ardeur des premiers. Pour le noyau européen, poursuivre sur sa lancée revenait à tourner en rond.

■ 8. *S*, IV, p. 177.
■ 9. *S*, I, p. 724-725.
■ 10. *APL*, p. 99 : je suis un être humain et je pense que rien de ce qui est humain ne m'est étranger.
■ 11. *S*, IV, p. 395.
■ 12. A. Comte, *Discours sur l'esprit positif*, Paris, Carilian-Gœury et V. Dalmont, 1844, p. 53.

En somme, la sociologie dynamique traverse et déborde l'histoire européenne. La loi des trois états a résulté d'une restriction délibérée du champ de l'observation au cas le plus propice à l'appréciation du stade ultime de la progression humaine, qui était demeuré jusqu'alors une sorte de visible non vu. En examinant l'Europe, le stade final se dévoilait en tant que visible prévu. Fort de ces prévisions, Comte revoit le sens de la société européenne à l'aune du type humain qui s'est dégagé de cette même société. Ainsi, l'état positif fonctionne comme un miroir fabriqué sur le sol européen, et renvoyant à l'Europe l'image d'un passant qui s'attarde sur un pont.

De l'Europe de la Sainte-Alliance à l'Occident sociologiquement défini

Nous venons d'étudier le rôle crucial du noyau européen dans le dévoilement de l'état positif. Analysons, dans un deuxième temps, comment la science sociale écarte de l'idée européenne tout ce qui l'éloigne de cet état « normal ». L'Europe réglée est l'*Occident*. Avant Comte, ce mot était seulement un synonyme d'*Europe*[13]. Dès ces premiers écrits, Comte avait précisé qu'il traitait de l'*Europe occidentale*. Après une période d'hésitations, dans les années 1840, la formulation d'*Occident européen* prit le dessus. Derrière ce chiasme, se joue une querelle de filiation. *Ouest* est un vocable issu des langues germaniques ; *Occident* vient du latin ; *Europe* est le prénom grec d'une princesse enlevée par Zeus. Ce chiasme traduit le dessein d'envisager le noyau des populations « les plus avancées » en dehors des catégories politiques léguées par la Grèce antique. L'importance acquise par la notion d'Occident est soulignée par l'apparition de deux expressions dérivées dont il sera question plus bas : la *République occidentale* et l'*occidentalité*.

À l'époque de Comte, l'occident désignait surtout la direction du soleil couchant. Mourir, tel est le sens premier de l'expression anglaise *go west*, d'où découle *être à l'ouest* en français. Traditionnellement, c'est l'orient, le côté de l'aurore, à l'est, qui est utilisé comme emblème religieux et politique de résurrection. En 1873, Arthur Rimbaud s'écriait : « Philosophes, vous êtes de votre Occident »[14]. En raison des difficultés posées par cette notion, Richard Congreve publia, en 1866, l'opuscule intitulé *The West*. Fidèle disciple de Comte en Angleterre, Congreve note que, depuis le Congrès de Vienne en 1815, l'Europe était un système étatique composé par cinq puissances militaires : la France, l'Angleterre, l'Autriche, la Prusse et la Russie. Cette quintuple alliance se plaça en protectrice de la foi chrétienne et resta dans les mémoires sous l'appellation non officielle de la *Sainte-Alliance*. Cependant, en opposant aux armées d'un tsar orthodoxe, une coalition formée par la France catholique, l'Angleterre protestante et la Turquie musulmane, la guerre de Crimée (1853-1856) avait signalé que l'Europe diplomatique ne se confondait pas avec la chrétienté, et que, derrière ce christianisme affiché, perçait l'indifférence en matière de religion, décriée par l'abbé de Lamennais, qui confessa Comte en 1826[15].

---

13. Voir G. Varouxakis, « The Godfather of "occidentality" : Auguste Comte and the idea of "The West" », *Modern Intellectual History* 16, 2019, p. 411-441.

14. A. Rimbaud, *Œuvres complètes*, Paris, Édition de Cluny, 1942, *Une Saison en Enfer*, « L'impossible », p. 260.

15. A. Comte, *Testament d'Auguste Comte*, Paris, Fonds typographique, 1896, p. 31.

L'Europe des diplomates était un système géopolitiquement équilibré, mais sociologiquement hétérogène. La notion d'Occident effaçait l'hétérogénéité contenue dans l'idée d'Europe et instaurait une « superstructure sociale et historique », qui s'était constituée au cours des différentes étapes jalonnant la marche des facultés humaines vers leur accomplissement. Congreve cite quatre héritages fondateurs pour comprendre l'Occident : 1) la culture intellectuelle grecque, 2) l'incorporation romaine, 3) la discipline catholique et l'organisation féodale du Moyen Âge, 4) la révolution à la fois destructrice et régénératrice des Temps modernes [16]. Suivant cette généalogie, ce que Comte désignait comme « l'élite de l'humanité » se composait de cinq populations : « l'Italie, la France, l'Angleterre, l'Allemagne et l'Espagne ». Ces appellations ne renvoient pas aux territoires officiels. Il faut « annexer à [chaque nation] l'ensemble de ses appendices naturels ». À l'Angleterre, il faut joindre l'Écosse, l'Irlande et même « l'Union américaine » ; à la France, la Belgique ; à l'Espagne, le Portugal et l'Amérique latine ; à l'Allemagne, d'une part, la Hollande et la Flandre, d'autre part, les îles danoises et la péninsule scandinave [17]. Comme ce n'était pas un ensemble géographique, Comte y incorpora, en 1848, deux nations orientales par leur siège, mais occidentales par leur histoire : la Grèce orthodoxe et la Pologne sous domination russe [18].

Comte donne à cette pentarchie une organisation hiérarchique. La France est le « peuple central ». Pour le reste, le classement varie. Avant sa mort, Comte subordonnait les populations protestantes du Nord – plus industrialisées, quoique moins généreuses – aux peuples catholiques du Sud – moins productifs, mais plus sociables [19] –, car l'amour, et non l'intérêt, est la base du lien social dans la politique positive. Selon Comte, les Européens les plus rétrogrades se trouvaient parmi les populations germaniques, en raison de l'action répressive et fratricide des Autrichiens contre les patriotes italiens. L'avant-dernière place revenait à la Grande-Bretagne qui, emportée par l'aventure impérialiste, se muait en une puissance plutôt asiatique qu'européenne.

Classement improbable, voire ridicule pour un diplomate. Selon Metternich, l'Italie n'était qu'une « simple expression géographique ». Dominique Dufour de Pradt aurait dit que l'Afrique commençait aux Pyrénées, laissant entendre que l'Espagne n'appartenait pas à l'Europe. Né à Montpellier, Comte n'ignore pas cette complaisance dédaigneuse qu'éprouvent les Septentrionaux à l'égard des Méridionaux. Dans la balance diplomatique, les nations du Midi ne pesaient pas lourd face à leurs homologues nordiques. Comte reconnaissait que le concert européen vérifiait les leçons de Hobbes : la force fait le droit et les canons sont l'ultime argument des rois. Mais il voyait aussi que le réalisme politique des diplomates n'était pas parvenu à éteindre les tensions entre les peuples européens.

Contrairement à l'Europe diplomatique, l'Occident n'est pas la résultante de forces conjoncturelles, mais un avenir déduit du passé pour régler le présent. Sociologiquement défini, cet Occident dépasse les déterminations

■ 16. R. Congreve, « L'Occident », *Cahiers philosophiques* 137, 2014, p. 90-101. § 19, 22 et 36.
■ 17. *C*, 56ᵉ, p. 491 note.
■ 18. *S*, I, p. 84 et 391.
■ 19. *S*, IV, p. 486 et 497.

géographiques du climat et le déterminisme biologique de la race. Il annonce l'Europe spirituelle d'Husserl. Il échappe donc aux réductions historiques et renvoie dos à dos ceux qui assimilent l'Europe à une poussée vers la modernité, et ceux qui, comme Novalis en 1799, la confondent avec la chrétienté. En 1861, Pierre Laffitte, important épigone de Comte en France, notait que la désignation d'*occidentalité* avait l'avantage, d'un côté, de faire la part à tous nos ancêtres en intégrant nos racines chrétiennes dans un système racinaire plus ample. D'un autre côté, la référence à l'Europe du Christ avait l'inconvénient d'entretenir un « dualisme haineux entre les cinq populations avancées et le reste de la Planète ». « Il y a donc urgence philosophique et utilité sociale à substituer définitivement l'occidentalité à la chrétienté »[20], concluait Laffitte.

La sociologie positive affirme une continuité entre le genre humain et son noyau dirigeant. Elle cultive ainsi la fraternité entre les nations du levant et celles du ponant. Si le drapeau conçu par Comte pour symboliser la République occidentale était vert, c'était pour évoquer l'espérance[21], mais aussi parce que beaucoup de pays islamiques portent cette couleur sur leur bannière[22].

De l'Europe des États-nations à la République occidentale

Après avoir déterminé sociologiquement l'Occident en tant que super-structure historique hiérarchisée, intéressons-nous, en troisième lieu, à sa définition politique et aux trois précédents que Comte retient pour caractériser la République occidentale en tant que régime apte à gouverner la marche du noyau central de l'espèce vers l'état positif.

Pour les diplomates, l'Europe était une association d'États. Dès lors, le gouvernement européen était conçu comme un prolongement des institutions étatiques, puisque l'État apparaissait aux contemporains de Comte comme une instance nécessaire à la stabilité et à la sécurité des nations. Si la question européenne se résume à l'institution d'un État supranational, alors il s'agit de savoir quel est le modèle étatique qu'il convient d'adopter. Par exemple, Saint-Simon, dont Comte fut un temps le secrétaire, publia en 1814, en association avec l'historien Augustin Thierry, un opuscule de circonstance où il soutenait que « l'Europe aurait la meilleure organisation possible, si toutes les nations qu'elle renferme, étant gouvernée chacune par un parlement, reconnaissaient la suprématie d'un parlement général placé au-dessus de tous les gouvernements nationaux et investi du pouvoir de juger leurs différends »[23]. En 1872, Charles Lemonnier, un saint-simonien, rejette le modèle parlementaire et adhère à l'idéal de la République fédérale états-unienne : « pour mieux comprendre ce que pourront devenir les États-Unis d'Europe, étudions rapidement les États-Unis d'Amérique »[24]. Pour Comte, prétendre transposer à l'échelle européenne les institutions anglo-saxonnes, venues d'outre-Manche ou

20. P. Laffitte, *Considérations générales sur l'ensemble de la civilisation chinoise et sur les relations de l'Occident avec la Chine*, Paris, Société positiviste, 1900, p. 6-10 et 124n.
21. *S*, I, p. 387-388.
22. A. Comte, *Cours sur l'histoire de l'humanité (1849-1851)*, Genève, Droz, 2017, p. 266.
23. C. H. de Saint-Simon et A. Thierry, *De la réorganisation de la société européenne*, Paris, Égron, 1814, p. 50.
24. C. Lemonnier, 1872, *Les États-Unis d'Europe*, Paris, Bibliothèque Démocratique, 1872, p. 67.

d'outre-Atlantique, relevait de « l'anglomanie chronique de nos publicistes vulgaires ». De surcroît, cela révélait une incapacité à s'interroger sur l'aptitude du modèle étatique, notamment de l'État-nation à la française, pour rallier et développer les populations européennes.

La politique positive conçoit le régime occidental en dehors des sentiers battus de la centralisation étatique. Comte note que l'essor des États coïncida avec un déclin du Saint-Siège. La décadence pontificale rendit les peuples européens « presque étrangers les uns aux autres » et suscita des « luttes, aussi frivoles qu'acharnées, des principaux États ». « Cette longue dictature, royale ou nobiliaire » fut le correctif de la désorganisation spirituelle. Ici « dictature » veut dire centralisation étatique. *Dictature* comporte, chez Comte, une acception technique, inaudible de nos jours, qui remonte à l'époque de la République romaine. En cas de péril imminent, on y nommait un dictateur doté d'un pouvoir absolu pour une durée légale de six mois. La menace écartée, ce magistrat extraordinaire abdiquait. À la manière des dictateurs romains, les souverains des Temps modernes concentrèrent entre leurs mains tous les pouvoirs matériels et sacerdotaux. Garant ultime du respect des lois divines et humaines, pape et empereur dans son royaume, le roi « s'est dès lors trouvé naturellement investi d'une sorte de dictature permanente extrêmement remarquable »[25]. Hobbes avait, en effet, figuré l'État sous les traits d'un monstre biblique, le Léviathan, qu'il représentait en tenant dans sa main droite une épée, symbole du pouvoir temporel, et une crosse, emblème de l'autorité religieuse, dans sa gauche. Dès lors, cette magistrature exceptionnelle devint un type pérenne de gouvernement.

L'enjeu ici réside dans une querelle des ancêtres. Pour David Hume, la réorganisation de la chrétienté féodale en États indépendants renouait avec la tradition des cités grecques de l'Antiquité : « l'Europe est actuellement, en grand, une copie du modèle miniature qu'était jadis la Grèce ». Dans les deux cas, les rivalités, mitigées par la balance du pouvoir, avaient suscité un esprit d'« émulation jalouse », qui tenait en éveil les facultés et qui était à l'origine des progrès des sciences et des arts[26]. Condorcet, que Comte tenait pour son « père spirituel », jugeait qu'on trouverait à peine dans les républiques modernes une institution dont les républiques grecques n'eussent offert le modèle ou donné l'exemple[27]. En outre, l'usage a consacré l'emploi de l'adjectif *gréco-romain* pour qualifier le polythéisme militaire de l'Antiquité. Dans ce mot à trait d'union, le composant grec est mis en avant par rapport à l'antécédent romain, réduit au rôle de propagateur des trésors de l'hellénisme.

Comte, en revanche, distingue le « polythéisme intellectuel » des Grecs du « polythéisme social » des Romains, et loin de considérer la Grèce comme un modèle, il l'envisage, comme une « grande anomalie » : son histoire offre « le spectacle douloureux d'une nation sacrifiée au développement décisif du génie spéculatif chez quelques organes privilégiés ». Comte rappelle comment

■ 25. *C*, 55ᵉ, p. 404, 414.

■ 26. D. Hume, *Essays, Moral and Political*, Edinburgh, A. Kincaid, 1742, « Of the Rise and Progress of the Arts and Sciences ». Trad. fr. Ph. Folliot, « Essai sur la naissance et les progrès des arts et des sciences », http://dx.doi.org/doi : 10.1522/030166048.

■ 27. Condorcet, *Esquisse d'un tableau historique des progrès de l'esprit humain*, Paris, GF-Flammarion, p. 133.

« ces peuplades trop vantées » s'épuisèrent en de « misérables contestations » et méprisèrent tout ce qui n'émanait point d'elles et qui « y fut toujours qualifié de barbare »[28]. Quant à l'utopie platonicienne du philosophe-roi qui inspira au XVIIIᵉ siècle la figure du despote éclairé, Comte assimile ce règne de l'intelligence à une aberration « pédantocratique » qui transforma la vie publique en une succession de disputes sophistiques pouvant mener à la « vile tyrannie de quelque rhéteur »[29].

Avec l'essor romain, « commença la marche directe de l'Occident vers la véritable unité, d'après l'irrévocable prépondérance de l'action sur la spéculation »[30]. En s'éloignant de l'intellectualisme des Grecs, l'esprit peut enfin remplir sa mission : être « le ministre du cœur » et de la sociabilité. L'exemple romain est exceptionnel : il illustre la possibilité d'une domination qui déborde les limites imposées par l'ethnocentrisme spontané, puisque cet empire fut un contenant capable d'assimiler et de répandre sur plusieurs continents des doctrines, des mœurs et des institutions issues d'ethnies étrangères qui finirent ainsi par conquérir leur conquérant[31].

Les légions romaines posèrent les bases de l'union occidentale en conquérant l'Italie, l'Espagne et la Gaule. Les guerres de conquête visaient trois objectifs. 1) Acquérir des richesses. 2) Accroître le prestige de la ville sacrée en repoussant ses assaillants et en augmentant le nombre de ses sujets. De la soumission et du désarmement des peuples hostiles résultait une hégémonie pacificatrice : la *pax romana*. 3) Transformer les anciens ennemis en alliés. « Au lieu de cette aversion instinctive pour l'étranger qui accompagnait partout ailleurs l'esprit militaire »[32], le régime romain pratiquait « le véritable esprit d'incorporation » qui consolide « les succès militaires, en respectant les usages des nations vaincues, afin de les faire mieux participer à la civilisation dominante »[33]. Ce sens de l'assimilation rendait concevable le consentement des vaincus à leur assujettissement. Des historiens de renom confirmèrent par la suite les vues de Comte. L'histoire romaine est celle d'« un grand synœcisme », affirmait Théodor Mommsen en 1856. « Rome est la seule cité qui ait su par la guerre augmenter sa population »[34], remarquait Fustel de Coulanges en 1864.

La décadence romaine ne commença pas par l'arrêt de l'expansion territoriale, mais par l'épuisement du dévouement civique et de l'esprit de synœcisme. En se dilatant, Rome s'amoindrissait en devenant, pour ainsi dire, obèse. Ce déclin tenait au caractère forcé de l'incorporation : il fallait être soumis aux Romains pour participer aux bienfaits de la civilisation qu'ils véhiculaient. Bref, plus un régime contraint à l'obéissance des populations diverses et lointaines, moins il les fédère. « La domination graduelle des Romains se trouva nécessairement bornée aux peuples qui leur ressemblaient

■ 28. *S*, III, p. 265, 274
■ 29. *KT*, p. 301-302
■ 30. *S*, III, p. 354.
■ 31. Voir R. Brague, *Europe, La voie romaine*, Paris, Gallimard, 1999.
■ 32. *C*, 53ᵉ, 315.
■ 33. *S*, III, p. 374.
■ 34. Th. Mommsen, *Römische Geschichte*, Leipzig, Weidmann, 1856, tome I, chap. VI « Die Nichtbürger und die reformierte Verfassung ». N. D. Fustel de Coulanges, *La cité antique*, Paris, Flammarion, 2009, p. 505.

essentiellement »[35]. Autrement dit, les victoires militaires ne produisaient pas l'affinité entre vainqueurs et vaincus : elles la présupposaient. Malgré l'échec final de l'Empire et de tous ceux qui, comme Napoléon, prétendirent le ressusciter, Comte fit de Rome le premier ancêtre direct du régime occidental. Pour renouer avec l'héritage de Rome et sa quête d'un pouvoir planétaire, Comte annonça le futur déplacement de la « métropole universelle » de Paris vers Constantinople, vers l'ancienne Byzance, que l'islamisme, sous le nom d'Istanbul, gardait en dépôt pour unir l'Orient et l'Occident[36].

> **Comte esquisse un avenir capable de délivrer l'Europe de l'inertie de son passé.**

Le Moyen Âge catholique et féodal est le deuxième précédent constitutif de la République occidentale, car il franchit les limites de l'incorporation forcée. Comte participe à la réévaluation de cette période disqualifiée comme *gothique* depuis la Renaissance. Le jeune Comte admettait, pour l'essentiel, les deux thèses principales de Joseph de Maistre dans *Du pape*, paru en 1819. 1) « Sans Pape, il n'y a point de véritable christianisme ». 2) « Les Papes furent les instituteurs, les tuteurs, les sauveurs et les véritables génies constituants de l'Europe »[37]. Dans la Rome pontificale, Comte aperçoit l'émergence de la *summa divisio* entre le pouvoir spirituel du Saint-Siège et la puissance temporelle des princes. « Par cette admirable division, écrivait Comte en 1826, les sociétés humaines ont pu naturellement s'établir sur une échelle beaucoup plus grande, par la possibilité de réunir sous un même gouvernement spirituel des populations trop nombreuses et trop variées pour ne pas exiger plusieurs gouvernements temporels distincts et indépendants »[38].

Par cette division, l'allégeance envers les puissances matérielles est dissociée de l'obéissance aux autorités morales et intellectuelles. De cette façon, le Moyen Âge fonda « la libre occidentalité » et surmonta les limites de la « simple nationalité » que le « génie social de l'Antiquité ne dépassa jamais »[39]. La liberté acquise provenait de la séparation entre le pouvoir « spirituel ou européen » et le pouvoir « temporel ou national »[40], entre l'Église qui n'a pas de territoire, et les royaumes jaloux de leurs frontières. En distinguant le temporel du spirituel, leur antagonisme cesse tandis que s'instaure entre les deux une convergence grâce à laquelle chacun se trouve augmenté par la possibilité de se reposer sur l'autre. Le temporel est une puissance directrice, à la fois contrainte et contraignante par la force des circonstances. Le spirituel, en revanche, est une puissance modificatrice ou correctrice : elle tempère les penchants et rectifie les actions à la lumière des règles inculquées par l'éducation.

- 35. *S*, III, p. 376.
- 36. *CG*, VIII, p. 347.
- 37. J. de Maistre, *Du Pape*, Genève, Droz, 1966, p. 18, 293.
- 38. *S*, IV, appendice, p. 178
- 39. *S*, I, p. 390.
- 40. *C*, 57e, p. 670.

Alors que J. de Maistre insiste sur le rôle de la papauté dans la transformation de l'Europe en *Res publica christiana*, Comte rappelle les conditions matérielles qui rendirent possible l'œuvre pontificale, car un pouvoir spirituel ne s'établit pas de lui-même. Ce fut Charlemagne qui « fonda la république occidentale de manière à consacrer l'irrévocable destruction de l'Empire d'Occident, malgré les protestations byzantines ». Pour Comte, le pouvoir exercé par « le père de l'Europe », *dixit* Angilbert en 799, n'était pas de type impérial, mais « dictatorial », dans l'acception déjà mentionnée, puisque Charlemagne concentra temporairement le commandement militaire et l'autorité sacerdotale afin de pourvoir aux « besoins occidentaux, tant spirituels que temporels »[41].

Dans le domaine temporel, Charlemagne contra les envahisseurs nordiques et musulmans, posant les ciments de cette immunité vis-à-vis de toute invasion qui a été le trait distinctif de l'Europe[42]. Dans le domaine spirituel, Charlemagne comprit assez le véritable esprit de l'organisation européenne pour favoriser la formation des États du pape et assurer l'indépendance pontificale[43]. Selon Comte, la grandeur de l'héritage carolingien fut préservée par l'éclatement, après sa mort, des territoires qu'il avait rassemblés sous son règne. En effet, afin que la dictature demeure une magistrature dans le sens romain, il convient de « ne point en exagérer la durée ». Après la centralisation carolingienne, qui épuisa les vertus du *césaro-papisme*, « l'empereur, désormais germanique » perdit son caractère occidental et devint un « symbole rétrograde » et un facteur de désorganisation.

En 1826, à propos du pouvoir spirituel au Moyen Âge, Comte invitait le lecteur à contempler ce que « M. de Maistre appelle, avec une si profonde justesse, le miracle de la monarchie européenne »[44]. Vers 1848, il n'était plus question chez Comte de *monarchie européenne*, mais seulement de *République occidentale*, étant donné que la royauté comporte, en général, un caractère héréditaire. Comme la hiérarchie catholique repose sur le célibat, la vocation et l'élection, Comte souligne la proximité inattendue qui existe entre l'organisation ecclésiastique et la République française, troisième et dernier précédent constitutif de l'Occident politique.

La féodalité catholique avait repris et enrichi les acquis de l'agrégation forcée des Romains en instaurant la division entre un pouvoir matériel qui dirige et une autorité religieuse qui corrige. Toutefois, ce régime de libre incorporation demeurait entravé par ses idées absolues dans le domaine théorique et son principe dynastique dans le domaine pratique. Il s'agissait donc d'émanciper la République occidentale, « chef-d'œuvre politique de la sagesse humaine », de la tutelle divine et nobiliaire. Telle est la contribution du régime républicain qui proclama, en 1792, l'abolition des privilèges de sang et du droit divin. La Convention abolit l'Ancien Régime en asseyant la République française et la République occidentale sur ce double refus émancipateur : « ni Dieu ni roi »[45]. 1789 est l'an I du calendrier positiviste

▨ 41. *S*, III, p. 478.
▨ 42. M. Bloch, *L'histoire, la guerre, la résistance*, Paris, Gallimard, 2006, « Problèmes d'Europe », p. 463-464.
▨ 43. *C*, 54ᵉ, p. 342.
▨ 44. *S*, IV, appendice, p. 183. J. de Maistre, *Du Pape, op. cit.*, p. 277.
▨ 45. *S*, I, p. 127.

que ce « philosophe constamment républicain »[46] élabora et utilisa pendant les dernières années de vie. Comte forge le mot de *sociocratie* pour désigner un régime où la fixation des croyances communes n'est plus soumise à des garanties surnaturelles et où le choix des dirigeants n'est pas dicté que par le critère biologique de la naissance.

En somme, pour régir, sans violence, la progression vers l'état positif, Comte recommande de s'inspirer des grands types du passé, tout en évitant les dérives de l'anachronisme et de la transposition aveugle. La République occidentale est la synthèse de trois héritages à conserver, combiner et compléter : 1) le dévouement civique des Romains et leur esprit d'incorporation ; 2) la distinction posée par le Moyen Âge entre un pouvoir temporel éclaté et une autorité spirituelle centralisée ; 3) le sens moderne de l'émancipation qui restreint l'horizon des préoccupations humaines aux affaires terrestres et qui élimine les castes en tant qu'organes de gouvernement.

Modifier l'Europe grâce à l'Occident

À travers cette définition sociologique et politique de l'Occident, Comte esquisse un avenir capable de délivrer l'Europe de l'inertie de son passé. Aussi étudierons-nous, dans un quatrième et dernier temps, les modifications concrètes que Comte envisage pour conjurer les multiples dangers contenus dans l'idée européenne.

En 1620, Francis Bacon soutient que science et puissance coïncident[47]. Pour Comte, en 1852, il s'agit de savoir pour prévoir afin de pourvoir. Prévoyance et pourvoyance caractérisent les gouvernements forts, tandis que la violence est l'attribut des gouvernements faibles et imprévoyants[48]. Selon Comte, la réorganisation de « l'élite de l'Humanité » pouvait se réduire à « remplacer le catholicisme de Rome par celui de Paris »[49], attendu que « Paris, c'est la France, l'Occident, la Terre ». Comte reprend l'ancien rapprochement entre *urbi* et *orbi* tout en changeant le foyer de « la métropole humaine ». À l'encontre des « vieux préjugés sur la *ville éternelle* », il s'agit de remplacer Rome en tant qu'emblème de l'universalité militaire et théologique, impériale et pontificale. Le « catholicisme parisien » serait-il un nationalisme ? Paris a beau être « la seule capitale dont la plupart des habitants soient nés ailleurs »[50], elle reste à la tête d'un État-nation. Comte comprend que cette ville ne saura devenir une métropole spirituelle tant que se prolongera sa domination temporelle. C'est pourquoi il envisage la décomposition de la France en « dix-sept républiques indépendantes », formées chacune de cinq départements, en rappelant que certaines provinces, dotées d'une nationalité prononcée, ne demeuraient officiellement françaises que par la contrainte. Comte cite les cas de l'Alsace, de la Corse et de l'Algérie, annexée en 1848, dont il demande la restitution aux Arabes[51]. Cette mesure indique le « mode

■ 46. *S*, III, p. xxix.
■ 47. F. Bacon, *Novum organum*, New York, P. F. Collier, 1902. Livre I, aphorisme III, trad. fr. Paris, P.U.F., 2010.
■ 48. *CG*, VI, p. 135.
■ 49. *S*, IV, p. 463 et 373.
■ 50. *CG*, VIII, p. 7, 323 et 325.
■ 51. *S*, IV, p. 305, 419, 421 et 471.

normal » suivant lequel ces « agrégations factices », qui constituent l'Europe des États-nations, se décomposeront en « nationalités libres et durables ». Dans l'ordre final, l'étendue des États occidentaux n'excédera pas celle de la Belgique ou de la Toscane. Comte envisage une République occidentale partagée en soixante-dix républiques, convergeant vers un Paris purifié de son passé insurrectionnel et jacobin.

Les modifications conçues par Comte peuvent nous paraître utopiques. Toutefois, elles témoignent d'une connaissance des aberrations et des dérives qui ont creusé un fossé entre l'Europe et le reste de la planète. Comte avait saisi que toute intervention pratique dans l'évolution spontanée de l'Asie, et même dans celle de l'Orient européen, ne pouvait conduire qu'à des désastres : « tant que l'Occident européen ne sera pas suffisamment réorganisé, il ne saurait réellement exercer aucune grande et heureuse action collective sur le reste de l'humanité »[52]. Il saisissait « l'orgueil féroce » et « l'ignoble cupidité » que manifestaient les populations du noyau central dans leurs rapports avec les nations encore à l'état théologique. C'est pourquoi Comte et ses disciples les plus proches furent parmi les premiers Occidentaux à condamner la déraison contenue dans la relance du colonialisme européen, après les guerres d'indépendance en Amérique. D'abord, ces aventures lointaines équivalaient à un acte de désertion vis-à-vis de la réorganisation occidentale. Ensuite, c'était une tactique perverse pour cicatriser les conflits intérieurs, en transformant « les opprimés du dedans en oppresseurs du dehors »[53]. Enfin, cette expansion coloniale répandait la thèse fausse qu'on pouvait élever les populations africaines et asiatiques au niveau scientifique et industriel des puissances européennes en imposant aux premières « une servile et dangereuse imitation de la marche orageuse et difficile » des secondes : « Au lieu de les inviter à l'imitation d'un passé qui ne comporte aucune reproduction, le positivisme les exhortera bientôt à mieux apprécier leurs propres avantages »[54].

Hannah Arendt, qu'on ne saurait soupçonner d'être une adepte du positivisme, notait que, « lorsqu'il exprimait son espoir de voir une humanité unie, organisée, régénérée sous l'égide – la *présidence* – de la France », Comte ne promouvait pas « le concept le plus dangereux du nationalisme, l'idée de "mission nationale" ». En effet, à l'encontre des tenants de l'impérialisme racial de la seconde moitié du XIXᵉ siècle, Comte est toujours resté fidèle à l'idéal d'un genre humain commun à tous les peuples. Or, cet idéal d'humanité « constitue, selon Arendt, la seule idée régulatrice en termes de droit international », car la conscience de cette solidarité humaine implique un partage des responsabilités, de sorte que toutes les nations doivent répondre du mal commis par toutes les autres[55]. Dans cet esprit, Comte recommanda la formation d'une marine occidentale, destinée à assurer la « police générale du globe » et à empêcher, par exemple, qu'après le percement du canal de

52. *C*, 57ᵉ, p. 692.
53. *CG*, VIII, p. 258.
54. *KT*, p. 273-274.
55. H. Arendt, *L'impérialisme*, Paris, Gallimard, 2002, p. 74, 114, 200-201.

Suez, l'irruption des Occidentaux chez les peuples théocratiques de l'Asie ne débouchât pas sur un crime comparable à l'extermination des Américains par les Espagnols au XVIe siècle [56].

Max Scheler, quant à lui, se méfiait de cet amour universel pour l'humanité que Comte promouvait : cet « humanitarisme » dissimulait, selon Scheler, une soif de revanche vis-à-vis de la collectivité d'origine. Cet amour de la patrie spirituelle se doublait d'une haine du pays natal, perceptible chez les stoïciens tardifs qui se déclaraient cosmopolites au fur et à mesure que déclinait leur influence au sein de la Cité [57]. Mais Scheler se trompe à propos de Comte qui réclamait, en 1846, « l'urgente prépondérance, non d'un insuffisant cosmopolitisme, mais d'un actif européanisme, ou plutôt d'un profond occidentalisme » [58]. De surcroît, Comte s'attacha à remplacer le patriotisme déréglé des États-nations par un sentiment de nationalité avant-coureur de l'occidentalité. Suivant la prémisse qu'aucune identité nationale ne doit se construire aux dépens des autres, la politique positive conclut que tout patriote conséquent doit souhaiter que sa patrie soit tantôt invincible quand elle défend ses territoires ancestraux face à des envahisseurs, tantôt vaincue lorsqu'elle ose fouler le sol sacré des autres nations. Aussi Comte célébrait-il et les victoires des volontaires de la première République et les succès remportés par les Espagnols sur les troupes napoléoniennes. Ce patriotisme relatif devait contribuer à éteindre les passions haineuses au sein de l'Europe. Pour surmonter le ressentiment que nourrit la honte des défaites militaires du passé, « il faut que les glorieuses journées d'Austerlitz, d'Eylau, de Wagram, et même celle d'Arcole et de Lodi, soient irrévocablement flétries, comme […] de véritables crimes de *lèse-humanité* » [59]. Ce patriotisme sur fond de solidarité humaine amena Congreve, au nom de la magnanimité britannique, à exiger, en 1857, la restitution de Gibraltar à l'Espagne. Il protesta aussi contre la cérémonie d'Action de grâces, qui eut lieu à Londres, le 1er mai 1859, pour célébrer l'écrasement de la révolte des Cipayes par les forces de sa Majesté, puisque la cause des Anglais dans l'Inde était la mauvaise et que celle des Hindous était la bonne « comme étant le légitime effort d'une nation pour secouer un joug étranger et oppressif » [60].

En dépit de son caractère polémique, la notion d'européocentrisme souligne la nécessité de reconsidérer, sans antipathie, la situation des nations européennes après l'effondrement de l'Europe comme puissance coloniale. Or, Comte a réfléchi aux conditions requises pour que ce foyer sociologique soit un noyau spirituel et non le centre de commandement des divers empires coloniaux. Dans ce dessein, Comte introduisit dans l'histoire de la pensée politique le concept d'Occident, afin de délivrer les nations européennes du carcan imposé par le modèle étatique. L'Europe des diplomates devait être

■ 56. *CG*, VIII, p. 27, 383.
■ 57. M. Scheler, *Ressentiment*, Milwaukee (WI), Marquette University Press, 2010, p. 56.
■ 58. *CG*, III, p. 298-299.
■ 59. *CG*, VI, p. 445.
■ 60. Voir G. Claeys, *Imperial skeptics : British Critics of Empire, 1850-1920*, Cambridge, Cambridge University Press, 2010. Aussi T. Useche Sandoval, *L'idée d'Occident chez Auguste Comte*, Villeneuve-d'Ascq, ANRT, 2014, p. 392.

remplacée par la République occidentale, issue de la décentralisation des vastes États modernes. L'étude de la dynamique européenne prouvait, selon Comte, que l'avenir normal de l'Humanité ne saurait se réduire à la répétition de ce qui était advenu aux Européens. En un mot, l'Occident redéfini par Comte apparaît comme une forme inédite d'européocentrisme anticolonial, car soucieux de l'unité du genre humain.

Tonatiuh Useche-Sandoval (PhD)
Professeur certifié d'études hispaniques
Académie de Paris

ÉTUDES

LES ENCHANTEURS : UN ARCHÉTYPE POLITIQUE
La Boétie, Pomponazzi, Machiavel

Sandro Landi

En partant de l'image de la servitude volontaire comme un enchantement collectif qui apparaît au début du *Discours de la servitude volontaire* d'Étienne de La Boétie, cet article explore la transformation que subit la notion d'enchanteur au début du XVIe siècle. Les différents contextes que cette image permet d'identifier, indiquent que le *Discours* s'inscrit, de manière originale, dans la longue tradition médicale sur le pouvoir des enchantements. Cette reconstruction accorde un rôle central à la figure du chef thaumaturge, dont les caractéristiques sont définies par Machiavel et Pomponazzi. L'article se termine par une comparaison entre le paradigme thaumaturgique et le paradigme charismatique et s'ouvre sur une archéologie du populisme.

« Énigmatique » est, sans doute, le terme qui caractérise le plus souvent le *Discours de la servitude volontaire*[1]. De l'avis général, l'oxymore politique inventé par La Boétie et qui a fasciné des générations de chercheurs, résiste à toute tentative d'historicisation. L'énigme, écrit Luc Boltanski, est une singularité anormale, une « inquiétante étrangeté » qui remet en cause la perception ordinaire de la réalité et génère la nécessité d'une enquête[2]. Mon but dans cette étude est de démontrer que, dans le cas de ce texte, la clé d'interprétation de l'énigme n'est pas incompatible avec une enquête de type historique. À cette fin, je propose de partir de l'image de la servitude que le lecteur rencontre juste au début du traité :

1. E. Lablénie, « L'énigme de la servitude volontaire », *Revue du Seizième siècle* 17, 1930, p. 203-227 ; J. Balsamo et D. Knop, « De la servitude volontaire ». *Rhétorique et politique en France sous les derniers Valois*, Mont-Saint-Aignan, Presses Universitaires de Rouen et du Havre, 2014, p. 10 ; S. Roman, « L'Antiquité et la culture humaniste au XVIe siècle. Étude comparative de Machiavel et de La Boétie », *Archives de Philosophie* 83, 2020, p. 119.
2. L. Boltanski, *Énigmes et complots. Une enquête à propos d'enquêtes*, Paris, Gallimard, 2012, p. 22.

Grand'chose certes et toutesfois si commune qu'il s'en faut de tant plus douloir et moins s'esbahir, voir un million d'hommes servir misérablement aiant le col sous le joug non pas contrains par une plus grande force, mais aucunement (ce semble) *enchantes et charmes par le nom seul d'un,* duquel ils ne doivent ni craindre la puissance puis qu'il est seul, n'y aimer les qualités puis qu'il est en leur endroit inhumain et sauvage[3].

L'image met en évidence une donnée singulière et « non immédiatement intelligible »[4] : celle d'une multitude qui consent à sa propre servitude ; elle fait de ce non-sens un objet visible qui génère l'étonnement tout en restant fondamentalement indéterminé[5]. En effet, dans quel contexte faut-il situer cette énigme politique ? L'historiographie a traditionnellement insisté sur le caractère contingent et polémique du *Discours*, qui s'inscrit dans un contexte d'absolutisme croissant : la répression de la révolte de la gabelle à Bordeaux en 1548 ; la tyrannie larvée des derniers Valois ; le machiavélisme dominant à la cour ; l'apologie théorique du tyran[6]. Cependant, la relation que le *Discours* établit avec ce contexte s'est avérée, au mieux, indirecte et insaisissable. C'est probablement l'une des raisons pour lesquelles a prévalu dans la critique la tendance à souligner son caractère intemporel[7]. Sa lecture récente en clé orwellienne, (la « culture de la surveillance » rendue possible par une accoutumance généralisée au traitement informatique des données personnelles), témoigne de son inépuisable plasticité[8].

Dans cet article, je ne tenterai pas de situer le *Discours* dans un cadre historique ou intellectuel déterminé. Je propose plutôt, à partir d'obscurités ou étrangetés du texte, d'identifier des lectures de La Boétie possibles et jusqu'ici ignorées. Par « lectures », j'entends celles que l'auteur a pu faire, mais aussi celles que son texte a pu vouloir suggérer. Dans ce cas, le contexte ou, plus précisément, les contextes, sont constitués d'interprétations : lectures historiquement disponibles pour les lecteurs de l'époque mais que le temps et l'extraordinaire stratification de la littérature critique ont rendu opaques ou non évidentes.

La première et peut-être principale étrangeté du texte est précisément l'image sur laquelle je me suis attardé au début. Les spécialistes de La Boétie l'ont comparée au célèbre passage de Montaigne sur les cannibales (*Essais*, I, 31), car tous deux produisent un effet d'« estrangement » : de l'étonnement et la prise de conscience d'un non-sens politique[9]. On peut ajouter que l'image décrit une vision (« voir ») : l'auteur voit une masse (« un million

---

■ 3. É. de La Boétie, *De la servitude volontaire ou Contr'un*, Paris, Gallimard, 1993, p. 79-80. Je souligne.

■ 4. N. Panichi, « Enchantés et charmés par le nom seul d'un. Langue et tyrannie dans la servitude volontaire d'Étienne de la Boétie », *Giornale Critico della Filosofia Italiana* 18, 1998, p. 351-377, à la p. 359.

■ 5. Cf. J.-P. Cavaillé, « Langage, tyrannie et liberté dans le discours de la servitude volontaire d'Étienne de la Boétie », *Revue des Sciences philosophiques et théologiques* 72, 1988, p. 3-30, à la p. 4.

■ 6. Pour une synthèse de ces interprétations, voir J. Balsamo et D. Knop, « De la servitude volontaire », *op. cit.*, p. 21.

■ 7. *Ibid*, p. 19 et M. Abensour et M. Gauchet, « Les leçons de la servitude et leur destin », dans É. de La Boétie, *Le discours de la servitude volontaire*, Paris, Payot, 2002 [1976].

■ 8. Voir, par exemple, https://www.lemonde.fr/blog/binaire/2020/04/12/snowden-dorwell-a-la-boetie/ ; le colloque récent *Présences de La Boétie Histoire et actualité de l'énigme de la servitude volontaire* insiste également sur la pertinence de ce paradigme à l'ère numérique : https://univ-droit.fr/actualites-de-la-recherche/manifestations/35441-presences-de-la-boetie-histoire-et-actualite-de-l-enigme-de-la-servitude-volontaire.

■ 9. N. Panichi, « Enchantés et charmés par le nom seul d'un », art. cit. p. 359.

d'hommes ») qui n'oppose pas de résistance à son propre asservissement (« servir misérablement »). Il s'agit d'un fait étonnant (« grand'chose ») et pourtant ordinaire (« si commune ») : en d'autres mots, un prodige banal qui se reproduit sans provoquer de réactions. La vision, en outre, opère un changement de perspective : elle décrit les effets d'une expérience partagée par un groupe[10]. Il s'agit, du moins en apparence (« ce semble »), d'un enchantement collectif (« enchantes et charmes »). Ce point est décisif car la multitude intervient dans ce processus au moment où celui-ci se produit. De fait, le « Un » se configure avant tout comme un enchanteur. Et si, comme on l'a remarqué, la multitude ne se soumet pas tant au seigneur qu'à son « nom » (« enchantes et charmes par le nom seul d'un »[11]), c'est vraisemblablement parce que La Boétie attribue au nom du « Un » la puissance d'une formule incantatoire.

Dans ce qui suit, j'aimerais montrer que l'expression « enchantes et charmes » décrit la densité d'une expérience partagée par un groupe qui, pour être bien comprise, mérite d'être abordée par un contexte jusqu'ici inexploré par la critique : celui relatif au débat sur le pouvoir persuasif et curatif des mots et des images. Dans cette perspective, nous le verrons, le *Discours* de la Boétie est révélateur d'une transformation plus générale qui intéresse, au début du XVIe siècle, la catégorie d'« enchantement » et la figure de l'« enchanteur ».

« Le nombre de ceux qui le croyaient était infini »

La vision du grand enchanteur située au début du *Discours de la servitude volontaire* rappelle une autre image présente dans les *Discours sur la première décade de Tite-Live* de Machiavel. Le chapitre onze du premier livre est consacré à la religion des Romains et, en particulier, au rôle de la religion dans la fondation d'une communauté politique. Machiavel traite le cas de Numa, qui a eu recours au surnaturel (« fit semblant d'avoir des relations avec une nymphe ») pour conforter son autorité auprès du peuple et introduire « institutions nouvelles et inconnues dans la ville »[12]. Le processus de persuasion, explique Machiavel, est plus efficace lorsque le législateur est confronté à des illettrés (« hommes rudes ») ; il y a toutefois des exceptions, dont l'exemple récent de Savonarole :

> Le peuple de Florence ne se croit ni ignorant ni rustre ; toutefois Jérôme Savonarole le persuada qu'il s'entretenait avec Dieu. Je ne veux pas décider si la chose était ou non exacte, car on ne doit parler d'un si grand homme qu'avec respect. Je dis cependant que le nombre de ceux qui le croyaient, sans qu'ils aient rien vu d'extraordinaire qui les ait portés à le croire, était infini[13].

10. *Cf.* J-P. Cavaillé, « Langage, tyrannie et liberté », art. cit., p. 4.
11. C. Lefort, « Le nom d'Un », dans É. de La Boétie, *Le discours de la servitude volontaire*, Paris, Payot, 2002, p. 269-335, à la p. 291 ; J.-P. Cavaillé, « Langage, tyrannie et liberté », art. cit., p. 12.
12. N. Machiavel, *Œuvres*, C. Bec (éd.), Paris, Laffont, 1996, p. 214.
13. *Ibid.*, p. 215.

Ce passage a suscité de nombreux commentaires[14]. Je me limite ici à signaler quelques points qui rendent possible une comparaison avec le texte de La Boétie. Comme La Boétie, Machiavel décrit une multitude (« un million d'hommes »/« le nombre [...] était infini ») et s'intéresse à l'expérience partagée par ce groupe (« enchantes et charmes »/« le croyaient »). Aussi bien dans un cas que dans l'autre, le fait décrit est prodigieux. Prodigieux surtout parce qu'il met en évidence un écart entre les effets observables, étonnants, et ses causes apparentes, occultes ou insignifiantes. Dans le *Discours de la servitude*, la multitude se soumet sans hésitation à un seul individu (« dont ils ne doivent ni craindre la puissance puis qu'il est seul »). Dans les *Discours*, l'effet constaté (« le croyaient ») est prodigieux non seulement parce qu'il est sans rapport avec quoi que ce soit de visible, mais aussi parce qu'il se produit chez un peuple connu pour sa perspicacité[15] : ce peuple de Florence qui, comme nous le lisons dans les *Histoires de Florence*, est « un subtil interprète de toutes choses »[16].

Ce n'est d'ailleurs pas la seule occasion où Machiavel s'attarde sur les causes de ce prodige. Le cas extraordinaire de Savonarole est traité pour la première fois dans une lettre à Ricciardo Becchi de mars 1498, où Machiavel souligne le singulier talent oratoire du Dominicain[17]. Puis, à nouveau, dans la *Première Décennale* (1506), un résumé en vers de l'histoire de l'Italie de 1494 à 1504 :

Mais ce qui déplut davantage à un grand nombre
et vous jeta dans la désunion, ce fut cette secte
qui assujettit votre ville sous son étendard :
je veux parler du grand Savonarole,
qui, inspiré par la puissance divine,
vous enveloppa de ses paroles[18].

Trois points dignes d'attention se dégagent ici : la reconnaissance de la vertu prophétique de Savonarole ; l'effet persuasif à grande échelle produit par sa prédication ; le moyen utilisé pour atteindre ce but, à savoir « ses paroles ». « Vous enveloppa » (« *vi tenne involti* ») écrit Machiavel : une expression qui ne laisse aucun doute sur le caractère proprement incantatoire de ces paroles[19]. Machiavel semble ici préciser la cause du prodige opéré par Savonarole : il ne s'agit pas, comme on le déduit aussi de la lecture de *Discours* I, 11, d'un phénomène visuel, mais auditif, c'est-à-dire d'un effet produit par la voix du Dominicain. Donc, au même titre que le « Un » de La Boétie, Savonarole est, techniquement, un enchanteur. Grâce à cette qualité manifeste, Machiavel

14. Cf. M. Lodone, « Savonarola e Machiavelli : una nota su Discorsi I, 11 », *Interpres* 30 (2011), p. 284-298, qui revient sur Machiavel et la prédication de Savonarole dans M. Lodone, *I segni della fine. Storia di un predicatore del Rinascimento*, Rome, Viella, 2021, p. 27-28.

15. Sur ce point, voir M. Lodone, *Savonarole et Machiavel*, art. cit., p. 295.

16. N. Machiavel, *Œuvres, op. cit.*, p. 979 (*Histoires de Florence*, VIII, 19).

17. Cf. M. Martelli, « Machiavelli e Savonarola », *in* G. C. Garfagnini (ed.), *Savonarola. Democrazia, tirannide, profezia*, Florence, Sismel, 1998, p. 67-89 et S. Landi, *Le regard de Machiavel. Penser les sciences sociales au XVIᵉ siècle*, Rennes, PUR, 2021, p. 29-36.

18. N. Machiavel, *Œuvres, op. cit.* p. 1016.

19. Voir l'entrée « involto » dans Accademia della Crusca, *Lessicografia della Crusca in Rete*, http://www.lessicografia.it.

semble reconnaître chez Savonarole un exemple de pouvoir thaumaturgique, un type de pouvoir qui n'implique pas la force mais l'acquiescement tacite d'un groupe participant au prodige. Visiblement, de même que La Boétie, Machiavel est ici confronté à un cas de « servitude volontaire ».

Comment interpréter ces similitudes ? L'explication la plus immédiate est celle d'un lien entre La Boétie et Machiavel. La critique s'est exprimée sur ce point à de nombreuses reprises, soulignant des médiations et des connexions [20], ou proposant une comparaison sur des thèmes communs tels que la « coutume » [21] ou l'héritage classique [22]. Récemment, Stefano Visentin a montré que le phénomène d'auto-asservissement décrit par La Boétie est en réalité déjà visible dans les *Discours sur la première décade de Tite-Live* où il constitue l'une des potentialités du peuple (l'autre, opposée et bien connue, consiste dans le refus de toute domination). La description du comportement paradoxal du peuple de Rome envers César dans *Discours*, I, 17 (« en étant le chef, César parvint à l'aveugler [le peuple] au point qu'il ne reconnaissait pas le joug que lui-même s'imposait » [23]), met en évidence une analogie conceptuelle et même textuelle avec le *Discours* de La Boétie (« aiant le col sous le joug ») [24].

Cependant, en aucun cas, cette comparaison n'a pris en compte l'intérêt, commun aux deux auteurs, pour la dimension thaumaturgique du pouvoir. Dans des pages très denses, La Boétie s'interroge sur le lien que le pouvoir établit avec la religion (« ils vouloient [les tyrans] fort se mettre la religion devant pour gardecorps ») [25] et, plus précisément, avec la religion comme spectacle de masse. Il observe également que seule la théâtralisation du mystère a le pouvoir de susciter chez leurs sujets « reverence et admiration » [26]. Parlant des rois d'Assyrie, La Boétie observe que le mystère consiste en une mise en scène rigoureuse de l'absence :

Les rois d'assyrie et ancore apres eus ceux de Mede ne se presentoient en public que le plus tard qu'ils pouvoient, pour mettre en doute ce populas, s'ils estoient en quelque chose plus qu'hommes, et laisser en ceste resverie les gens qui font volontiers les imaginatifs aus choses desquelles ils ne peuvent juger de veue [27].

Comme dans le cas de Savonarole décrit dans les *Discours*, le véritable prodige consiste ici en une multitude (*populas*) qui voit et croit « aus choses desquelles ils ne peuvent juger de veue » ou, pour reprendre les mots de

20. *Cf.* en particulier les lectures de C. Lefort, « Le nom d'Un », art. cit., p. 311-324 et de J. Balsamo, « Le plus meschant d'entre eux ne voudrait pas être Roy. La Boétie et Machiavel », dans D. Courcelles (éd.), *Le pouvoir des livres à la Renaissance*, Paris, Publications de l'École Nationale des Chartes, 1998, http://books.openedition.org/enc/1013.

21. *Cf.* L. Gerbier, « *Come accostare Machiavelli e La Boétie ?* », *Storia del Pensiero Politico* 5, 2016, p. 183-202.

22. *Cf.* S. Roman, « L'Antiquité et la culture humaniste au XVIᵉ siècle », art. cit.

23. N. Machiavel, *Œuvres, op. cit.*, p. 226.

24. S. Visentin, « O jugo que por si mesmo è colocado em suo pescoço". Maquiavel e a servidão voluntária da multidão », *in* H. Adverse, C. Gabriel, K. Pancera (ed.), *As facies de Maquiavel. Historia, republica, corrupçao*, Belo Horizonte, Editora D'Placido, 2019, p. 167-178.

25. La Boétie, *De la servitude volontaire, op. cit*, p. 113.

26. *Ibid.*, p. 112.

27. *Ibid.*, p. 112.

Machiavel, « sans qu'ils aient rien vu d'extraordinaire qui les ait portés à le croire ». Chez Machiavel, comme chez La Boétie, le prodige – dont les effets, indépendamment des causes, sont réels parce que publics – a une dimension politique et renvoie à la question de la crédulité collective. La Boétie attribue cette prodigieuse capacité à croire à l'imagination d'un collectif (« les gens qui font volontiers les imaginatifs »). Cette disposition amène un groupe à voir non pas tant ce qui est visible mais ce qu'il veut voir. La Boétie, par ailleurs, remarque l'étonnante faculté mythopoïétique du peuple[28]. En substance, l'imaginaire collectif, aussi trompeur soit-il, joue un rôle déterminant dans la réussite du dispositif scénique mis en place par le pouvoir. Un pouvoir qui recourt systématiquement au miracle et qui exige non seulement la soumission, mais aussi de la vénération. La Boétie le dit clairement : « il n'a jamais été que les tirans pour s'asseoir ne se soient efforcés d'accoustumer le peuple envers nous, non seulement a obeissance et servitude, mais ancore a devotion »[29].

« Dévotion » est un mot-clé dans le type de pouvoir décrit par La Boétie. En effet, la dévotion implique que le pouvoir, pour obtenir volontairement de l'assujettissement, doit produire de la transcendance, du mystère et des affects partagés. « Dévotion » (*divozione*) est un mot également présent dans le lexique de Machiavel, où il indique le sentiment de révérence qu'une multitude développe envers tout ce qui (individus ou institutions) est perçu comme sacré. Cette perception collective est essentielle au maintien du lien politique, comme nous le lisons dans *L'âne* et la *Mandragore*[30]. Surtout, au chapitre I, 12 des *Discours*, la dévotion est liée au pouvoir des oracles : « De là les temples, les sacrifices, les supplications, et toute autre cérémonie destinée à les vénérer. Raison pour laquelle l'oracle de Délos, le temple de Jupiter Ammon, et d'autres oracles célèbres, remplissaient le monde d'*admiration et de dévotion* »[31]. « Révérence et admiration » est la formule, très similaire, que La Boétie emploie pour définir l'attitude collective à l'égard d'un pouvoir perçu comme impénétrable.

En réalité, toute la section du *Discours de la servitude volontaire* consacrée au pouvoir thaumaturgique présente des similitudes avec ce chapitre des *Discours*, dans lequel Machiavel développe les prémisses posées par les exemples de deux grands législateurs thaumaturges, Numa et Savonarole (*Discours* I, 11). Les conditions nécessaires à l'exercice de ce pouvoir sont, d'une part, la transcendance et le mystère, d'autre part, la dévotion et l'admiration. L'apport de l'imaginaire collectif, qui donne forme à des mythes et à des désirs partagés, est essentiel. À cet égard le « miracle » décrit toujours dans *Discours*, I, 12 est exemplaire[32]. Des soldats romains, qui s'introduisent dans le temple de Junon à Véies, voient la statue de la déesse bouger et répondre à leurs questions (« certains crurent qu'elle faisait des signes et d'autres qu'elle acceptait »). Il s'agit, comme l'observe Machiavel, d'un phénomène d'autosuggestion : les soldats voient ce qu'ils croient conforme à leurs attentes (« ils crurent entendre

---

■ 28. La Boétie, *De la servitude volontaire, op. cit*, p. 113.
■ 29. *Ibid.*, p. 116.
■ 30. N. Machiavel, *Œuvres, op. cit.*, respectivement p. 1049 et p. 1139.
■ 31. *Ibid.*, p. 216. Je souligne.
■ 32. *Ibid.*

la réponse qu'ils attendaient à leur question »[33]). Cependant, les chefs militaires et civils, qui ont compris le potentiel politique du prodige, l'autorisent et le divulguent (« cette opinion si crédule fut soutenue et développée par Marcus Furius Camillus et les autres chefs de la cité »).

À la lumière de ces analogies, il est raisonnable de penser que La Boétie pouvait avoir trouvé dans les chapitres des *Discours* consacrés à la religion des Romains des exemples nécessaires pour décrire le phénomène de la « servitude volontaire ». Mais on peut aussi formuler une autre hypothèse : celle d'une lecture commune.

« Incantator callidus debet esse »

Entre 1504 et 1507, est publié à Florence l'*Opus de intellectu et de causis mirabilium effectuum*, un ouvrage d'Andrea Cattani (ou Cattaneo)[34]. Originaire d'Imola, Cattani a exercé comme médecin à l'hôpital de Santa Maria Nuova et a été professeur de philosophie à l'Université (*Studium*) de Florence entre 1499 et 1506[35]. Ici, pendant un an, comme il l'indique dans la dédicace de son ouvrage, il a lu le *De anima* d'Aristote[36]. Un détail important : le dédicataire est Piero Soderini. Cattani souligne les vertus du gonfalonier à vie de la République et rappelle son soutien à une recherche dont il publie les premiers résultats[37]. Au Moyen Âge et à l'époque moderne, le *De anima* constitue la base de l'enseignement universitaire sur les facultés de l'esprit[38]. Cattani précise toutefois que son étude suit la lecture du *De anima* proposée par Avicenne (*Liber de anima*), car la plus conforme à la foi[39]. L'*Opus* est divisé en trois sections, dont les deux premières (*De intellectu, De felicitate*) exposent les thèses d'Avicenne sur la connaissance et la morale. Le troisième (*De causis mirabilium effectuum*) vise à expliquer l'origine mentale de phénomènes apparemment extraordinaires. Ici, Cattani puise dans son expérience de médecin. Ce n'est pas un cas isolé : dans ces mêmes années, Antonio Benivieni, un autre médecin, membre actif des institutions de la République de Florence[40], décrit des guérisons miraculeuses réalisées, grâce à des gestes et des mots, par les disciples de Savonarole[41].

À l'origine de ces prodiges, il y a toujours le pouvoir de l'imagination. Avicenne fournit un cadre théorique pour l'explication de ces phénomènes.

33. *Ibid.*
34. *Andreae Cattanii Imolensis Opus de intellectu et de causis mirabilium effectuum*, s.l., s.d.
35. *Cf.* C. Colombero, *Andrea Cattaneo*, in *Dizionario Biografico degli Italiani* 22, 1979 http://www.treccani.it/enciclopedia/andrea-cattaneo_(Dizionario-Biografico). Sur ce texte, dans le contexte du débat sur Avicenne à Florence, voir E. Garin, *Dal Medioevo al Rinascimento*, Florence, Sansoni, 1950, p. 55-56 et *Dal Rinascimento all'Illuminismo*, Pise, Nistri-Lischi, 1970, p. 60-61 ; P. Zambelli, *L'immaginazione e il suo potere*, in *L'ambigua natura della magia*, Venise, Marsilio, 1996, p. 53-75 ; N. G. Siraisi, *Medicine & the Italian Universities 1250-1600*, Leiden-Boston-Köln, Brill, 2001, p. 236 ; S. Landi, *Le regard de Machiavel*, op. cit., p. 187-189.
36. A. Cattani, *Opus de intellectu*, op. cit., f° 1r.
37. *Ibid.*
38. S. W. De Boer, *The science of the soul : the commentary tradition on Aristotle's « De anima » c. 1260-c. 1360*, Leuven, Leuven University Press, 2013.
39. *Ibid.*
40. *Cf.* U. Stefanutti, *Antonio Benivieni*, in DBI, 1966 (http://www.treccani.it/enciclopedia/antonio-benivieni_(Dizionario-Biografico) et N. G. Siraisi et M. Bresadola, « Segni evidenti, teoria e testimonianza nelle narrazioni di autopsie del Rinascimento », *Quaderni storici* 36, 2001, (*Fatti : storie dell'evidenza empirica*), p. 719-744.
41. A. Benivieni, *De abditis nonnullis ac mirandis morborum et sanationum causis*, Florence, 1507, chap. IX (« Sanatum genu miraculo evidenti ») et X (« Miraculo liberatus »).

L'imagination, dans sa relation au processus de guérison, est traitée dans le quatrième livre du *Liber de anima* : la persuasion du médecin a le pouvoir d'agir directement sur l'âme du patient (imagination « transitive ») à la condition que celui-ci montre une disposition (*dispositio*) favorable[42]. La guérison est donc essentiellement de nature psychosomatique : elle repose sur le principe d'une suggestion partagée[43]. À la suite d'Avicenne, Cattani s'attarde en particulier sur deux procédés susceptibles de produire des guérisons prodigieuses : l'enchantement (*incantatio*) et la fascination (*fascinatio*). Le premier utilise comme médium la voix, le second la vue. Dans les deux cas, pour que le prodige puisse se produire, la condition nécessaire est le consentement intime du patient. La description que Cattani consacre à l'« enchantement » et à l'« enchanteur » est particulièrement digne d'intérêt :

> L'enchantement est un discours qui produit une forte impression chez l'enchanté qui manifeste la plus grande confiance ; par conséquent, l'enchanteur doit être rusé (*callidus*), plein de confiance (*credulus*) et d'empathie (*affectuosus*), généreux et doté d'une forte imagination ; car il est vrai que celui qui est impatient d'être enchanté (*incantatur avidus*) se trouve comme dans l'attente et disposé de telle sorte que l'action [de l'enchanteur] est reçue par lui comme dans une matière préparée (*ut in materia praeparata*). Par conséquent, puisque l'enchantement est d'une certaine manière intentionnel, rien ne peut se produire si ces conditions ne sont pas remplies[44].

En réalité, en rédigeant ces lignes, Cattani s'inscrit dans un débat plus ancien. Le portrait psychologique de l'enchanteur est presque littéralement tiré d'une encyclopédie médicale du début du XIVᵉ siècle, publiée plusieurs fois avant le XVIᵉ siècle, le *Conciliator* du padouan Pietro d'Abano. L'enchanteur (*praecantator*), on y lit, « doit être rusé (*astutus*), plein de confiance (*credulus*) et d'empathie (*affectuosus*), doté d'une âme impressionnable ; l'enchanté (*incantandus*) doit être plein de désir et disposé afin que l'action [de l'enchanteur] tombe comme dans une matière préparée »[45].

Depuis l'Antiquité, médecins et théologiens se sont interrogés sur l'origine (divine, démoniaque ou naturelle) des enchantements. Le *Conciliator* constitue un tournant, centrant le débat sur le caractère naturel des enchantements et leur pouvoir thérapeutique[46]. Pietro d'Abano définit l'enchantement comme une formule dont l'énonciation produit des effets vérifiables, quoique extraordinaires et stupéfiants. Selon le *Conciliator*, qui suit Avicenne, la cause cachée de cette catégorie de faits réside dans la capacité de l'esprit de s'auto-influencer et d'agir à distance sur des hommes, des animaux, des choses.

Cette doctrine médicale comporte une double implication, éthique et politique. Dans le *Conciliator* (*differentia 156*), Pietro d'Abano explique

---

■ 42. *Avicenne latinus, Liber de anima seu sextus de naturalibus*, édition critique de la traduction latine médiévale par S. Van Riet, Louvain, Brill, 1968, p. 64.

■ 43. Voir L. E. Goodmann, *Avicenna*, Ithaca (NY)-London, Cornell University Press, 2006, p. 211.

■ 44. A. Cattani, *Opus de intellectu, op. cit.*, f° 35r-v. et E. Garin, *Dal medioevo al rinascimento, op. cit.*, p. 56.

■ 45. Pietro D'Abano, *Conciliator controversiarum quae inter philosophos et medicos versantur*, Venise, Giunti, 1548, p. 223 : « dispositus omnimode ut actio concidat in materiam praeparatam ».

■ 46. Cf. B. Delaurenti, *La puissance des mots. « Virtus verborum ». Débats doctrinaux sur le pouvoir des incantations au Moyen Âge*, Paris, Cerf, 2007.

l'efficacité de la formule d'enchantement en citant l'*Éthique à Nicomaque* (III, 1) sur les mots d'amour (« de amore verba »)[47]. Comme l'a montré Béatrice Delaurenti, cette citation est inexacte[48]. Dans ce même chapitre, Aristote aborde le caractère volontaire et involontaire des actes humains et traite du cas des actes dont la nature est ambiguë. Par exemple, « tous les cas où c'est par crainte de plus grands maux qu'un acte est exécuté ou en raison d'un beau motif [...] ; ces cas sont matière à controverse : sont-ce des actes non consentis ou bien sont-ils consentis ? »[49]. Aristote mentionne en particulier les actions accomplies sous la menace d'un tyran : il s'agit d'actes volontaires dont le choix dépend d'une contrainte, en fait, d'actes volontaires forcés. Comme l'observe toujours Béatrice Delaurenti, dans le *Conciliator*, l'argument qui suit la référence à l'*Éthique* concerne la confiance de l'enchanté, indispensable à la réussite de l'enchantement[50]. À la lumière des catégories établies dans l'*Éthique*, l'enchantement se configure donc comme un discours persuasif qui incite une personne à faire quelque chose de manière contraignante. Il s'agit d'une coercition indirecte, comme dans le cas de l'acte volontaire forcé : une forme d'influence qui, sans porter atteinte au libre arbitre, permet à un individu d'exercer sur son prochain un pouvoir fondé sur une certaine qualité de parole[51]. L'enchantement, en somme, comme un acte intimement oxymorique qui met à l'épreuve les catégories de l'éthique.

À y regarder de plus près, la « servitude volontaire », un oxymore éthico-politique, semble aussi relever de la catégorie des actes volontaires accomplis sous influence. Il est en somme probable que La Boétie ait fait allusion à l'*Éthique à Nicomaque* : la « servitude volontaire » est en effet une configuration éthique qui exclut une contrainte directe, étrangère au sujet (« non pas contraints par une plus grande force »). La Boétie semble traduire par « grande force » la *violentia* présente dans les éditions latines de l'*Éthique*[52]. C'est un détail qui a échappé à la critique, mais pas insignifiant, car il permet d'expliquer l'opposition force/enchantement que le lecteur rencontre dans l'image liminale du *Discours*.

Une philosophie de l'influence

À travers la notion d'enchantement, Pietro d'Abano esquisse une philosophie de l'influence : une philosophie dans laquelle le pouvoir de l'imagination, comme l'explique Avicenne, est essentiel pour comprendre la complicité qui s'établit entre le médecin et le patient, l'enchanteur et l'enchanté. Un siècle plus tard, le texte de Cattani montre une application de cette doctrine à la réalité contemporaine. L'*Opus de intellectu* consacre beaucoup d'importance à la figure du prophète. Selon Avicenne, le prophète est un exemple macroscopique

47. Pietro d'Abano, *Conciliator, op. cit.*, p. 222 v.
48. B. Delaurenti, *La puissance des mots, op. cit.*, p. 343.
49. Aristote, *Éthique à Nicomaque*, Paris, Flammarion, p. 76.
50. B. Delaurenti, *La puissance des mots, op. cit.*, p. 344 ; Pietro d'Abano, *Conciliator, op. cit.*, p. 223r.
51. *Ibid.*, p. 344.
52. *Aristotelis stagiritae peripateticorum principis, Ethicorum ad Nicomachum libri decem*, cum Donati Acciaioli florentini commentariis, Lyon, 1560, p. 179-180 : « id autem est violentum cuius principium est foris, in quod nihil his qui agit, aut patitur confert ».

de la relation que le médecin établit avec le patient[53]. Doté d'une imagination puissante, le prophète est capable de capter les révélations et de les traduire en images, c'est-à-dire dans la seule forme de langage adaptée aux attentes et au niveau de compréhension d'une multitude[54]. Cattani définit ainsi les qualités et les missions politiques du prophète :

> Nous appelons prophète l'individu dont le devoir est d'instituer des lois et des préceptes pour conserver la communauté, ainsi que d'accomplir des miracles (« universi conservandi gratia iura atque praecepta instituere ; nec non et miracula facere ») ; car, comme la nature inférieure obéit à la nature supérieure par un simple signe de tête, l'homme doué d'une telle âme peut admirablement rétablir la santé des malades, rendre indemnes les faibles, mais aussi abîmer leurs corps [...]. Cet individu peut aussi, selon sa volonté, préparer la concorde et la discorde entre les hommes et, avec son pouvoir et avec son seul regard (« solo intuitu »), il peut les forcer de gré ou de force à se rendre[55].

Au-delà d'Avicenne, dans ces lignes est évident l'écho de l'affaire Savonarole. La description de la masse des Florentins enchantés par ses paroles, présente dans les *Discours* (I, 12), semble cohérente avec le pouvoir d'influence attribué à ce personnage hors du commun. Cattani appelle les prophètes et les oracles « divino afflatu concitati », mus par l'inspiration divine[56]. Comme nous l'avons vu, pour définir l'origine de la vertu prophétique de Savonarole, Machiavel, dans la *Première décennale*, dit qu'il a été inspiré (*afflato*) par Dieu[57] : presque un calque de Cattani. Peut-être qu'au début des années 1500, la doctrine d'Avicenne pénètre dans les cercles de l'exécutif républicain et contribue à un langage médico-politique partagé. Très probablement le cas Savonarole, cas admirable par excellence d'enchantement et de soumission de masse, constitue un tournant dans l'histoire politique de la psychologie, permettant pour la première fois de penser les phénomènes d'influence psychosomatique non seulement individuels mais à grande échelle.

« Satisfait et stupéfait »

Suivant cette hypothèse, il est probable que l'expérience de Savonarole, vue à travers le filtre de Cattani et d'Avicenne, ait permis à Machiavel de penser un type politique original : le thaumaturge-enchanteur qui, dans l'ostentation d'une relation privilégiée avec le surnaturel, découvre la clé d'un pacte inédit de subordination volontaire. Tout en reconnaissant à Savonarole les qualités extrinsèques de l'enchanteur, Machiavel le définit, de façon unique parmi les exemples anciens et modernes[58], par rapport au contenu prophétique de sa parole (« doctrine prophétique »)[59]. Savonarole est donc

---

53. Cf. P. Zambelli, *L'immaginazione e il suo potere*, art. cit., p. 62-63.
54. *Avicenna latinus, Liber de anima*, op. cit., p. 12.
55. A. Cattani, *Opus de intellectu*, op. cit., f°33r-v. et P. Zambelli, *L'immaginazione e il suo potere*, art. cit., p. 72.
56. A. Cattani, *Opus de intellectu*, op. cit., f° 34v.
57. N. Machiavelli, *Opere letterarie*, L. Blasucci (ed.), Milan, Adelphi, 1964, p. 240.
58. En ce qui concerne Moïse, voir A. Brown, « Moses, Machiavelli and The Prince », *Storia del Pensiero Politico* 9, 2020, p. 393-412, à la p. 411.
59. Dans la *Première décennale*, N. Machiavel, *Œuvres*, op. cit., p. 1016.

prophète, parce que, en même temps, enchanteur. Machiavel est convaincu du caractère extraordinaire de cette expérience, mais il pense aussi que ce type politique peut bien se reproduire ailleurs. En ce sens, grâce au modèle de Savonarole, Machiavel réinterprète la figure de Numa, thaumaturge parce qu'on l'a cru capable de dialoguer avec la nymphe Égérie (« qui lui inspirait toutes les décisions qu'il avait à conseiller au peuple »), c'est-à-dire de se qualifier auprès du peuple romain comme médiateur du divin et d'introduire « des institutions nouvelles et inconnues dans la ville »[60]. La lecture que Machiavel fait de Numa est au fond cohérente avec la définition que Cattani propose de la mission du prophète (« instituer des lois et des préceptes pour conserver la communauté, ainsi que d'accomplir des miracles ») : Numa est donc, lui aussi, prophète parce que, avant tout, enchanteur de multitudes. L'exemple de Numa permet d'établir des analogies avec Lycurgue et Solon, « fondateurs de lois extraordinaires » qui se sont tournés vers l'oracle d'Apollon, mais surtout d'entrevoir un nombre potentiellement illimité de cas similaires : « beaucoup d'autres, qui visaient le même but ».

La relation que les chefs militaires établissent avec les multitudes armées est également de type thaumaturgique. Dans l'*Art de la guerre*, l'une des questions centrales abordées par le protagoniste du dialogue, Fabrizio Colonna, est en effet de savoir comment réduire une masse dans « une telle discipline et à un tel respect de leurs chefs qu'un arbre couvert de fruits se trouvant au milieu d'un camp reste intact »[61]. Le remède, comme dans la vie civile, mais de façon encore plus pressante, est recherché dans le surnaturel (« ils employaient tous les moyens pour les remplir [les soldats] de religion »)[62]. Dans le livre IV, deux des principaux généraux de la République romaine, Sertorius et Sylla, à l'instar de Numa, font preuve de vertus thaumaturgiques, le premier « faisant croire qu'il parlait à une biche, qui, au nom de Dieu, lui promettait la victoire », le second affirmant « qu'il parlait avec une image provenant du temple d'Apollon ». L'exemple éclatant de Jeanne d'Arc (« à l'époque de nos pères, le roi de France Charles VII, lors de sa guerre contre les Anglais, disait qu'il prenait conseil auprès d'une jeune fille envoyée de Dieu ») montre, une fois de plus, que le modèle thaumaturgique est parfaitement opérationnel dans le monde moderne[63]. Dans tous ces cas, l'enchanteur sait que le miracle, pour être efficace, nécessite le consentement de la multitude. La multitude armée, en effet, comme nous le lisons au livre VI, est capable de lire les prodiges (foudres, éclipses, tremblements de terre, événements bizarres) et de fournir une interprétation divergente de ces mêmes signes[64].

Finalement, à la lumière de ce même modèle, il est possible de relire l'épisode de l'exécution publique de Remirro de Orco (*Prince*, VII) et le type d'autorité que César Borgia, grâce à cette mise en scène (« spectacle »), tente

60. *Ibid.*, p. 214 ; *cf.* T. Ménissier, « Prophétie, politique et action selon Machiavel », *Les Études philosophiques* 66, 2003, p. 289-313 qui définit Numa « illusionniste » (p. 297) ; sur le Numa de Machiavel *cf.* E. Cutinelli-Rèndina, *Chiesa e religione in Machiavelli*, Pisa, Istituti Editoriali e Poligrafici Internazionali, 1998, p. 163-166 et *Numa* in *Enciclopedia Machiavelliana* (https://www.treccani.it/enciclopedia/numa-pompilio_%28Enciclopedia-machiavelliana%29/).
61. N. Machiavel, *Œuvres, op. cit.*, p. 611.
62. *Ibid.*, p. 582, trad. modifiée.
63. *Ibid.*, p. 556.
64. *Ibid.*, p. 589.

d'établir sur les peuples de la Romagne[65]. En effet, l'ostentation du corps du supplicié sur la place de Cesena est littéralement prodigieuse (*ostentum* = miracle) ; l'effet produit sur le peuple, à la fois « satisfait et stupéfait » est de type thaumaturgique (θαῦμα = stupéfaction) ; le remède proposé est médical et incantatoire : la santé du peuple conçu comme un peuple-patient (« purger les esprits de ces peuples »)[66]. La seule différence notable avec Savonarole, Numa et les cas précédemment décrits, est que César Borgia ne se présente pas dans ce cas comme un médiateur du divin : la spectacularisation de son invisibilité sur la scène publique le qualifie plutôt de dépositaire du divin lui-même.

« Alors la volonté n'est plus maîtresse mais bestiale et esclave »

En 1506, Andrea Cattani s'installe à Bologne, où il enseigne la médecine pendant une vingtaine d'années[67]. C'est là, selon toute vraisemblance, qu'il rencontre Pietro Pomponazzi, titulaire de la chaire de philosophie depuis 1511[68]. En effet, certains des thèmes étudiés par Cattani seront développés dans le traité que Pomponazzi publie manuscrit en 1520, le *De incantationibus*[69]. Peut-être, la médiation de Cattani permet aussi d'expliquer certaines affinités significatives entre Pomponazzi et Machiavel[70].

En accord avec les positions de Pietro d'Abano et en contraste avec la démonologie inquisitoriale, le *De incantationibus* développe une interprétation naturaliste des événements prodigieux. Mais ce qui est le plus intéressant aux fins de cette étude, c'est la dimension politique de cette doctrine. En effet, Pomponazzi contribue à définir une nouvelle anthropologie politique selon laquelle la forme la plus commune d'humanité est la multitude. Variablement désignée comme *multitudo hominum, rudes homines, vulgus*, la multitude, selon Pomponazzi, est composée de tous ceux qui, indépendamment de leur statut, ignorent la cause véritable des choses (« vulgares et qui rerum causa non cognoscunt »)[71].

L'ignorance de la multitude est compensée par au moins deux qualités qui constituent également la principale explication des prodiges. La première est l'imagination (*vis imaginativa*) et, en particulier, l'extraordinaire capacité mythopoïétique propre à un collectif. Pomponazzi est convaincu que ce pouvoir

■ 65. N. Machiavel, *Œuvres, op. cit.*, p. 127. La bibliographie sur cet épisode est très vaste, *cf.* S. Landi, *Le regard de Machiavel, op. cit.*, p. 66-69.

■ 66. *Cf.* S. Landi, « Purger le peuple. Du pouvoir cognitif de la métaphore médicale chez Machiavel », *Revue Française d'Histoire des Idées Politiques* 45, 2017, p. 187- 216.

■ 67. L. Thorndike, *A History of Magic and Experimental Science*, V, New York, Columbia University Press, 1941, p. 90.

■ 68. Voir V. Perrone Compagni, « Pietro Pomponazzi », in *Dizionario Biografico degli Italiani*, 84, 2015, http://www.treccani.it/enciclopedia/pietro-pomponazzi_(Dizionario-Biografico), l'introduction de V. Perrone Compagni *in* P. Pomponazzi, *Le incantazioni*, Pise, Edizioni della Normale, 2013, p. 9-89, et T. Dagron, « La doctrine des qualités occultes dans le *De incantationibus* de Pomponazzi », *Revue de métaphysique et de morale* 49, 2006, p. 3-20.

■ 69. Voir P. Zambelli, *L'immaginazione e il suo potere*, art. cit., p. 72-75.

■ 70. Sur Machiavel et Pomponazzi et la bibliographie correspondante, voir S. Landi, « Multitude, peuple, populisme chez Machiavel », *La pensée* 406, 2021, p. 12-26 ; F. Piro, « Sull'antropologia dei rudes prima di Vico. Immaginazione, credulità, passionalità », in *Laboratorio dell'ISPF* 1, 2005, p. 337-369.

■ 71. P. Pomponazzi, *De naturalium effectuum causis sive de incantationibus*, Bâle, Ex officina Henricpetrina, 1567, p. 124.

appartient non seulement aux individus du peuple, mais aussi au peuple en tant que masse. Elle se manifeste notamment lorsqu'un groupe est témoin d'un miracle. Le *De incantationibus* revient plusieurs fois, sous différents angles, sur un miracle attesté à L'Aquila vers 1520, où le peuple rassemblé croit voir dans les nuages saint Célestin, le patron de la ville[72]. Pomponazzi observe que si le même miracle s'était produit à Bologne, il est fort probable que l'image céleste aurait été celle de Saint Pétrone[73]. La vision du saint est donc un phénomène d'autosuggestion qui répond aux attentes et à l'imaginaire d'un collectif spatialement et historiquement déterminé. Le « miracle » de Véies décrit par Machiavel semble reposer sur un principe analogue : une multitude estime crédible une expérience conforme à ses propres désirs et à un imaginaire partagé.

La deuxième qualité de la multitude est la crédulité (*credulitas*), un terme que Pomponazzi utilise, comme Cattani, conscient de son ambiguïté. En fait, la crédulité n'indique pas, comme chez ses lecteurs libertins, une attitude purement passive : il s'agit plutôt d'un mélange de confiance et d'imagination[74]. Pour cette raison, par exemple, le pouvoir de guérir se trouve fréquemment chez les gens du peuple et les illettrés (« in plebeis et hominibus rudibus ») qui sont plus crédules et ont plus de foi : « quelle est l'importance de la confiance et de l'imagination (« fides et imaginatio ») tant de la part de l'agent que du patient, nous pouvons facilement le comprendre »[75]. La crédulité, donc, comme disposition partagée, nécessaire pour que l'enchantement et la guérison, comme le soutient Avicenne, puissent se produire.

Pomponazzi met particulièrement en valeur la figure de l'enchanteur (*praecantator*) et en saisit la potentialité politique. Contrairement aux philosophes, anthropologiquement séparés de la multitude (*dii terrestres*)[76], les enchanteurs sont souvent des hommes et des femmes du peuple, mais ils s'en distinguent parce qu'ils opèrent des prodiges et ils en connaissent les causes[77]. Une caractéristique commune aux différents types d'enchanteurs est le pouvoir de persuasion au moyen d'enchantements, tant verbaux (*carmina*) que visuels (*fascinationes*). Le terme que Pomponazzi utilise à cet égard est *virtus*, une qualité que ces individus singuliers partagent avec les animaux et même avec les minéraux comme le fer, qui a le pouvoir (*virtus*) d'attirer d'autres fers[78]. Le *praecantator* est donc un individu capable d'exercer, littéralement, une influence magnétique (*influentia*) sur son environnement. Pomponazzi inclut dans cette catégorie multiforme des individus qui, en raison de leur profonde crédulité, possèdent le don d'effectuer des guérisons spontanées ; les illusionnistes qui se produisent dans les lieux publics ; les prophètes qui

72. *Ibid.*, p. 100 ; sur ce miracle, voir G. Giglioni, « Il cielo sopra l'Aquila : Pietro Pomponazzi su immaginazione e devozione popolare », *in* M. Sgarbi (ed.), *Pietro Pomponazzi : tradizione e dissenso*, Florence, Olschki, 2010, p. 271-283.

73. P. Pomponazzi, *De incantationibus, op. cit.*, p. 253.

74. Sur la notion de « credulitas » chez Cattani et Pomponazzi, *cf.* F. Piro, « Sull'antropologia dei rudes », art. cit., p. 351 ; sur la lecture libertine de Pomponazzi, *cf.* P.O. Kristeller, « The Myth of Renaissance Atheism and the French Tradition of Free Thought », in *Journal of the History of Philosophy* 6, 1968, p. 233-243.

75. P. Pomponazzi, *De incantationibus, op. cit.*, p. 54.

76. *Ibid.*, p. 53.

77. *Ibid.*, p. 24.

78. *Ibid.*, p. 284.

ont fondé de nouvelles religions et de nouveaux états (*legum conditores*)[79]. Comme Cattani et Machiavel, Pomponazzi soutient que les prodiges réalisés par ces individus hors du commun – quels que soient leur origine et leur but – ne sont efficaces que grâce au consentement du peuple, un peuple-patient, donc, qui par sa disposition se laisse persuader, rendant ainsi l'enchantement non seulement possible mais irréversible :

> Parfois [les enchanteurs] parviennent à forcer la volonté, par exemple lorsque la force de la raison est enchantée (*ligata est vis rationis*) : alors les hommes sont comme des animaux qui se laissent conduire et ne sont plus maîtres de leurs actions. Alors la volonté n'est plus maîtresse mais bestiale et esclave (*sed efficitur bestialis et serva*)[80].

Nous trouvons ici, sinon l'image du « joug », présent, comme on l'a vu, dans les *Discours* I, 17, du moins son signifié, exprimé par la servitude que le peuple accepte volontairement. Pomponazzi y ajoute la figure de l'enchanteur, dont la complexité et la puissance évocatrice sont sans précédent. Le *De incantationibus* comme possible lecture directe ou indirecte de La Boétie est une hypothèse qui mérite de l'attention.

« Je suis de ceux qui sentent très grand effort de l'imagination »

Le traité de Pomponazzi est imprimé à titre posthume à Bâle en 1556, mais auparavant il connait une large circulation manuscrite[81]. Il y a longtemps, Henri Busson a dressé un tableau fragmentaire de la présence du *De incantationibus* en France[82]. Parmi les lecteurs probables du *De incantationibus*, il y a aussi Montaigne[83]. Dans le chapitre XXI des *Essais* (« De la force de l'imagination ») Montaigne reprend la thèse de l'imagination transitive et cite plusieurs cas de guérison psychosomatique[84]. Les « fausses promesses » du médecin sont indispensables pour nourrir la « créance » du patient et favoriser sa prédisposition à la guérison. Une imagination prédisposée permet également d'expliquer – à une échelle d'observation qui n'est plus individuelle mais collective – la foi dans les miracles :

> Il est vraisemblable, que le principal crédit des miracles, des visions, des enchantements et de tels effets extraordinaires, vienne de la puissance de l'imagination, agissant principalement contre les âmes du vulgaire, plus molles. On leur a si fort saisi la créance qu'ils pensent voir ce qu'ils ne voient pas[85].

■ 79. P. Pomponazzi, *De incantationibus, op. cit.*, p. 284.
■ 80. *Ibid*, p. 192.
■ 81. Voir L. Regnicoli, *Processi di diffusione materiale delle idee : i manoscritti del De incantationibus di Pietro Pomponazzi*, Florence, Olschki, 2011 et G. Zanier, *Ricerche sulla diffusione e fortuna del De incantationibus di Pomponazzi*, Florence, La Nuova Italia, 1975.
■ 82. H. Busson, « Introduction », dans P. Pomponazzi, *Les Causes des merveilles de la nature ou Les enchantements*, première traduction française, avec une introduction et des notes par H. Busson, Paris, Les éditions Rieder, 1930, p. 9-103.
■ 83. *Ibid.*, p. 73.
■ 84. M. de Montaigne, *Essais*, I, Paris, Gallimard, 1965, p. 168 : « C'est autre chose que l'imagination agisse quelquefois, non contre son corps seulement, mais contre le corps d'autrui ».
■ 85. *Ibid.*, p. 162.

Selon Henri Busson, « seul Pomponazzi offrait à Montaigne une doctrine assurée sur ce sujet »[86]. Une conclusion qui peut être partagée d'autant plus que la psychologie des *rudes*, que Pomponazzi développe dans *De incantationibus*, semble être partagée par Montaigne (« les âmes du vulgaire ») comme facteur d'explication des miracles. La dernière partie de cette citation mérite une attention particulière : « on leur a si fort saisi la créance qu'ils pensent voir ce qu'ils ne voient pas ». Montaigne souligne, probablement sur la base de Pomponazzi, le pouvoir mythopoïétique de l'imagination populaire, capable de voir l'inexistant et de l'accueillir comme un objet de vénération. Comme nous l'avons vu, La Boétie exprime un jugement similaire sur la multitude qui assiste, en réalité sans rien voir, à la révélation des rois d'Assyrie : « les gens qui font volontiers les imaginatifs aus choses desquelles ils ne peuvent juger de veue ». C'est le signe d'une convergence probable sur ce point, qui trouve à son tour confirmation dans le cas prodigieux des Florentins qui croient « sans qu'ils aient rien vu d'extraordinaire qui les ait portés à le croire », décrit par Machiavel.

Dans tous ces cas, la multitude est essentiellement une communauté de perception. Cette réduction de la multitude à une masse reliée par un principe d'unité psychique est à la base de la vision terrible et récurrente que lui consacre La Boétie : « voir un million d'hommes servir misérablement » ; « voir un nombre infini de personnes, non pas obéir, mais servir » ; « Si l'on void non pas cent, non pas mille hommes, mais cent pais, mille villes, un million d'hommes ». Sans doute, ce n'est qu'en lisant Pomponazzi et Machiavel que La Boétie a pu parvenir à cette configuration spécifique de la multitude, constitutive de la condition qualifiée de « servitude volontaire »[87].

Mais l'empreinte la plus évidente du *De incantationibus* consiste dans l'interprétation résolument politique de l'enchantement et des enchanteurs. L'enchantement est un thème que La Boétie partage avec Montaigne ; cependant, dans les *Essais*, l'enchantement est toujours associé à des croyances et à des pratiques de type magique et ésotérique : maléfices, malédictions, sorts[88]. Ce n'est sans doute pas un hasard : dans les mêmes années, le médecin hollandais Johann Wier publie deux traités, rapidement traduits en français, sur l'origine démoniaque et le pouvoir des enchantements[89]. Montaigne, qui suspend son jugement sur ces phénomènes, n'est jamais tenté de les relier à la sphère politique. Contrairement à La Boétie, en somme, la vision de l'enchanteur de vastes multitudes lui est totalement étrangère.

En conclusion, j'aimerais proposer quelques hypothèses. En partant de l'image de la multitude enchantée présente dans le *Discours de la servitude*

86. H. Busson, « Introduction », art. cit., p. 73.

87. Sur cette notion de multitude, voir S. Landi, « Multitude, peuple, populisme », art. cit.

88. Par exemple, M. de Montaigne, *Essais, op. cit.* p. 257 (I, XXVII).

89. J. Wier, *De Praestigiis daemonum et incantationibus ac veneficiis libri V*, Bâle, J. Oporinum, 1566 ; *Cinq livres de l'imposture et tromperie des diables, des enchantements et sorcelleries, pris du latin de Jean Wier, ... et faits françois par Jaques Grévin*, Paris, J. Du Puys, 1567 ; *Histoires, disputes et discours des illusions et impostures des diables, des magiciens infâmes, sorcières et empoisonneurs, des ensorcelez et démoniaques et de la guérison d'iceux*, Paris, Jaques Chouet, 1579 ; H. Busson, « Introduction », art. cit., p. 72, cite Wier comme intermédiaire possible entre Montaigne et Pomponazzi.

volontaire, j'ai reconstitué la transformation que subit la notion d'enchanteur au début du XVIe siècle. Les différents contextes que cette image énigmatique permet d'identifier indiquent que ce texte s'inscrit de manière originale dans la longue tradition médicale sur le pouvoir des enchantements : reconnaissant dans le « Un » les qualités de l'enchanteur, La Boétie attribue à l'enchantement une valeur politique et identifie dans la relation enchanteur / enchanté la clé d'un nouveau pacte de subordination. Dans les phénomènes d'enchantement observables dans le domaine médical, l'espoir de guérison nécessite toujours la disposition favorable du patient : la « servitude volontaire » n'est finalement que la traduction de cette posture lorsque le médecin se transforme en chef politique et religieux et le patient en multitude [90]. Dans cette variation d'échelle, l'enchantement en tant que phénomène politique se produit lorsque le leader se révèle capable d'accomplir des prodiges jugés crédibles par la multitude.

Dans la définition de ce nouveau type politique, nous l'avons vu, La Boétie n'est pas un cas isolé. Machiavel, et Pomponazzi avant lui, témoignent de l'avènement de chefs thaumaturges qui, dans certaines circonstances, peuvent se révéler ou s'improviser fondateurs de religions, d'États ou bien chefs d'armées. Le recours au prodige, explique Machiavel, est indispensable pour terrifier (*sbigottire*) la multitude, c'est-à-dire créer l'état d'âme nécessaire pour accueillir l'autorité et les mesures « extraordinaires » qui en émanent.

Cette banalisation du prodige dans la pratique du gouvernement de grands agrégats humains constitue une donnée nouvelle, en rupture avec le modèle thaumaturgique traditionnel, associé aux monarques de droit divin. Dans la figure de l'enchanteur identifiée par Machiavel, Pomponazzi et la Boétie, ce modèle se présente comme inversé : là où, dans le premier cas, c'est l'autorité dynastique, ancestrale et légitime qui génère la faculté de faire des miracles, dans le second, la capacité de produire publiquement des prodiges et de la stupéfaction devient une preuve absolue d'autorité, c'est-à-dire d'un rapport direct avec le surnaturel. Aucun des enchanteurs décrits par Machiavel n'est thaumaturge parce qu'il est roi ; dans les différents types d'enchanteurs présents dans *De incantationibus*, Pomponazzi montre que le pouvoir d'influencer, même à grande échelle, l'esprit des autres se trouve souvent chez des individus du peuple. Celui qui s'avère être en possession du don d'enchanter (et de guérir) peut devenir souverain de vastes multitudes.

L'enchanteur est donc un nouveau type politique résultant d'une « démocratisation » du modèle thaumaturgique décrit par Marc Bloch dans son ouvrage classique sur le pouvoir de guérison attribué aux rois de France et d'Angleterre (1924) [91]. On peut peut-être assimiler la figure de l'enchanteur au type de pouvoir défini, quelques années plus tôt, comme « charismatique » par Max Weber. Dans *Économie et société*, Weber explique que parmi les attributs du modèle charismatique, il y a la reconnaissance du charisme par quiconque est soumis à l'autorité qui en revendique la possession : la

---

■ 90. Sur la dimension clinique du *Discours*, *cf.* T. Dagron, « Servitude volontaire et clinique de l'aliénation : coutume et mémoire », dans L. Gerbier et O. Guerrier (éd.), *Les figures de la coutume : autour du « Discours de la servitude volontaire »*, Paris, Classiques Garnier, 2012, p. 149-162.

■ 91. *Cf.* M. Bloch, *Les rois thaumaturges. Étude sur le caractère surnaturel attribué à la puissance royale particulièrement en France et en Angleterre*, Paris, Armand Colin, 1961 [1924].

reconnaissance implique une preuve et la preuve est « à l'origine toujours par le prodige »[92]. Charismatique, donc, parce que d'abord et avant tout thaumaturgique.

Bien que contemporaines, les recherches de Weber et de Bloch ne se sont pas croisées. Cependant, le parallélisme entre ces deux enquêtes qui placent le miracle au cœur de l'énigme du pouvoir d'assujettir est surprenant. Probablement, bien que de bords opposés, Bloch et Weber ont vu dans la Grande Guerre le traumatisme qui a rendu possible la résurgence d'un type d'autorité absolue fondé sur la croyance collective en la capacité prodigieuse de guérir et de sauver. Malgré la référence commune aux « sociétés primitives »[93], ce modèle politique est en réalité visible et opérationnel depuis le début du XVIe siècle.

La figure de l'enchanteur, dont Machiavel, Pomponazzi et La Boétie ont été les premiers témoins sous des angles différents, en résume les traits essentiels. Cet archétype politique est une donnée problématique : il reste à comprendre, par exemple, quelle relation il établit avec les transformations qui concernent la perception collective des miracles et des thaumaturges à l'époque moderne[94], et, surtout, comment il a pu s'enraciner dans la culture politique européenne, réapparaître périodiquement, jusqu'à devenir l'un des traits constitutifs du populisme contemporain[95].

Sandro Landi
Professeur à l'Université Bordeaux Montaigne,
EA 4574 SPH

92. M. Weber, *Economie et société. I. Les catégories de la sociologie*, Paris, Plon, 1995, p. 321.
93. *Ibid.*, p. 322 et M. Bloch, *Les Rois Thaumaturges, op. cit.*, p. 74.
94. Voir J. Garnett et G. Rosser, *Spectacular Miracles : Transforming Images in Italy from the Renaissance to the Present*, London, Reaktion Books, 2013.
95. *Cf.* J. P. Zuquete, "Populism and Religion", *in* C. Rovira Kaltwasser, P. A. Taggart, P. Ochoa Espejo, P. Ostiguy (eds.), *The Oxford Handbook of Populism*, Oxford, Oxford University Press, 2017, p. 445-466.

LES INTROUVABLES
DES CAHIERS

LES PRIÈRES D'AUGUSTE COMTE

Michel Bourdeau

> On se lasse de penser, on se lasse même d'agir ;
> jamais on ne se lasse d'aimer.
>
> Auguste Comte

Quand on pense au sens usuel de *positivisme*, on a peine à croire que Comte, à la fin de sa vie, ait pu passer chaque jour deux heures entières en prière[1]. Certes, on sait qu'il avait fondé une nouvelle religion, dont il s'était même proclamé le grand prêtre mais, de la religion positiviste, on ne retient d'ordinaire que le calendrier des grands hommes et le système de commémoration qu'il lèguera à la Troisième République. Ce faisant, on oublie que la religion de l'Humanité comprenait aussi un dogme et un régime, et que son culte prenait trois formes : publique (les fêtes commémoratives) domestique (les sacrements) et privée, ou intime[2]. Les prières ici reproduites[3] n'étaient pas destinées à la publication et n'occupent qu'une place marginale dans l'œuvre de Comte mais, outre ce qu'elles nous apprennent sur la personnalité de leur auteur, elles mettent en lumière un aspect peu connu du positivisme religieux.

Comme le lecteur le constatera immédiatement, l'existence de ces prières est inséparable de l'amour fou éprouvé par Comte pour Clotilde de Vaux, qu'il rencontra en octobre 1845 et qui mourut moins d'un an plus tard[4]. Le culte intime se prête à deux approches, l'une théorique, l'autre pratique. Entendu comme pratique, le culte dont il s'agit étant personnel, intime, il va de soi que c'est à chacun de lui donner une forme qui lui corresponde. De ce point de vue, ce qui importe, c'est que chaque croyant développe son propre culte, et il ne faudrait pas attacher trop d'importance aux prières de Comte, que ses disciples ont détournées de leur fonction première en publiant ce

---

1. Voir la description étonnante de la journée de Comte dans H. Gouhier, *La vie d'Auguste Comte*, Paris, Vrin, 1997, p. 257-271.

2. Voir le numéro 87-1 (Janvier-Mars 2003) de la *Revue des Sciences philosophiques et théologiques*, consacré à la religion positiviste, ainsi que A. Petit, *Le système d'Auguste Comte*, Paris, Vrin, 2016, p. 288-295.

3. D'après le *Testament d'Auguste Comte*, publié par ses exécuteurs testamentaires, Paris, 1884, p. 81-99.

4. Les extraits de la correspondance qui figurent dans la commémoration générale de la prière du matin permettent de suivre les principaux évènements de cette « année sans pareille ». Rappelons que, de même que Comte était séparé de « l'indigne épouse », Caroline Massin, Clotilde était séparée de son époux, qui avait dû quitter la France à la suite de malversations financières. Cette situation compliquait singulièrement leurs relations ; elle explique en particulier que Clotilde ait manifesté une certaine réserve à l'égard de Comte, qui était parfois très entreprenant.

manuscrit. Mais Comte nous dit par ailleurs que c'est à partir de sa propre pratique qu'il a élaboré sa théorie[5]. Les deux aspects sont donc étroitement liés : la théorie se base sur la pratique, mais inversement, la première éclaire la seconde, dont elle n'est que le commentaire.

De façon plus générale, la rencontre de Clotilde n'a pas affecté que la seule vie privée de Comte. Elle coïncide avec la mise en chantier du *Système de politique positive*, sur lequel elle aura des effets aussi considérables qu'inattendus. Tout d'abord, comme en témoigne la dédicace de l'ouvrage, rédigée dès octobre 1846, soit quelques mois à peine après le décès de Clotilde, Comte décide de l'associer étroitement à son œuvre et de rendre public ce culte privé, entendant ainsi, comme les poètes, assurer à l'être aimé l'immortalité. Mais les effets affectent directement la doctrine. Découverte grâce à Clotilde, la prépondérance continue du cœur, dont l'esprit n'est désormais plus que le ministre, devient le fondement du positivisme complet, dont la devise n'est plus *Ordre et progrès*, mais *L'amour pour principe, l'ordre pour base et le progrès pour but*. Empruntée à Saint-Simon, l'idée d'un nouveau pouvoir spirituel prend en conséquence une forme religieuse, initialement exclue. Après avoir transformé dans le *Cours* la science en philosophie, Comte transforme, dans le *Système*, la philosophie en religion : à la carrière d'Aristote, il fait se succéder en lui celle de Saint-Paul. C'est précisément l'effet de la rencontre de Clotilde que d'introduire l'amour et de lui accorder la préséance. Par la même occasion Comte met en place le schéma tripartite qui sera désormais omniprésent dans son œuvre. Ainsi, la religion comprend trois parties : le culte correspond au cœur (l'amour), le dogme correspond à l'ordre (la connaissance), et le régime au caractère (l'action qui permet de progresser). La religion positiviste est une religion de l'Humanité mais, à l'instar du catholicisme médiéval à qui elle doit beaucoup, elle rend un culte particulier à la femme, le sexe affectif étant le mieux à même de représenter un ensemble fondé sur l'amour[6]. Dans le temple de l'Humanité trône, au-dessus de l'autel, une copie de la Madone Sixtine de Raphael, où la Vierge a les traits de Clotilde.

Déjà, dans la cinquante et unième leçon du *Cours*, Comte avait signalé les « admirables propriétés » de la prière, mais il faut attendre 1848 pour qu'en soit ébauchée une théorie positive, qui trouve son expression achevée dans le dernier tome du *Système de politique positive*[7]. Prier, tout d'abord, ce n'est pas demander,

---

■ 5. « Neuf ans d'une adoration continue, qui devint purement subjective après une seule année de chaste initiation, m'ont spontanément procuré les notions que je vais systématiser » (*Système de politique positive* [désormais abrégé en *S*, suivi du numéro du tome] IV, Paris, Carilian-Gœury, 1854 p. 108).

■ 6. « Le culte, à la fois public et privé, de la Femme [est] le premier degré permanent du culte fondamental de l'Humanité » (*Discours sur l'ensemble du positivisme* [désormais abrégé en *DEP*], Paris, GF-Flammarion, 1998, p. 283 ; *cf.* p. 289). Sur le féminisme très particulier qui est celui de Comte voir : A. Petit et B. Bensaude « Le féminisme militant d'un auguste phallocrate » ; *Revue philosophique de la France et de l'étranger* 166, no. 3 (1976), p. 293-31, V. Guillin *Auguste Comte and John Stuart Mill on Sexual Equality : Historical, Methodological and Philosophical Issues*, Boston, Brill, 2009, et M. Pickering « Angels and Demons in the Moral Vision of Auguste Comte », *Journal of Women's History* 8, Summer 1996, p. 10-40.

■ 7. Respectivement *DEP*, p. 283-91 et *S*, IV, p. 108-120. Un excellent résumé se trouve dans le *Catéchisme positiviste* [Désormais *Cat.*], Paris, GF-Flammarion, 1966, p. 172-177.

C'est tout ensemble aimer et penser, si la prière reste purement mentale; tantôt aimer en pensant, et tantôt penser en aimant, suivant la disposition dominante. Mais, si la prière devient aussi orale, selon sa vraie nature, alors prier constitue à la fois aimer, penser, et même agir. Ainsi, la prière purifiée offre le meilleur résumé de la vie; et, réciproquement, la vie, sous son plus noble aspect, consiste en une longue prière (*S*, II, p. 76).

C'est d'abord à l'Humanité que le positiviste rend un culte et, à deux reprises, Comte s'adresse expressément « à l'Humanité, dans son temple ». Mais, pour que la prière soit efficace, il faut donner à l'Humanité une figure humaine, qui sera féminine. Le sexe affectif est ainsi représenté par trois « anges gardiens », la mère, l'épouse et la fille[8], correspondant chacune à l'un des trois penchants altruistes : l'attachement, la vénération et la bonté[9]. Dans ses prières, Comte mentionne ainsi, aux côtés de Clotilde, sa mère, Rosalie Boyer, et sa servante Sophie Bliaux[10].

Les trois prières ici transcrites suivent jusque dans le détail la progression décrite dans le *Système* : elles comprennent deux parties essentielles, l'une, active, la commémoration, l'autre, passive, l'effusion, qui

prennent, presque également, une destination concrète, dirigée surtout vers le principal patronage, afin de mieux concentrer les émotions. Quoique la phase active doive directement devenir plus décisive que la phase passive, celle-ci sert habituellement de base à celle-là, qui ne pourrait autrement comporter assez de profondeur. C'est pourquoi, dans la principale prière quotidienne, l'effusion dure moitié moins que la commémoration. Mais celle-ci doit alors se décomposer en deux phases égales : la première propre à chaque jour de la semaine, d'après les souvenirs qui s'y rapportent; la seconde commune à tous les jours, pour y rappeler sans cesse l'ensemble des relations, contemplées suivant leur vraie succession. Le champ plus étendu de la dernière ne doit pas la faire durer davantage, parce que les signes y dominent, tandis que l'autre emploie surtout les images. Ainsi préparée par la contemplation la plus complète succédant à la plus intense, l'effusion, toujours synthétique, tend directement vers la destination générale du culte intime. Telle est la

---

8. Plus exactement « L'ange principal doit seul être commun aux deux sexes, dont chacun doit emprunter à l'autre les deux anges complémentaires » (*Cat.*, p. 174). On se souviendra que, faute de pouvoir l'épouser, puisqu'ils étaient tous deux mariés, Comte avait proposé à Clotilde de l'adopter.

9. Si Comte emprunte le terme au christianisme, il estime que « dieux domestiques » serait plus approprié et parle aussi de « patrons personnels » (*S*, IV, p. 114; dans les prières, Clotilde est souvent invoquée comme *patronne*). Ces deux dernières expressions soulignent l'importance de la commémoration, non seulement pour la religion positiviste (la première partie de la prière est une commémoration et le culte public tout entier est un vaste système de commémoration, ainsi qu'en témoigne le Calendrier des grands hommes) mais pour la philosophie positive dans son ensemble. Des deux grands axes, la solidarité et la continuité, autour desquels s'organise la vie humaine, c'est le second qui caractérise l'humanité, et c'est aussi le plus fragile. Déjà, le *Cours* nous rappelait qu'« il sera toujours d'une importance capitale que l'homme ne se croie pas né d'hier » (50ᵉ leçon, dans la nouvelle édition, Paris, Hermann, 2012, p. 258). D'où la nécessité de commémorer, pour lutter contre l'oubli. À l'occasion de sa fête, Comte avait adressé à Clotilde une *Lettre philosophique sur la commémoration sociale*, où il remarquait que, « la société humaine [étant] surtout caractérisée par la coopération continue des générations successives [...] tous les états sociaux ont dû présenter, chacun à sa manière, certaines institutions permanentes, d'abord spontanées, puis de plus en plus systématiques, spécialement destinées à manifester une telle connexité, en instituant la chaîne des temps par la vénération régulière des ancêtres privés et publics » (2 juin 1845, *CG*, III, p. 27). Il invitait sa correspondante à penser dans ce cadre le culte des saints comme le système des prénoms.

10. Sur la façon dont Comte associe ces trois femmes, voir la page très éclairante de la quatrième *Confession annuelle*, du 31 mai 1849, *CG*, V, p. 23-24.

décomposition normale de la prière personnelle en trois phases de même durée, dont l'ensemble constitue une progression cérébrale, où la prépondérance successive des images, des signes, et des sentiments, doit aboutir à l'évocation subjective qui caractérise l'efficacité de l'adoration[11].

Si la prière a pour but ultime de nous rendre meilleurs, son efficacité se mesure à sa capacité d'évoquer l'être aimé. « Loin de t'oublier, je dois m'efforcer de te supposer vivante » écrivait Comte dans la dédicace[12]. Pour ce faire, il a développé ce qu'on peut appeler une technique de méditation, dont les deux grands ressorts sont l'idéalisation et le recours aux images. Autant l'immortalité objective n'est qu'une chimère, autant « subsister en autrui constitue un mode très réel d'existence »[13]. Cette vie subjective s'obtient par idéalisation[14], *i.e.* en pratique par soustraction : elle embellit sans rien ajouter, en écartant les défauts pour ne retenir que les qualités.

La prière met en jeu l'ensemble de nos facultés mentales[15]. La commémoration (évoquer des images) a pour but l'effusion (éprouver des sentiments). Mais les signes linguistiques interviennent aussi, que la prière soit orale ou que s'y ajoute un support écrit, comme ici. Pour mesurer la force évocatrice des images, il suffit de penser au contraste entre ce que « image du 5 avril 1846 » peut évoquer chez le lecteur d'aujourd'hui, et la charge affective que l'expression pouvait avoir pour Comte. Si la liste des cinquante et une images hebdomadaires qui figure à la fin de la prière du matin nous apparaît si étrange, c'est que « image du… » n'est pas une image, mais un signe, auquel nous ne pouvons pas associer grand-chose. Bien que les images intérieures soient normalement moins vives et moins nettes que les impressions extérieures, l'excès de subjectivité qui caractérise la confusion mentale montre que l'inverse peut aussi se produire. L'évocation, dans la mesure où il s'agit de rendre présent ce qui est absent, n'est donc pas sans parenté avec l'extase ou l'hallucination : elle tend à procurer de plus en plus d'intensité aux images et à abolir elle aussi la distance qui sépare l'image subjective de la perception objective[16].

« Surmontant les préjugés modernes », Comte avait fini par placer « l'art au-dessus de la science »[17]. Il est bien connu que des liens étroits unissent l'art et le sacré. La prière est une œuvre d'art[18]. Non seulement il y est fait, comme ici, un large usage des chefs-d'œuvre de la littérature universelle (Virgile, Dante, Pétrarque, l'*Imitation de Jésus-Christ*), mais chaque croyant, en tant qu'il crée ses propres prières, devient lui-même un artiste.

---

11. *S*, IV, p. 114-115. Les trois prières quotidiennes du culte intime devaient être complétées par des fêtes annuelles, dont témoignent les onze *Confessions* que Comte rédigea de 1846 à 1856 ; à quoi s'ajoutait, dans son cas, un pèlerinage hebdomadaire sur la « tombe chérie ».

12. *S*, I, p. XVI.

13. *DEP*, Paris, GF-Flammarion, 1998, p. 371.

14. *S*, IV, p. 101-108.

15. Le *Système* contient l'ébauche d'une logique religieuse. Outre la logique des signes, *i. e.* la logique des logiciens, elle comporte une logique des images, dont cette « peinture des équations » qu'est la géométrie analytique de Descartes fournissait un premier exemple, et une logique des sentiments, une « logique morale, essentiellement propre aux femmes et aux prolétaires » (*S*, I, p. 451).

16. *S*, IV, p. 115 ; *cf.* encore *S*, IV, p. 106-107, qui insiste sur l'importance de « constituer les images en respectant toutes les conditions physiques qui peuvent les rendre plus nettes et plus vives ».

17. *S*, IV, p. 51.

18. *S*, II, p. 248.

Du culte privé, on ne retient le plus souvent que l'invocation des anges gardiens et l'exaltation de la Femme. Le manque d'intérêt pour ce que Comte donnait pourtant comme fondamental s'explique par la nature d'un culte qui, étant tout intérieur, n'était pas appelé à laisser beaucoup de traces. Hormis quelques rares exceptions, comme l'*Essai sur la prière* publié en 1852 par Joseph Longchampt, nous ne disposons pas de beaucoup de documents sur le culte intime des positivistes. Le témoignage de *Mort à crédit* sur la façon dont cet aspect de la religion de l'Humanité était perçu à la fin du dix-neuvième siècle est d'autant plus précieux qu'il est inattendu. Courtial des Pereires, l'homme des ascensions en ballon, avait composé plus de cent manuels comme « L'équipement d'une bicyclette, ses accessoires, ses nickels, sous tous les climats de la terre, pour la somme globale de dix-sept francs quatre-vingt-quinze », qui avait connu pas moins de trois cents éditions. « Mais dans l'immense choix de ses œuvres, il en avait une toute spéciale, dont il tirait une grande fierté […] "L'œuvre complète d'Auguste Comte, ramenée au strict format d'une 'prière positive' en vingt-deux versets acrostiches" » [19]. Et cet ouvrage, s'il avait été salué dans toute l'Amérique latine, n'avait rencontré aucun succès auprès des lecteurs du *Génitron*.

Michel Bourdeau

19. L.-F. Céline, *Mort à Crédit*, Paris, Gallimard, 1952, p. 283-84.

L'amour pour principe,
et l'ordre pour base;
Le progrès pour but.

Ordre et progrès.
Vivre pour autrui.
Vivre au grand jour.

PRIÈRES QUOTIDIENNES[1]
Instituées le Vendredi-Saint,
10 Avril 1846[2]

Revues d'abord le 6 Avril 1849, puis le 26 Août 1853, enfin le 25 Décembre 1855 (après le dépôt de mon Testament), et complètement récrites le Vendredi-Saint 10 Avril 1857.

PRIÈRE DU MATIN (de 5 heures 1/2 à 6 heures 1/2)

COMMÉMORATION (40 minutes),
à genoux devant son *autel*[3].

PRÉAMBULE (5 minutes)[4]

1) IMAGE NORMALE DE LA VEILLE

Ce culte d'amour et de reconnaissance ne peut jamais cesser de me soulager et surtout de m'améliorer.

Il est encore meilleur d'aimer que d'être aimé.
Il n'y a rien de réel au monde qu'aimer[5].

Oh amanza del solo amore, o diva,
Non è l'affezione mia tanto profunda
Che basti à render voi grazia per grazia[6].

2) IMAGE EXCEPTIONNELLE DE LA VEILLE

C'est uniquement à toi, ma sainte Clotilde, que je dois de ne pas quitter la vie sans avoir dignement éprouvé les meilleures émotions de la nature humaine. Une incomparable année fit spontanément surgir le seul amour,

---

1. *Testament d'Auguste Comte, avec les documents qui s'y rapportent*, Paris, 10 rue Monsieur-le-Prince, septembre 1884, p. 81-99.

2. Clotilde était décédée quelques jours plus tôt, le 5 avril.

3. L'autel, c'est le fauteuil, toujours visible dans l'appartement de Comte, où s'asseyait Clotilde quand elle lui rendait visite. Comte avait fait confectionner une housse verte.

4. Ce court préambule a pour fonction d'assurer la continuité de la vie spirituelle, en reliant la prière du jour à celle de la veille (*S*, IV, p. 118). Comte utilise des images, qu'il classe en deux temps. Il distingue tout d'abord les images fixes, évoquées chaque jour et qui figurent avec leur date dans les effusions, et les images hebdomadaires, qui varient en fonction des jours. La liste qu'il donne de ces dernières à la fin de la prière du matin distingue alors les images normales et les images exceptionnelles; sont données entre parenthèses celles qui sont postérieures à la mort de Clotilde. Les images correspondant aux effusions n'y figurent pas.

5. Citation d'un roman de Mme de Staël, *Delphine*, publié en 1803.

6. Dante, *Paradis*, Chant IV : Ô du premier Amant l'amante, ô Vous, divine, [..] Si profonde que soit en moi la gratitude, / Elle ne peut, à Vous, rendre grâce pour grâce (trad. fr. H. Longnon, Paris, Garnier, 1938, p. 424). Dans le premier vers, Comte a remplacé *primo* par *solo*.

à la fois pur et profond, que comportât ma destinée. L'excellence de l'être adoré permit à ma maturité, mieux traitée que ma jeunesse, d'entrevoir, dans toute sa plénitude, le vrai bonheur humain : *Vivre pour autrui.* Voilà le vrai bonheur, comme le vrai devoir ! Toi seule m'enseignas à fondre leurs formules ! Quels plaisirs peuvent l'emporter sur ceux du dévouement[7] ? Pour devenir un parfait philosophe, il me manquait surtout une passion, à la fois profonde et pure, qui me fit assez apprécier la partie affective de la nature humaine.

On se lasse de penser, et même d'agir ; jamais on ne se lasse d'aimer, ni de le dire[8].

Au milieu des plus graves tourments qui puissent jamais résulter de l'affection, je n'ai pas cessé de sentir que l'essentiel pour le bonheur c'est toujours d'avoir le cœur dignement rempli... même de douleur, oui même de douleur, de la plus amère douleur.

> *Sagrada es yà mi passion*
> *La divinizò la muerte !*[9]

COMMÉMORATION SPÉCIALE (15 minutes)

Méditation sur nos principaux souvenirs propres à ce jour de la semaine, sous les images normales qui s'y rapportent.

> *Sagrada es yà, etc.*

> *Mai non l'appresentò natura odarte*
> *Piacer, quanto le belle membra in ch'io*
> *Rinchiusa fui e che son terra sparte :*
>
> *E, se'l sommo piacer si ti fallio*
> *Per la mia morte, qual cosa mortale*
> *Dovrà poi trarre te nel suo disio ?*[10]

COMMÉMORATION GÉNÉRALE (20 minutes)

IMAGE PRINCIPALE DE CE JOUR

Non, quella ch'imparadisa la mia mente[11], ta mort même ne rompra jamais le lien fondé sur mon affection, mon estime et mon respect.

---

7. Extrait de *Lucie*, une nouvelle que Clotilde avait publié en juin 1845 dans *Le National*; cf. la 7e Confession annuelle (*CG*, VI, p. 288 et *S*, IV, p. 457).

8. Cette formule tripartite remplace, dans le positivisme complet, la devise plus connue, *Ordre et progrès*; voir *S*, I, p. 690.

9. Isabel dans *Muérete y verás !* (acte II scène 14), pièce publiée en 1837 par Don Manuel Breton de los Herreros (1796-1873).

10. Dante, *Purgatoire*, Chant XXXI : La nature ni l'art ne t'offrirent jamais / Si grand plaisir que les beaux membres où / Je fus enclose, et ne sont plus que cendre. // Quand, par ma mort, ce souverain plaisir /Te fit défaut, quel autre objet mortel pouvait encore exciter ton désir ? (*op. cit.*, p. 371).

11. Dante, *Paradis*, Chant XXVIII : la Dame qui m'emparadise l'âme (*op. cit.*, p. 558).

REVUE CHRONOLOGIQUE DE TOUS NOS SOUVENIRS ESSENTIELS
D'APRÈS LES
PASSAGES CORRESPONDANTS DE NOS LETTRES

Je suis venue, Monsieur, pour vous remercier de votre charmant cadeau (Sa visite du Lundi 2 Juin 1845, avec sa mère et son frère).

INITIATION FONDAMENTALE

JUIN. — *Estime.* Laissez-moi librement travailler à votre perfectionnement, puisque c'est ma principale manière de m'occuper de votre bonheur, qui me sera toujours cher, à quelques degrés et sous quelques formes que j'y puisse concourir (Ma lettre du 6 Juin).

Il est indigne des grands cœurs de répandre le trouble qu'ils ressentent (Sa *Lucie*[12], publiée le 20 Juin).

JUILLET. — *Confiance.* Mon cœur voit finalement en vous, dans la réalité présente, une parfaite amie, et, dans mes rêves d'avenir, une sainte épouse (Ma lettre du 3 Juillet).

Je vous tends la main bien sincèrement, je vous suis tendrement dévouée, et j'aurai toujours du plaisir à vous procurer, dans nos relations, tout le bonheur dont je puis disposer : à vous de cœur (Sa lettre du 4 Juillet).

AOÛT. — *Affection.* Mon essor direct de l'amour universel s'accomplit sous la stimulation continue de notre pur attachement (Ma lettre du 5 Août).

Adieu, cher et digne ami ; vous voyez que je vous apprécie, et que je crois en vous : comptez sur le cœur de Clotilde de Vaux (Sa lettre du 11 Août).

À chaque suspension de mon travail, votre chère image revient doucement s'emparer de moi : loin de nuire ensuite à ma méditation, elle la soutient et l'anime (Ma lettre du 26 Août).

CRISE DÉCISIVE

SEPTEMBRE. — Si vous croyez pouvoir accepter toutes les responsabilités qui s'attachent à la vie de famille, dites-le-moi, et je déciderai de mon sort... Je vous confie mon reste de vie (Sa lettre du 5 Septembre).

Voilà mon plan de vie : l'affection et la pensée (Sa lettre du 6 Septembre).

Hélas ! je me sens encore impuissante pour ce qui dépasse les limites de l'affection. Personne ne vous appréciera comme je le fais ; et, ce que vous ne m'inspirez pas, aucun homme ne me l'inspire : mais le passé me fait encore mal, et j'ai eu tort de vouloir le braver. Soyez généreux à tous égards, comme vous l'êtes à certains. Laissez-moi le temps et le travail, nous nous exposerions à de cruels regrets maintenant (Sa lettre du 8 Septembre).

■ 12. Voir *supra*, note 7.

Depuis la Sainte-Clotilde[13], vrai début de nos relations suivies, aucune pensée charnelle n'avait jusqu'alors, soit en votre présence, soit même en votre absence, jamais troublé mon intime adoration. Je reprenais donc sans effort mes chères habitudes de tendresse chevaleresque (Ma lettre du 10 Septembre). Je sens combien je vous aime de cœur en vous voyant souffrir (Sa lettre du 13 Septembre).

J'ai compris, mieux que personne, la faiblesse de notre nature, quand elle n'est pas dirigée vers un but élevé, qui soit inaccessible aux passions... Il me reste au moins des sources d'enseignement pour les autres : c'est encore un intérêt réel dans ma vie ; je veux l'exploiter... Comptez sur tout ce que j'ai de bon et d'affectueux dans le cœur (Sa lettre du 14 Septembre).

Je vous envoie le don du cœur[14], accommodé suivant la simple nature : la pensée est le seul artiste qui puisse orner ces riens-là. Mon profit à moi, c'est de vous faire plaisir, et de me pénétrer de la sincérité de votre attachement, auquel je mets tout son prix (Sa lettre du 25 Septembre).

Je n'ai encore rencontré qu'en vous l'équité unie à d'amples besoins du cœur... Que ne vous ai-je connu plus tôt (Sa lettre de Garges[15]) !

Aimons-nous profondément, chacun à sa manière ; et nous pourrions encore être vraiment heureux l'un par l'autre (Ma lettre du 2 Octobre).

TRANSITION FINALE

OCTOBRE. — *Épanchement total.* Cheminons appuyés l'un sur l'autre, mon cher philosophe ; laissons le temps nous guider et nous faire (Sa lettre du 4 Octobre).

Vos lettres me font toujours du plaisir et du bien... Adieu, cher homme, aimez-moi, et soyez sûr que je vous le rends bien (Sa lettre du 18 Octobre).

Il faut à notre espèce, plus qu'aux autres, des devoirs pour faire des sentiments[16] (Sa lettre du 25 Octobre).

Voilà ce que je comprends le mieux du dix-neuvième siècle : c'est la tendance universelle des êtres vers la raison toute simple. En voyant les plus modestes intelligences participer naturellement et sans efforts à toutes les clartés obtenues, je sens chaque jour davantage que la science a seulement besoin de résider au sommet des sociétés pour les enrichir tout entières : et, ma foi, je me console de n'être pas initiée aux merveilles du carré de l'hypothénuse (Sa lettre du 30 Octobre).

13. Le 2 juin, Comte avait adressé à Clotilde, à l'occasion de sa fête, une *Lettre philosophique sur la commémoration sociale*, première ébauche du calendrier des grands hommes élaboré plus tard pour les besoins du culte public. Il y attachait assez d'importance pour demander à Mill (lettre du 30 juin 1845, *CG*, III, p. 54) s'il serait possible d'en faire paraître une traduction dans une revue anglaise.

14. Une boucle de ses cheveux, que Comte avait conservée (voir *infra*, la prière du milieu de la journée, après la citation de Virgile), et qui se trouve toujours à la Maison Auguste Comte.

15. Village au nord de Paris, entre Saint-Denis et Gonesse, où Clotilde était partie quelques jours.

16. Cette phrase, qui figure dans le *Catéchisme* (p. 237, et déjà *DEP*, p. 296), réapparaitra plusieurs fois encore dans les prières. De façon générale, celles-ci comprennent de nombreuses reprises, et pas seulement des poèmes, qu'une lecture attentive permet de repérer mais qu'il n'a pas semblé nécessaire de répertorier.

NOVEMBRE. — *Abandon sans réserve.* S'il vous fallait ne m'aimer qu'un quart d'heure par jour pour votre repos, je souhaiterais, de tout mon cœur, que la chose eût lieu demain (Sa lettre du 2 Novembre).

Je me chauffe et je me vêts en femme délicate, grâce à vous (Sa lettre du 8 Novembre) [17].

À vous, en retour, la pensée si douce d'avoir ranimé un être anéanti, d'avoir versé du baume dans un cœur ulcéré (Sa lettre du 9 Novembre) !

Que ne suis-je sûre de vous rendre heureux par des liens plus intimes ! je n'hésiterais pas à les former (Sa lettre du 18 Novembre).

Vous êtes le meilleur des hommes ; vous avez été pour moi un ami incomparable ; et je m'honore, autant que je me tiens heureuse de votre attachement (Sa lettre du 23 Novembre).

C'est donc uniquement à vous, ma Clotilde, que je devrai de ne pas quitter la vie sans avoir dignement éprouvé les meilleures émotions de la nature humaine (Ma lettre du 24 Novembre).

DÉCEMBRE. — *Familiarité continue.* Rallions-nous habituellement, ma Lucie, à ces sublimes conceptions, qui rattachent directement notre affection mutuelle à l'ensemble de l'évolution humaine (Ma lettre du 9 Décembre).

Comptez sur l'attachement le plus tendre que je puisse éprouver... J'ai pour vous aujourd'hui plus que le cœur d'une parente... Il faut ne pouvoir pas vous rendre heureux pour ne pas le faire... Quel que soit notre sort, j'espère que la mort seule rompra le lien fondé sur mon affection, mon estime et mon respect (Sa lettre du 10 Décembre).

Cette incomparable année a fait surgir en moi le seul amour, à la fois pur et profond, que comportât ma destinée. L'excellence de l'être adoré permet à ma maturité, mieux traitée que ma jeunesse, d'entrevoir, dans toute sa plénitude, le vrai bonheur humain (Ma lettre du 26 Décembre).

ÉTAT NORMAL
(IMAGES SPÉCIALES ET FIXES)

JANVIER. — *Intimité complète.* Vous avez le cœur d'un chevalier, mon excellent philosophe (Sa lettre du 18 Janvier).

Nous avons tous encore un pied en l'air sur le seuil de la vérité... Je ne peux puiser ma morale que dans mon cœur, et l'édifier que sur le pur sentiment. C'est assez le lot d'une femme, au reste. Elle gagne à marcher modestement derrière le convoi des novateurs, dût-elle y perdre un peu de son élan... Si j'étais un homme, vous auriez en moi un disciple enthousiaste : je vous en offre, en indemnité, une sincère admiratrice (Sa lettre du 15 Janvier).

Votre noble ascendant a profondément lié l'essor habituel de mes plus hautes pensées à celui de mes plus tendres sentiments. Ne soyez donc pas surprise que je veuille secrètement inaugurer ce seizième service annuel [18] par un souvenir spécial de ma bien-aimée. Cette courte effusion doit me préparer mieux au ministère que je vais remplir, en faisant spontanément prévaloir

---

■ 17. Clotilde se trouvant dans une situation financière difficile, Comte lui avait prêté de l'argent.
■ 18. Le *Cours d'astronomie populaire*, que Comte donnait chaque année depuis décembre 1830.

la disposition d'âme la plus favorable à mon office philosophique (Ma lettre du 25 Janvier).

FÉVRIER. — *Parfaite identité.* Votre cœur est le sanctuaire où je dépose tout ce qui constitue ma vie : les petits comme les grands événements, tout vous en est connu ; et vous savez que je n'ai encore fait de mal qu'à moi (Sa lettre du 12 Février).

Dans mes heures de souffrance, votre image plane toujours devant moi (Sa lettre du 23 Février).

Les âmes ardentes et scrupuleuses rencontrent bien des Golgotha dans ce monde ; mais, du moins, elles échappent souvent aux regrets comme aux remords (Sa lettre du 24 Février).

MARS. — *Union définitive.* Les méchants ont souvent plus besoin de pitié que les bons (Sa lettre du 2 Mars).

J'ai beaucoup de choses amicales à vous dire. Il faut que je cesse pour aujourd'hui. Recevez l'éternelle assurance de ma tendresse (Fin de sa 86ᵉ et dernière lettre, du 8 Mars 1846).

Pour devenir un parfait philosophe, il me manquait surtout une passion, à la fois profonde et pure, qui me fît assez apprécier la partie affective de la nature humaine (Ma lettre du 11 Mars).

Au milieu des plus graves tourments qui puissent jamais résulter de l'affection, je n'ai pas cessé de sentir que l'essentiel pour le bonheur c'est toujours d'avoir le cœur dignement rempli (Ma 95ᵉ et dernière lettre, des 18 et 20 Mars 1846).

Vous me donnerez une boucle de vos cheveux (Son effusion verbale du 20 Mars).

Vous m'avez aujourd'hui fait profondément sentir le prix de notre noble pureté, qui nous a permis, devant votre mère, de tenir tendrement votre main dans les miennes, pendant que je contemplais l'angélique physionomie dont l'altération passagère rend plus touchante la suave beauté (Fin de ma dernière lettre).

Je n'ai pas de beauté, j'ai seulement un peu d'expression (Son effusion verbale du 22 Mars).

CONCLUSION !

AVRIL ! — Je voudrais bien aller coucher chez vous (Son vœu du 1ᵉʳ Avril matin devant sa mère).

Vous avez été méconnue, mais je vous ferai apprécier... Non, jamais aucune autre... (Mon effusion verbale du 2 Avril, devant sa famille, après son extrême-onction).

Vous n'aurez pas eu une compagne longtemps ! (Pendant notre unique nuit, du 2 au 3 Avril 1846).

Madame, vous aimez votre fille comme un objet de domination, et non pas comme un objet d'affection (Ma remontrance à sa mère, devant elle, le 4 Avril).

Comte, souviens-toi que je souffre sans l'avoir mérité !... (Ses dernières paroles distinctes, nettement répétées cinq fois de suite, le Dimanche soir 5 Avril 1846, vers trois heures, une demi-heure avant d'expirer !!!)

Oui, ta mort même consolide à jamais le lien fondé sur mon affection, mon estime, et mon respect !

Sagrada es yà, etc.

EFFUSION (20 minutes)

1) À GENOUX DEVANT SES FLEURS [19] (5 minutes).

Image du 27 août 1851. — Noble et tendre patronne, *quella ch'imparadisa la mia mente*, ton adorable influence éternelle a profondément amélioré l'ensemble de ma nature, morale, intellectuelle, et même physique. Je te remercie surtout de m'avoir spontanément inspiré cette pureté dont, jusqu'à toi, j'ignorais le vrai prix, mais qui, j'espère, continuera de te survivre sans altération, grâce à la persistance naturelle de ton involontaire ascendant. Ton angélique inspiration doit de plus en plus dominer tout le reste de ma vie, tant publique que privée, pour présider encore à mon inépuisable perfectionnement en épurant mes sentiments, agrandissant mes pensées, ennoblissant ma conduite.

Image finale. — Morte, comme vivante, ma sainte Lucie, tu dois toujours rester le vrai centre de la seconde vie dont je te suis essentiellement redevable. Ta douloureuse transformation d'une triste existence en une glorieuse éternité ne doit jamais altérer la devise familière que je t'ai fait agréer [20], amour et respect éternels !

Image du 27 août 1856.

> *Ah ! se'l sommo piacer si mi fallio*
> *per la tua morte, qual cosa mortale*
> *Potrà mai trarre me nel suo disio ?*
> *Oh, nulla, nulla, giammai.* [21]

> *Es hombre vil, es infame,*
> *El que, solamente atento*
> *A lo bruto del deseo*
> *Viendo perdido lo mas*
> *Se contenta con lo ménos !* [22]

---

19. Un bouquet de fleurs artificielles, qu'on peut encore voir dans l'appartement de Comte.

20. Il s'agit sans doute de la « sentence caractéristique » que Comte « proclama inopinément » lors de leur « précieuse entrevue initiale du 16 mai 1845 » : *on ne peut pas toujours penser, mais on peut toujours aimer* (4e confession annuelle, 31 mai 1849, *CG*, V, p. 30). Je dois cette suggestion à Michel Blanc, que je tiens à remercier à cette occasion.

21. Ce passage de la *Divine comédie* était déjà cité dans la *Commémoration spéciale*, mais cette fois Comte modifie le texte. La dernière phrase n'est pas chez Dante. De plus, ce n'est plus Clotilde qui lui parle par la voix de Béatrice, mais lui qui s'adresse à elle. Le passage sera repris sous cette forme modifiée dans l'effusion de la prière de la demi-journée.

22. C'est un homme vil, un infâme celui qui, uniquement attentif à ce qu'il y a de brutal dans le désir, se contente du moins quand il voit qu'il a perdu le meilleur ; Carlos, dans *No siempre lo peor es cierto*, de Calderon.

2) Debout près de l'autel (10 minutes).

Image du 5 octobre 1851. — Ma chère fille, qu'elle fut bientôt détruite l'incomparable félicité que t'apporta si tard un lien saintement exceptionnel (je me suis assez plaint, c'est toi que je dois plaindre) ! Pour moi-même, elle n'est pas détruite, elle n'est que transformée ; elle est maintenant inaltérable. Malgré la catastrophe, ma situation finale a de plus en plus surpassé tout ce que je pouvais espérer, et même rêver, avant toi. Surtout, ma vertueuse passion ne doit jamais perdre son aptitude naturelle à seconder activement la haute mission sociale qui, dès lors m'absorbant tout entier, put seule m'offrir une sainte compensation personnelle, de plus en plus précieuse à mesure que tu t'y trouves mieux incorporée. Les devoirs du chaste époux [23] continuèrent à fortifier ceux du philosophe, quand je dus cesser de travailler à ton perfectionnement pour aspirer à ta glorification.

Image du 11 Février 1852. — Cher ange méconnu, ton admirable ascendant ne devint dignement appréciable qu'en me disposant toujours à mieux servir le Grand-Être auquel je te sens irrévocablement incorporée, et dont tu m'offres la meilleure personnification. Pendant une année sans pareille, ta douce impulsion spontanée a profondément facilité le plein essor du vrai caractère finalement propre à ma philosophie ; la systématisation réelle de toute l'existence humaine d'après la prépondérance fondamentale du cœur sur l'esprit, en consacrant l'intelligence au service continu de la sociabilité.

L'Amour pour principe, et l'Ordre pour base ; le Progrès pour but [24]. L'Amour cherche l'ordre et pousse au progrès ; l'Ordre consolide l'amour et dirige le progrès ; le Progrès développe l'ordre et ramène à l'amour.

Un, union, unité, continuité ; *deux*, arrangement, combinaison ; et *trois*, évolution, succession.

L'amour universel, assisté par la foi démontrable, dirige l'activité pacifique.

L'homme devient de plus en plus religieux [25].

Agir par affection, et penser pour agir.

En rapportant tout à l'Humanité, l'unité devient plus complète et plus stable qu'en s'efforçant de tout rattacher à Dieu.

La soumission est la base du perfectionnement.

Adieu, ma chaste compagne éternelle ! Adieu, ma bien-aimée Lucie ! Adieu, mon élève chérie et ma digne collègue !

(Souvenirs intercalés de mon vieil ami Charles Bonnin et de sa malheureuse fille Victoire [26]).

23. Comte avait développé une théorie du mariage chaste ; voir *S*, IV, p. 138 et p. 319-320.
24. Formule qui, après 1848, se substitue à *Ordre et progrès*, devise initiale du positivisme.
25. Cette affirmation, et la suivante, se retrouvent souvent dans les derniers écrits. Voir respectivement pour la première : *S*, III, p. 10, *Cat.*, p. 264, *CG*, VIII, p. 75 ; *Synthèse subjective* (1857) p. lxv ; pour la seconde : *S*, I, p. 688, *S*, III, p. 78, *Cat.*, p. 76.
26. Comte avait fait la connaissance de Charles Bonnin, son premier disciple, dit-il (*S*, I, préface, p. 22), en 1829. Dans *S*, IV, p. 50, il évoque la mort de sa fille Victoire, dans sa trente-deuxième année, trois ans après Clotilde.

C'est à moi d'obtenir, par mes nobles travaux, que ton nom devienne inséparable du mien, dans les plus lointains souvenirs de l'Humanité reconnaissante.

La pierre du cercueil est ton premier autel[27].

Addio, sorella! Addio, cara figlia! Addio, casta sposa! Addio, sancta madre! Virgine madre, figlia de tu figlio, Addio!

O amanza, etc.

(Reproduction, à genoux, les yeux ouverts, de la seconde partie du préambule, sous l'image fixe du 11 Février 1852).

3) CONCLUSION (5 minutes)
À GENOUX, DEVANT L'AUTEL RECOUVERT.

I. — (Tableau général de ma vraie famille, objective et subjective, réunie, avec mes principaux disciples, le Dimanche 4 Septembre 1870, à Montpellier, dans le seul domicile où se rapportent mes souvenirs du pays natal).

La vénérable image de Rosalie Boyer[28] s'est de plus en plus combinée avec l'aimable présence de Clotilde de Vaux, d'abord dans ma visite hebdomadaire à la tombe chérie, ensuite pendant mes prières quotidiennes.

II. *Images de la tombe chérie.* — Rosalie, Lucie, Sophie[29], votre vertueux ensemble, désormais inaltérable, doit toujours m'offrir le meilleur type de la vraie nature féminine. Sous votre inspiration continue, j'ai mieux systématisé l'influence, publique et privée, du sexe affectif, comme le premier fondement de la régénération finale. Celle de vous qui survit ranime, à son insu, la sainte impulsion des deux autres, par le doux spectacle continu de notre état normal, l'intelligence et l'activité librement subordonnées au sentiment. Puisse ma juste gratitude publique rendre vos trois noms également inséparables du mien pour la Postérité reconnaissante! J'osai publiquement terminer ma construction religieuse en chargeant tous mes disciples des deux sexes d'obtenir, comme principale récompense de mes services, ma solennelle inhumation au milieu de vous trois, au nom du Grand-Être auquel nous serons irrévocablement incorporés[30].

Que ne ferais-je point, ma sainte Lucie, pour avoir pleinement mérité la commune tombe devant laquelle viendra dignement s'incliner le drapeau collectif de l'Occident régénéré!

III. (*À mon éternelle compagne*). *Amem te plus quàm me, nec te nisi propter te*[31]!

---

27. Pensée d'Élisa Mercœur, déjà citée au tome un du *Système*, à la fin de la dédicace.
28. La mère de Comte.
29. Les trois anges gardiens. Sophie Bliaux était la servante de Comte; voir la présentation.
30. Voir la quatrième Confession annuelle du 31 mai 1849, *CG*, V, p. 24, et *S*, IV, p. 553-554; la fin de l'alinéa reprend mot à mot le texte de 1854. La tombe commune était une demande constante de Comte. Au Père Lachaise, la tombe de Sophie Bliaux se trouve juste devant celle de Comte.
31. *Imitation de Jésus Christ* : Que je t'aime plus que moi-même. / Que je m'aime en toi seulement (trad. fr. P. Corneille; Livre III, chap. v : *Des merveilleux effets de l'amour divin*). À la fin de sa vie, Comte aimait à citer

(À l'Humanité, dans son temple, devant son grand autel). Amem te plus quàm me, nec te nisi propter te!
(À ma noble patronne, comme personnifiant l'Humanité). Vergine-madre, figlia del tu figlio, Amem te plus quàm me, nec te nisi propter te!

> *Tre dolci nome ha' in te raccolti*
> *Sposa, madre, e figliuola?*

(PETRARCA [32])

(Introduit le Dimanche 25 César 69.)

IMAGES HEBDOMADAIRES (51)

31 NORMALES

LUNDI. — 2 Juin 1845, 30 Juin, 25 Août.
MARDI. — 29 Avril 1845, 12 Août, 26 Août, 31 Mars 1846 (14 Avril 1846)
MERCREDI. — 27 Août 1845, 12 Novembre, 14 Janvier 1846, 11 Février, 1er Avril.
JEUDI. — 26 Juin 1845, 28 Août, 16 Octobre, (28 Août 1851) [33].
VENDREDI. — 16 Mai 1845, 18 Juillet, 8 Août, 29 Août, 20 Mars 1846.
SAMEDI. — 11 Octobre 1845, 7 Février 1846, 28 Février, 7 Mars, 28 Mars.
DIMANCHE. — 7 Septembre 1845, 5 Octobre, 29 Mars 1846 (4 Avril 1847).

20 EXCEPTIONNELLES

LUNDI. — 9 Juin 1845, 30 Mars 1846.
MARDI. — 13 Mai 1845, 25 Novembre, (3 Juin 1851), (3 Juin 1856).
MERCREDI. — 2 Juillet 1845, 20 Août, 8 Septembre, (15 Avril 1846), (11 Avril 1855).
JEUDI. — 24 Avril 1845. 2 Avril 1846!
VENDREDI. —3 Avril 1846! (11 Janvier 1856), (10 Avril 1857).
SAMEDI. — 6 Décembre 1845, 14 Février 1846, 4 Avril!
DIMANCHE. — 5 Avril 1846!!!

PRIÈRE DU SOIR (une demi-heure)
(*Au lit, sur mon séant.*)

1) COMMÉMORATION (10 minutes)

Souvenir précieux de ma jeunesse, compagnon et guide des heures saintes qui ont sonné pour moi, rappelle toujours à mon cœur les cérémonies grandes et suaves de la chapelle du couvent!... (Son inscription de 1837 sur la *Journée du chrétien* qu'elle me donna, le Dimanche 29 Mars 1846, comme son livre usuel au couvent de la Légion d'Honneur, rue Barbette.)

---

l'ouvrage, où il voyait la dernière expression d'une vue exacte, synthétique, de l'homme.
- 32. *Canzoniere*, CCCLXVI : « Trois noms chers sont en toi réunis, / Épouse, mère et fille ». C'est le dernier poème de l'ouvrage ; le texte original est : « Tre dolci e cari nomi ha in te raccolti, Madre, Figliuola e Sposa ».
- 33. [Note d'Auguste Comte] Introduite le Jeudi 1er César 69 [NdE. Soit le 23 avril 1857].

Comte, souviens-toi que je souffre sans l'avoir mérité !!! (Ses dernières paroles, que j'inscrivis sur ce même livre, devant Sophie, une heure et demie après que nous les entendîmes).

Image principale du jour. — Oui, ta mort même consolide à jamais le lien fondé sur mon affection, mon estime, et mon respect.

Mai non t'appresento, etc.
Oh amanza, etc.

2) Effusion (15 minutes)

Image du 28 Février 1852. — Sous ta puissante invocation, la plus douloureuse crise de ma vie intime m'a finalement rendu meilleur, à tous égards, en développant, quoique seul, les saints germes dont je dus surtout à toi l'évolution tardive mais décisive. L'âge des passions privées fut alors terminé pour moi : pouvait-il plus dignement finir ? Je dus depuis me livrer exclusivement à l'éminente passion, qui, dès mon adolescence, a toujours voué ma vie au service fondamental de l'Humanité. Poursuivant ma sublime mission, je dois constamment bénir ta salutaire influence, qui ne pourra jamais cesser de présider à mon principal perfectionnement. La prépondérance systématique de l'amour universel, graduellement émanée de ma philosophie, n'aurait pu sans toi me devenir assez familière, malgré l'heureuse préparation déjà résultée de l'essor spontané de mes goûts esthétiques.

Mes intimes satisfactions ne durent dès lors provenir que d'un culte assidu des purs et nobles souvenirs que me laissa, pour toujours, notre incomparable année de vertueuse tendresse réciproque. Ce culte d'amour et de reconnaissance ne peut jamais cesser de me soulager et surtout de m'améliorer. Sous tes diverses images, toujours tu m'y rappelleras combien, malgré la catastrophe, ma situation finale surpasse tout ce que je pouvais espérer, et même rêver, avant toi. Plus se développe l'harmonie sans exemple que je te dois entre ma vie privée et ma vie publique, mieux tu t'incorpores, aux yeux de mes vrais disciples, à chaque mode de mon existence. Notre parfaite identification deviendra la meilleure récompense de tous nos services, peut être même avant que la bannière universelle vienne solennellement s'incliner sur notre commun cercueil.

Image du 20 août 1851.

Ah ! se l'sommo placer si me fallio
Per la tua muerte, qual cosa mortale
Potrà mai trarre me nel suo disio !

(Reproduction de la seconde partie du préambule du matin).

Addio, la mia Beatrice ! Addio Clotilde ! Addio Lucia ! Addio, quella che imparadisa la mia mente, Addio !

(*Image de la tombe chérie*). La pierre du cercueil est ton premier autel.

Tre dolci nomi, etc.

La soumission est la base du perfectionnement.

3) Conclusion (5 minutes)
(*Couché.*)

(*Image principale du jour*). Il est indigne des grands cœurs de répandre le trouble qu'ils ressentent.

Il faut à notre espèce, plus qu'aux autres, des devoirs pour faire des sentiments.

Les méchants ont souvent plus besoin de pitié que les bons.

L'Amour pour principe, et l'Ordre pour base; le Progrès pour but.

Vergine madre, Figlia del tuo figlio, Amem te plus quàm me, nec me nisi propter te!

Vivre pour autrui. — La Famille, la Patrie, l'Humanité.
— Vivre au grand jour.

PRIÈRE DU MILIEU DE LA JOURNÉE
(À 10 heures 1/2 précises. — 20 minutes)

1) Commémoration (10 minutes)

Image du 7 Mars 1846.

Oh! amanza, etc.

(*Sa dernière lettre*). Mon cher ami, voici le reste des forces dont je comptais vous donner la meilleure part. La bonne Sophie en a eu l'étrenne, et vous aura raconté mon acte d'autorité pour *les roses*[34]. Je m'en trouve très bien, en y suppléant par l'eau de riz et le coing. Je voulais, depuis longtemps, vous parler de vous; et hier j'espérais en avoir la force. Mais, c'est une chose arrêtée, malgré toute la tendresse qui me pousse vers vous, votre exaltation me contraint à revenir à la plume.

Cher ami, votre attachement me rend bien heureuse, et souvent bien penseuse. Je me demande si quelque jour vous ne me demanderez pas compte de ces distractions violentes jetées au milieu de votre vie publique. D'un lien qui devait être tout douceur, vous faites une sorte d'astringent pimenté qui dissipe votre temps, votre pensée, et qui ne réagit que sur moi. Vous vous trompez quand vous dites que l'amitié n'aime pas: je n'ai jamais osé être moi-même avec vous (et ne revenez pas aux causes vulgaires ou grossières que vous avez supposées jadis); quand je me sers du mot *oser*, c'est qu'il convient parfaitement. Si nous étions tous les deux calmes, je vous prouverais que l'amitié sait être tendre et brave. Voilà pourquoi je patronne notre attachement

---

34. Comte avait envoyé à Clotilde de la conserve de roses, que Broussais conseillait comme remède énergique.

de tous les titres les plus doux et les plus saints : c'est pour l'amener à me faire place à vos côtés, au coin du feu.

Tout cela demande à être développé, et je vous promets que cela m'occupera tout de suite que je pourrai l'être. J'ai des visites de sabre[35] pour deux jours ; je ne sais trop quel bien cela me fera.

J'ai beaucoup de choses amicales à vous dire. Il faut que je cesse pour aujourd'hui. Recevez l'éternelle assurance de ma tendresse.

Oui, ma noble patronne, je la reçois respectueusement, comme le principal trésor de toute ma seconde vie.

(*Image finale*).

> *Illa, graves oculos conata attollere, rursus*
> *Deficit ; infixum stridit sub pectore vulnus.*
> *Ter sese attollens, cubitoque adnixa, lavavit :*
> *Ter revoluta toro est, oculisque errantibus alto*
> *Quaesivit caelo lucem, in gemuitque repertà.*

(VIRGILE)[36]

(En baisant ma boucle portative de ses cheveux). Reconnaissance, Regrets, Résignation. — La soumission est la base du perfectionnement.

Image du 29 Avril 1845. — La vue a complété le charme de l'ouïe.... *Gli occhi smeraldi !*

(Sa première lettre). Vos bontés me rendent bien heureuse et bien fière, Monsieur, et je ne me sens pas la patience d'attendre une meilleure occasion pour vous dire tout le plaisir que m'a fait *Tom-Jones*[37].

Puisque votre supériorité ne vous empêche pas de vous faire tout à tous, je me réjouis de l'espérance de causer avec vous de ce petit chef-d'œuvre, et de pouvoir quelquefois recueillir, dans mon cœur et dans mon esprit, vos beaux et nobles enseignements.

Veuillez, Monsieur, agréer avec l'expression de ma reconnaissance, celle de ma très grande considération

(Ma réponse). Madame, je ne saurais non plus attendre jusqu'à l'heureuse occasion de vous revoir pour vous témoigner combien je suis touché du précieux accueil dont vous daignez gratifier une légère marque d'attention que pouvait seule recommander une opportunité dignement empressée, d'ailleurs trop naturelle envers vous.

---

35. Partie pour le tout. Maximilien Marie, son frère, par l'intermédiaire de qui Comte était entré en contact avec Clotilde, était polytechnicien. En tant que militaire, il portait l'uniforme.

36. *Énéide*, IV, 687-695. C'est la douleur de Didon abandonnée par Énée : « Elle s'efforce de rouvrir ses yeux appesantis et retombe défaillante. Le sang bouillonne en sifflant dans sa poitrine déchirée ; trois fois, appuyée sur son bras, elle s'efforce de se soulever, trois fois elle retombe sur le lit de douleur, cherche aux cieux, d'un œil égaré, la douce lumière du jour, la retrouve et gémit ».

37. Comte avait offert à Clotilde un exemplaire du roman de Fielding. L'ouvrage figure dans la bibliothèque positiviste.

Le prix que vous voulez bien attacher à ma conversation m'enhardit à vous déclarer que je serais très satisfait de voir se multiplier de telles relations, autant que vous le croirez convenable.

J'ai souvent été jugé peu sociable, faute de trouver chez les autres une disposition d'esprit, et surtout de cœur, suffisamment en harmonie avec la mienne. Mais je n'en ai pas moins apprécié toujours ce doux échange de sentiments et de pensées comme la principale source du vrai bonheur humain, quand les conditions en sont dignement remplies. Le confiant abandon que je me plais à développer auprès de vos parents peut assez indiquer ma tendance naturelle à goûter convenablement votre aimable entretien. Outre l'élévation d'idées et la noblesse de sentiments qui semblent propres à toute votre intéressante famille, une triste conformité morale de situation personnelle constitue encore, entre vous et moi, des rapprochements plus spéciaux.

Veuillez, Madame, agréer, de nouveau, l'assurance bien sincère de l'affectueux respect de votre dévoué serviteur.

2) EFFUSION (7 minutes)

Image du 7 Mars 1846.

(À genoux.)

DANTE

Donna, se' tanto grande e tanto vali,
Che, qual vuol grazia e a te non ricorre,
Sua disianza vuol volar senz'ali.

La tua benignità non pur soccorre
A chi dimanda, ma molte fiate
Liberamente al dimandar precorre.

In te misericordia, in te pietate,
In te magnificenza, in te s'aduna
Quantunque in creatura è di bontate. [38]

(Assis.)

PETRARCA

Qual paura ho quando mi torna a mente
Quel giorno ch'ì lasciai grave e pensosa
Madonna, èl mio cor seco! E non è cosa
Che sì volentier pensi e sì sovente.

---

38. Dante, *Le ciel*, Chant XXXIII et dernier : Dame, tu es si grande et puissante que l'homme / Qui désire une grâce et ne recourt à toi / Prétend que son désir vole sans avoir d'ailes : // Non seulement ta bienveillance exauce / Ton suppliant, mais bien souvent aussi / Ta libéralité précède la demande. //En Toi pitié, en Toi miséricorde, / En Toi magnificence, en Toi s'assemble tout / ce qu'il est de bonté dans une créature. (p. 587-88).

I' la riveggio starsi umilemente,
Tra belle donne, a guisa d'una rosa
Tra minor fior; ne lieta ne dogliosa,
Come chi teme, ed altro mal non sente.

Deposta avea l'usata leggiadria,
Le perle, e le ghirlande, e i panni allegri,
Èl riso, èl canto, èl parlar dolce umano,

Così in dubbio lasciai la vita mia.
Or tristi augurii, e sogni, e pensier negri
Mi danno assalto, piaccia a dio ch'invano! [39]

(Image de la tombe chérie). La pierre du cercueil est ton premier autel.

PETRARCA

Dolci durezze e placide repulse,
Piene di casto amore e di pietate,
Leggiadri sdegni, che le mie infiammate
Voglie tempraro (or me n'accorgo), e 'nsulse.

Gentil parlar, ove chiaro rifulse
Con somma cortesia somma onestate,
Fior di vertú, fontana di beltate,
Ch'ogni basso pensier dal cor m'avulse.

Divino sguardo da far l'uom félice,
Or fiero in affrenar la mente ardita
A quel che giustamente si disdice,

Or presto a confortar mia frale vita :
Questo bel variar fu la radice
Di mia salute, ch'altramente era ita [40].

■ 39. *Canzoniere*, CCXLIX : *Tristes pressentiments du poète éloigné de sa dame.* Quelle frayeur je ressens quand mon esprit se reporte vers ce jour où je laissai Madame sérieuse et pensive, et mon cœur avec elle ! Et il n'est pas de chose à quoi je pense si volontiers et si souvent.// Je la revois modestement arrêtée parmi de belles dames, comme on voit une rose parmi de moindres fleurs ; elle ne témoigne ni joie ni tristesse, semblable à tous ceux qui sont dans l'appréhension, et qui n'éprouvent pas d'autre mal.// Elle avait déposé ses agréments habituels, les perles, les guirlandes et les gais vêtements, et les rires, et les chants, et les douces et bienveillantes paroles.// C'est dans cette incertitude que j'ai laissé celle qui est ma vie. Maintenant, je suis assailli de tristes augures, de songes et de sombres pensers, et plaise à Dieu que ce soit en vain (trad. fr. Comte F. L. de Gramont, Paris, Gallimard, 1983, p. 195).

■ 40. *Canzoniere*, CCCLI : *Il reconnaît combien les rigueurs de sa dame lui ont été salutaires.* Douces cruautés et bienheureux refus pleins d'un chaste amour et d'une tendre bonté, charmants dédains qui calmèrent (je m'en aperçois maintenant) l'ardeur insensée de mes désirs ; // Noble parler où brillait clairement la suprême courtoisie unie à l'honnêteté suprême ; fleur de vertu ; source de beauté qui bannit de mon cœur toute abjecte pensée ; // Divin regard à rendre l'homme heureux, tantôt plein de rigueur, afin de réfréner mon âme audacieuse et passionnée, pour ce qui lui est justement dénié, // Et tantôt diligent à rassurer ma vie chancelante : cette belle diversité a été la racine de mon salut qui autrement m'abandonnait. (*op. cit.*, p. 260).

3) CONCLUSION (3 minutes)

(*Image de la tombe chérie*). *Quella che' imparadisa la mia mente!*
Vivre pour autrui. Voilà le vrai bonheur comme le vrai devoir. Toi seule
m'enseignas à fondre leurs formules! Quels plaisirs peuvent l'emporter sur
ceux du dévouement?

(*À mon éternelle compagne*). *Amem te plus quàm me, nec me nisi propter te!*

(*À l'Humanité, dans son temple, devant son grand autel*). *Amem te plus
quàm me, nec me nisi propter te!*

(*Les sept maximes de ma patronne*). Il est indigne des grands cœurs de
répandre le trouble qu'ils ressentent.
Quels plaisirs peuvent l'emporter sur ceux du dévouement?
J'ai compris, mieux que personne, la faiblesse de notre nature, quand
elle n'est pas dirigée vers un but élevé, qui soit inaccessible aux passions.
Il faut à notre espèce, plus qu'aux autres, des devoirs pour faire des
sentiments.
Il n'y a, dans la vie, d'irrévocable que la mort.
Nous avons tous encore un pied en l'air sur le seuil de la vérité.
Les méchants ont souvent plus besoin de pitié que les bons.

(*À ma patronne, comme personnifiant l'Humanité*).

> *Vergine madre, Figlia del tuo figlio,*
> *Amem te plus quàm me, nec me nisi propter le!*
> *Tre dolci nome ha in te raccolti*
> *Sposa, madre, e figliuola!*

Paris, 10, rue Monsieur-le-Prince,
Le Vendredi, 16 Archimède 69 (10 Avril 1857).

Auguste Comte
Fondateur de la Religion de l'Humanité.
Né le 19 Janvier 1798, à Montpellier.

SITUATIONS

LA MAISON[1] D'AUGUSTE COMTE
Du « saint domicile »
à la sacralisation patrimoniale

David Labreure

Cet article prend pour sujet un lieu emblématique du positivisme parisien : la Maison d'Auguste Comte, dernier domicile du philosophe. Son appartement, domicile « sacré », a été à la fois une « église », un lieu de réunion pour les positivistes, de pèlerinage pour beaucoup d'entre eux, avant de devenir, dans la seconde moitié du XXᵉ siècle, une « maison d'illustre » ouverte au public et à la visite. L'enjeu est ici de comprendre le passage du « saint domicile » du vivant de Comte à la « maison-musée », classée monument historique. Ou comment le pèlerin positiviste a laissé place au visiteur curieux.

Dernier domicile d'Auguste Comte (1798-1857), l'appartement situé au 10, rue Monsieur-le-Prince (Paris 6ᵉ), a connu une destinée particulière depuis la mort de son occupant. Presque aussi singulière que la vie de cet homme, jalonnée d'épisodes romanesques. Si j'ai choisi de raconter l'histoire de cette maison, c'est parce qu'en tant que directeur actuel du musée et du centre d'archives, il me semblait indispensable d'étudier des documents jusqu'alors inexploités et d'apporter un regard interne sur une histoire qui n'a jamais vraiment été faite pour elle-même[2].

La Maison d'Auguste Comte a été, durant près de deux siècles, un lieu de tensions, d'affrontements aux enjeux multiples et en a parfois subi les fâcheuses conséquences. Sa destinée s'est construite autour de la volonté du philosophe qui a décidé, de son vivant, d'en faire un lieu sacré, marqué du souvenir de son amour pour Clotilde de Vaux, à la fois centre religieux et politique du mouvement qu'il avait fondé : le positivisme. Cette volonté, loin de s'affaiblir après sa mort, a été une préoccupation constante de ses disciples d'abord, puis des continuateurs de cette œuvre de conservation patrimoniale, même si ces derniers se sont détachés de la pratique religieuse du positivisme.

---

1. La « Maison » a toujours été admise dans ce cas précis dans son sens large : demeure, habitat… La « Maison d'Auguste Comte » est bien l'appartement dans lequel il a vécu, de 1841 à 1857.

2. À l'exception d'un article de Bruno Gentil dans le *Bulletin de la SABIX* 30, avril 2002 : « La Maison d'Auguste Comte, témoin de l'histoire du positivisme », p. 21-38.

C'est en 1928, lorsqu'elle est classée monument historique, que la Maison cesse d'être un lieu « positiviste » et religieux, pour devenir un « monument », un élément du patrimoine objet d'autres enjeux. Une autre étape consacre définitivement l'appartement comme « musée », au moment de la création de l'Association « La Maison d'Auguste Comte » par le diplomate brésilien Paulo Carneiro (1902-1982). C'est ce passage d'une forme de sacralisation à l'autre que je tenterai de saisir dans le présent article.

Le « saint domicile » (1841-1857)

Au deuxième étage d'un immeuble construit la fin du XVIIIe siècle[3], au 10, rue Monsieur-le-Prince, se situe l'appartement d'Auguste Comte. D'une grande sobriété matérielle en dépit de son apparence bourgeoise, il comprend un ensemble de pièces inspiré de la suite aristocratique telle qu'on la trouve dans les hôtels particuliers de cette époque. La réunion, un peu avant l'emménagement de Comte, des deux logements prévus à l'étage donne « un indice de la flexibilité des locaux d'habitation sous l'Ancien Régime, bien plus susceptibles qu'aujourd'hui de se prêter aux besoins variés de leurs occupants, dans l'espace et dans le temps »[4].

Pour le décor, pas d'œuvres d'art, pas de profusion d'objets. Le mobilier – en acajou pour la plupart des éléments le constituant, de style Louis-Philippe –, le parquet et les tomettes, sont sobres tout comme les tentures et les papiers. Comte a toujours clamé vouloir vivre dans une subsistance matérielle minimale circonscrite à la nourriture, aux vêtements, au traitement de sa domestique et à son loyer[5], avec quelques « extras » : dîners exceptionnels au restaurant Dagneau, rue de l'Ancienne Comédie et un abonnement au Théâtre italien.

Comte avait emménagé avec sa femme Caroline. Mais, un an après leur arrivée, celle-ci quitte le domicile conjugal, laissant le philosophe seul en sa demeure. Seul ? pas tout à fait. Caroline avait fait embaucher comme domestique et cuisinière Sophie Bliaux qui, après le départ de l'« ingrate épouse », choisit de rester au service de ce dernier. Comte se prend alors d'affection pour « l'excellente » Sophie qui, avec une poignée de disciples, veillera sur lui jusqu'à son dernier souffle. Elle est l'un de ses trois « anges gardiens »[6] et lui confère le titre de « fille adoptive ». Elle joue, durant les seize années passées au service de son maître, un rôle capital : celui d'une messagère et d'une confidente. Sophie, en tant que « gardienne », fait le premier lien entre la destinée purement « comtienne » de l'appartement et sa destination future, celle d'un lieu de conservation des souvenirs du philosophe et de l'entretien de sa mémoire[7].

Dans son testament, rédigé en 1855, Comte esquisse le devenir de l'appartement : « On gardera les manuscrits de tous mes ouvrages imprimés

---

3. La construction de l'immeuble a été achevée en 1792.

4. J.-F. Cabestan, « L'appartement d'Auguste Comte ou la conquête du plain-pied », dans le *Bulletin de la Maison d'Auguste Comte* 17, décembre 2017, p. 44.

5. Voir A. Comte, *4e circulaire annuelle*, dans *Correspondance Générale* VII, Paris, Mouton-Vrin-EHESS, 1987.

6. Avec Clotilde de Vaux et Rosalie Boyer, la mère d'Auguste Comte.

7. La volonté de Comte fut respectée par les disciples, comme le rappelle Laffitte en 1857 : « J'ai loué, au prix de 2000 francs par an, le domicile d'Auguste Comte […]. Nous y installerons la digne fille adoptive d'Auguste Comte comme gardienne, en lui servant la rente viagère prescrite par notre maître » (P. Laffitte, *9e circulaire annuelle*, 30 oct, 1857, p. 4, Archives MAC, série F, carton 2).

comme monument [...] sans décomposer aucun traité »[8]. Il lègue également ses ouvrages personnels à son « successeur », ces derniers devant constituer « la base perpétuelle de la bibliothèque du grand prêtre de l'Humanité »[9]. L'appartement doit rester le lieu central de la vie positiviste, là où son œuvre devra se poursuivre. Comte confie l'exécution de ce testament à treize de ses disciples chargés d'établir définitivement la religion de l'Humanité comme seule religion universelle possible. Si Paris, pour Comte, doit constituer le premier centre spirituel occidental[10], l'appartement, situé en son cœur, doit devenir le « siège permanent du sacerdoce positiviste ». Au-delà d'accueillir les activités positivistes courantes, le domicile de Comte doit donc faire office de lieu de culte actif où se pratiquent rituels et liturgie.

Centre spirituel, lieu de conservation d'archives et place forte positiviste : telle est la triple vocation de l'appartement selon Comte lui-même qui tient absolument à ce que le « saint domicile » ne tombe en d'autres mains que celles de ses fidèles puisque « destiné, [il] ose le dire, à devenir sacré pour la postérité »[11]. Pourquoi le philosophe confère-t-il un caractère sacré à un lieu dont il n'est que locataire ? Tout d'abord parce que c'est ici qu'il a opéré, d'après ses dires, sa régénération morale et spirituelle, à l'origine de laquelle on trouve Clotilde de Vaux (1815-1846). Premier ange gardien du philosophe, incarnation de l'Humanité toute entière, elle n'a échappé à aucune exagération post mortem de la part de Comte :

> Quoique l'appartement que j'habite depuis onze ans excède réellement mes besoins matériels, je regarderais comme un profond malheur l'obligation de le quitter, d'après l'ensemble des divers souvenirs incomparables qui m'y lient de cœur et d'esprit. [...] Ce domicile doit surtout m'être devenu sacré, trois ans après, comme le lieu de la régénération morale que me procura, pendant une année sans pareille, l'angélique impulsion qui dominera toujours ma seconde vie. [...] Ces saintes murailles, à jamais empreintes de l'image adorée, m'aidèrent à développer journellement le culte intime de la meilleure personnification du vrai grand être[12].

Une correspondance abondante, durant ce que Comte nomme « l'année sans pareille » (mars 1845-mars 1846), atteste l'intensité de cette relation. De Vaux venait régulièrement rendre visite au philosophe, s'asseyant sur un fauteuil recouvert d'un fin tissu rouge, toujours le même, situé dans le salon[13]. Du vivant de cette dernière, Comte lui avait dressé un « autel »[14] devant lequel il relisait ses lettres parfois à haute voix, avec une ferveur démesurée :

8. A. Comte, *Testament*, Paris, 10, rue Monsieur-le-Prince, 1884, p. 18.
9. *Ibid.*
10. Voir D. Labreure, « Auguste Comte, les positivistes et Paris », *Bulletin de la société de l'histoire de Paris et de l'Ile-de-France*, 141ᵉ année, 2014, p. 107-132.
11. A. Comte, 4ᵉ *circulaire annuelle*, 31 jan. 1853, dans *Correspondance générale*, VII, *op. cit.*, p. 35.
12. *Ibid.*, p. 32-33.
13. Voir carnet de recherches M. Blanc https://cdev.hypotheses.org/date/2018/02.
14. Comte utilise bien le mot « Autel » du vivant de Clotilde : « J'ai dû, ma Clotilde, exercer hier sur moi-même un véritable effort pour ne pas répondre à votre divine lettre aussitôt après l'avoir relue à genoux devant votre autel », A. Comte à C. de Vaux, Lettre du 6 sept. 1845, dans *Correspondance générale*, III, Paris, Mouton, 1977, p. 109. L'autel était matérialisé à cette époque par le fauteuil sur lequel Clotilde s'asseyait, marqué par Comte de la lettre « C ». Après la mort de Clotilde, en 1852, un tableau la représentant, peint par Etex, vint s'y rajouter.

« Ayant toujours été le siège de Madame de Vaux dans ses saintes visites du mercredi, je l'érigeai même pendant sa vie et surtout après sa mort, en autel domestique »[15]. Ici commence donc la sacralisation « religieuse » du lieu.

Après la mort tragique de Clotilde de Vaux en 1846, Comte tient avec cette expérience amoureuse concrète la suite qu'il donnera à sa carrière philosophique, qui prendra dès lors un tournant plus moral. L'appartement deviendra le siège de la première « Église positiviste », Comte y administrera – dans le salon, considérée comme la « Chapelle primitive de l'Humanité »[16] – les sacrements de sa nouvelle religion et y fondera, après les événements de 1848, la Société positiviste. Plus le temps passe, plus l'appartement se lie au mouvement positiviste et à ses fidèles, au-delà de la personnalité du fondateur.

Répétiteur et examinateur à l'École polytechnique au moment de son emménagement, Comte perd successivement ses deux postes et doit compter sur la générosité de ses disciples pour pouvoir rester rue Monsieur-le-Prince. Son attachement à l'appartement ne se démentira jamais. Menacé d'expulsion pour loyers non payés, Comte tient à rester dans ce bel espace de 165 m². Son propriétaire, M. Basan consent finalement à le laisser vivre dans son logis et se fie à lui pour trouver les moyens de régler ses impayés. Comte confie son soulagement à l'un de ses plus proches disciples de l'époque, Pierre Laffitte, en octobre 1849 :

> La conduite finale de M. Basan prouve certainement surtout de nos jours un véritable homme de cœur, qui a vraiment compris mes motifs intimes de tenir exceptionnellement à mon grand appartement actuel, sans se laisser trop affecter par mes embarras passagers. Au lieu de me donner congé, comme je l'avais craint pour la fin de septembre, il me laisse le saint domicile, en se fiant à moi sur l'empressement à combler peu à peu mon arriéré à mesure que les moyens m'en viendront d'une manière quelconque[17].

Son loyer est suffisamment élevé (1600 francs par an) pour que Comte exhorte puis convainque les positivistes à « comprendre la puissance philosophique des images et des sentiments que ces murs (lui) rappellent »[18]. Les disciples moins religieux « devraient, au moins, se reconnaître obligés de concourir à me le conserver comme un précieux instrument de travail »[19]. Grâce à l'argent de ses disciples, au « subside », Comte peut ainsi rester dans l'appartement. Locataire depuis juillet 1841, il y a écrit la majeure partie de son œuvre, notamment la fin du *Cours de philosophie positive* et le *Système de politique positive*.

■ 15. A. Comte, *Testament, op. cit.*, p. 19.
■ 16. A. Comte à G. Audiffrent, Lettre du 21 oct. 1851, *Correspondance générale*, VI, 1984, Paris, Mouton-Vrin-EHESS, 1982, p. 182.
■ 17. A. Comte à P. Laffitte, 18 oct. 1849, dans *Correspondance générale*, V, Paris, Mouton-Vrin-EHESS, 1982, p. 97.
■ 18. A. Comte, *4ᵉ circulaire annuelle*, dans *Correspondance générale*, VII, *op. cit.*, p. 34.
■ 19. *Ibid.*

La visite au grand homme

Un trait marquant de la sacralisation du lieu du vivant de Comte est la visite au « grand homme », phénomène apparu à la fin du XVIIIᵉ siècle. La soif de connaissances biographiques ou intellectuelles à l'égard des « grands hommes » se fait, à partir de cette époque, de plus en plus importante et entraîne certains disciples ou admirateurs jusqu'à leur domicile :

> La manière la plus directe de rendre hommage à un écrivain qu'on admire, c'est de lui rendre visite chez lui, de son vivant. [...] Tourmentés par le désir de voir ou même de toucher leur grand homme en chair et en os, des centaines de « fans » se sont présentés au domicile de Voltaire, de Buffon, de Rousseau [20].

Ces pèlerinages amènent aussi à découvrir « l'illustre » dans un contexte particulier : celui de l'intime et du quotidien. La pratique de la visite au « grand homme » est courante au milieu du XIXᵉ siècle : la frontière entre l'espace de la maison et l'espace public devient poreuse...

Comte consacre ainsi une partie de sa journée à recevoir celles et ceux qui désirent lui rendre visite :

> Ne travaillant jamais après le dîner, je suis toujours disponible entre sept heures et huit heures, sauf le mercredi, jour de la Société positiviste. Mais je ne reçois jamais personne après huit heures, quoique je garde jusqu'à neuf heures ceux qui sont venus avant la clôture de ma porte. En outre, le jeudi de chaque semaine reste toujours consacré totalement, soit à ma correspondance, soit aux visites des personnes qui ne peuvent venir le soir [21].

La mise en place de ces codes prouve que la visite est devenue un rituel courant pour Comte, comme pour ses invités. L'appartement devient ainsi, tout du moins durant les dix dernières années de la vie du philosophe, une véritable scène de vie intellectuelle, entre un maître et son disciple, venu recueillir conseil ou encouragement.

Or l'hommage n'est pas toujours de mise dans la visite. Comme l'indique Olivier Nora : « Selon que le visiteur vient admirer l'écrivain dans un lieu où il cherche des indices d'une confirmation du génie, ou bien surprendre l'homme dans un cadre où il quête les signes d'une infirmation du mythe, les descriptions n'ont rien de semblables » [22]. L'un des disciples de Comte, l'ancien maire de Versailles Philémon Deroisin, décrit son entrevue avec le Maître. On y décèle un brin de moquerie, voire de raillerie, malgré l'admiration sincère qu'il voue au philosophe :

> En causant, Comte rejetait la tête en arrière tournée vers son interlocuteur que, du reste, sa myopie l'empêchait de voir. L'hiver, il se tenait assis très près de la cheminée, penché sur le feu vers lequel il tendait ses mains ouvertes de manière à en chauffer la face intérieure [...]. Dans ses réceptions du jour,

20. J.-C. Bréchet, « Le voyage littéraire : une invention du XIXᵉ siècle », dans *Cinquièmes rencontres de la Fédération des maisons d'écrivain et des patrimoines littéraires, 30 nov, 1ᵉʳ et 2 déc. 2000*, p. 51.

21. A. Comte à E. Deullin, Lettre du 17 mars 1853, dans *Correspondance générale*, VII, *op. cit.*, p. 55-56.

22. O. Nora, « La visite au grand écrivain », dans P. Nora, *Les lieux de mémoire*, t. 2, Gallimard, Paris, p. 2140.

il était assis devant la fenêtre à laquelle il tournait le dos, les mains croisées sur la poitrine. Telles étaient ses attitudes habituelles. Son accueil était froid. C'était de sa part une rare distinction de donner la main. Une fois la conversation engagée, venait un certain abandon. [...] Un visiteur ne chassait pas le précédent. En nous congédiant, le philosophe restait parfois quelque temps à causer debout. Les habitués se levaient quand ils entendaient sonner neuf heures à une des deux pendules que Comte s'était vainement efforcé, comme Charles Quint, de faire marcher mathématiquement d'accord[23].

Cet intéressant récit de visite accorde à la maison le pouvoir de révéler au visiteur la personnalité du philosophe, dans son cadre de vie. Elle offre dans le cas de Deroisin un symbole relativement efficace pour matérialiser son ambivalence...

Tant que sa santé le lui a permis, Comte a reçu, rue Monsieur-le-Prince, jusqu'à sa mort. Son attachement au « domicile sacré » ne s'est jamais démenti. C'est d'ailleurs dans son lit, entouré de ses disciples et veillé par Sophie Bliaux, qu'il s'éteint, le 5 septembre 1857.

Un centre d'action positiviste 1857-1893

Le destin de l'appartement se poursuit, sans l'occupant qui lui a conféré sa dimension si particulière. Désigné président de l'« Exécution testamentaire » par Comte lui-même, Pierre Laffitte (1823-1903), professeur de mathématiques, est confirmé dans ses fonctions par ses coreligionnaires. Cette exécution, sur le principe, s'établit officiellement le 14 septembre 1857, dans le but de « faire toutes opérations commerciales liées à la propagation des œuvres d'Auguste Comte »[24].

Laffitte prend, suivant les vœux de Comte, la direction presque entière du mouvement. Un problème inattendu survient cependant : six jours après la mort de son mari, Caroline Comte reparaît rue Monsieur-le-Prince, malgré la défense formelle que lui avait faite son mari depuis quinze ans. Elle décide de contester le testament qui la déshérite complètement et fait interdire aux positivistes l'entrée de l'appartement. L'exécution testamentaire lui offre de payer par l'intermédiaire de Laffitte, toutes les dettes de succession, et de continuer à lui verser la pension qu'elle reçoit de son mari depuis 1842, à la condition qu'elle abandonne toute prétention sur son héritage ainsi que sur la propriété intellectuelle de ses œuvres. Cette proposition, C. Comte la repousse. Soutenue par Littré, disciple très proche puis dissident farouche du vivant du maître, elle affirme la nullité pleine et entière du testament, œuvre, selon ses termes, d'un « athée et d'un fou »[25]. L'action de Laffitte et des exécuteurs testamentaires permet toutefois la sauvegarde de l'appartement : en obtenant le blocage de la cession des droits d'auteurs et en réunissant suffisamment d'argent pour racheter, lors de la vente aux enchères organisée dans les murs par C. Comte, le 14 décembre 1857, tous les imprimés et manuscrits de Comte ainsi que la plus grande partie des objets et du mobilier présents. Les

■ 23. P. Deroisin, *Notes sur Auguste Comte par un de ses disciples*, Paris, G. Crès, 1909 p. 89-90.
■ 24. Société des exécuteurs testamentaires d'Auguste Comte, *Statuts*, 14 sept. 1857, Archives MAC, Série F, carton 2.
■ 25. *Séance des référés*, 5 nov. 1857, cité par P. Laffitte, *10ᵉ circulaire annuelle*, 23 év. 1858, p. 2, Archives MAC, série E, carton 2.

palabres judiciaires autour du testament, notamment sur la question cruciale de la propriété des publications du philosophe, ne trouvent leur épilogue qu'au début de l'année 1870, lorsque C. Comte est déboutée définitivement de toutes ses requêtes. Épisode rocambolesque mais significatif de la ténacité des disciples positivistes, de leur dévotion absolue envers Comte et de leur volonté très claire de conserver le lieu qu'il habite, comme si s'acquitter de cette tâche pouvait rejaillir sur la destinée du mouvement positiviste tout entier.

Dès 1858, l'action positiviste s'organise rue Monsieur-le-Prince dans une ambiance apparente de camaraderie et d'optimisme. Le docteur Robinet évoque ainsi, avec un brin de nostalgie, « l'ardeur et la foi, le désintéressement des inspirations, la sincérité des amitiés, en ces temps primitifs, véritable âge d'or des religions selon le mot de Sainte Beuve »[26]. La Société positiviste reprend ses réunions hebdomadaires du mercredi, sous la présidence de l'ouvrier menuisier Fabien Magnin (1810-1884), disciple de la première heure. La conservation des manuscrits est assurée dans l'appartement (secrétaire et placards). Le culte s'y organise également. Aux fêtes et célébrations initiées par Comte les disciples ont ajouté des « célébrations de la naissance et de la mort de l'incomparable rénovateur » rue Monsieur-le-Prince et au Père-Lachaise[27] avec discours et commémorations. Pour assurer leur production militante, les positivistes créent un système organisé de publications, tenant l'appartement pour centre névralgique, à la fois lieu de dépôt et d'impression. Ainsi se constitue, rue Monsieur-le-Prince, une véritable bibliothèque alimentée par des dons d'ouvrages et brochures écrites par les disciples français et étrangers. Laffitte insiste sur la nécessité de poursuivre l'œuvre de Comte en se concentrant essentiellement sur les activités liées à l'éducation et à l'enseignement. Il assure des cours sur « les grands types de l'Humanité » puis la « philosophie première », continuant ainsi la réflexion initiée par Comte, tout en assurant les éléments essentiels du culte religieux. Jusqu'en 1870, c'est dans l'appartement d'Auguste Comte qu'il enseigne, puis, l'auditoire devenant de plus en plus fourni, à la Salle Gerson, dépendante de la Sorbonne. Cette activité d'enseignement et de propagande se poursuit hors de la rue Monsieur-le-Prince, investissant le réseau des bibliothèques populaires, des sociétés philotechniques et autres sociétés d'encouragement à l'industrie. Laffitte tente ainsi d'affirmer sa légitimité en se revendiquant d'un positivisme « complet », dans la droite lignée du fondateur. Il développe également les relations avec les foyers étrangers, en Angleterre, au Brésil, au Chili ou en Turquie. Bientôt, les sympathisants positivistes sont plus de 250 à contribuer au subside initié par Comte et Littré pour l'entretien de l'appartement et des activités qui s'y tiennent, le lieu consolidant sa place de pôle central du positivisme international.

La fin des années 1870 marque l'apogée du « règne » de Laffitte à la tête du mouvement positiviste parisien. L'organe officiel du mouvement, la *Revue Occidentale*, paraît au début de l'année 1878. Des divergences se font jour

---

26. E. Robinet cité par B. Gentil, « La Maison d'Auguste Comte, témoin de l'histoire du positivisme », dans *Bulletin de la SABIX* 30, avr. 2002, p. 29.

27. Comte y est enterré dans la 17e division. À ses côtés, Sophie Bliaux et une poignée de positivistes : Georges Deherme, Fabien Magnin, Pierre Laffitte et Auguste Gouge.

chez certains disciples (en Angleterre comme en France) pointant son manque d'implication dans la propagande religieuse et ses louvoiements politiques, notamment sur les questions coloniales[28], mais Laffitte jouit encore à cette époque d'une légitimité quasi intacte, malgré cette perte progressive de l'unité du mouvement comtien « orthodoxe » depuis 1857.

La sauvegarde de l'appartement doit ainsi beaucoup à Laffitte, qui refusa toujours d'habiter l'appartement sacré tout en prenant grand soin de sa conservation et en maintenant intacte sa vocation de « quartier général » positiviste et de lieu de pèlerinage pour les disciples. Il réussit à consolider les foyers provinciaux tout en maintenant des contacts réguliers avec l'étranger au moins jusqu'au début des années 1880, lorsque les positivistes chiliens (1881) puis brésiliens (1883), eux aussi très critiques envers Laffitte, rompent leurs liens avec la rue Monsieur-le-Prince.

La Maison reste également un lieu de « sociabilité » philosophique, un cénacle. Elle n'est plus seulement le lieu de l'intime mais elle reste, comme l'avait voulu Comte, une scène de vie intellectuelle où se réunissent les continuateurs de la pensée positiviste.

Sauver le « domicile sacré » (1893-1906)

La mort de Mme Basan, propriétaire de l'immeuble du 10 rue Monsieur-le-Prince depuis la mort de son mari, va bouleverser, début 1893, le destin de la Maison. Laffitte pense alors que le meilleur moyen pour conserver l'appartement consiste à acheter l'immeuble afin de ne plus être soumis aux volontés de nouveaux propriétaires qui auraient tout à fait pu décider de remettre en location le « saint domicile ». Il trouve le soutien financier de positivistes français et anglais et fonde une société civile immobilière à son nom. Laffitte semble conscient de l'importance que revêt cette démarche dans la poursuite du mouvement positiviste tout entier : « L'achat de la Maison, 10, rue Monsieur-le-Prince va permettre de consolider la constitution du positivisme et par suite d'organiser de nouveaux efforts »[29]. Non seulement le mouvement positiviste y gagnera, mais, pour faire vibrer la corde sensible des plus fervents disciples, Laffitte avance également des arguments religieux explicites : « […] l'achat de la Maison d'Auguste Comte est un événement capital : puisqu'il conserve à jamais l'appartement où s'est accompli, depuis 1841, la fondation définitive de la religion de l'Humanité, et qui, par conséquent, deviendra l'objet croissant du pèlerinage des positivistes de toute la planète, et un élément essentiel de leur culte commun »[30]. En plus d'être un lieu de réunion et d'action positiviste, l'appartement doit donc aussi continuer à être un « lieu de pèlerinage ». À cette époque, le « pèlerinage » littéraire et intellectuel se développe de façon spectaculaire. Il devient de plus en plus courant, tout au long du XIXe siècle, de découvrir les lieux dans lesquels telle personnalité a vécu. Sa demeure se teinte ainsi d'une aura de plus en plus prégnante qui la hisse au rang d'un véritable « lieu de mémoire ». Pour

■ 28. Voir à ce sujet les nombreux débats dans la *Revue occidentale*, désormais en partie numérisée et en ligne sur Gallica.fr : https://catalogue.bnf.fr/ark:/12148/cb32860965b.

■ 29. P. Laffitte, *45e Circulaire annuelle*, 12 avr. 1893, p. 1, Archives MAC, série F, carton 2.

■ 30. *Ibid.*, p. 2.

Olivier Nora, « Il ne s'agit pas seulement de "retrouver quelque chose ou quelqu'un", mais de déceler quelque chose d'indicible dans quelque chose de prosaïque – le génie dans le cadre familier »[31].

Les objets présentés au « pèlerin » positiviste sont révélateurs de la dimension quasi religieuse de sa visite de l'appartement : on peut penser aux médaillons contenant les cheveux du philosophe, au vase contenant les fleurs séchées – décrit comme tel – apportées à Comte par C. de Vaux ou encore son chapeau haut-de-forme. Néanmoins, pour que l'objet-relique fonctionne comme tel, le visiteur doit y être sensible, être familier du philosophe et de son œuvre et, mieux encore, lui vouer une admiration proche de la vénération. En effet, les visites « extérieures » aux sympathisants positivistes sont rares. Comme en témoigne ce journaliste rendant compte d'une visite de l'appartement pour *Le Magasin Pittoresque* : « C'est un véritable sanctuaire où les profanes ne sont admis que par faveur exceptionnelle. L'accès en est réservé, communément, aux seuls adhérents de la Société positiviste. C'est par une autorisation toute spéciale que nous avons été admis à le visiter[32] ».

Il s'agit donc bien de faire de la Maison d'Auguste Comte un point de ralliement international du mouvement comtien, une « Kaaba » positiviste comme la surnomme Laffitte. Le désir d'approcher les grandes personnalités, qui amène les pèlerins jusqu'à leurs domiciles, s'étend donc au-delà de l'envie de les apercevoir en chair et en os. La maison apparaît comme un prolongement de l'être qui y a vécu. On retrouve cette tendance à Ermenonville (Rousseau), ou au château de Ferney (Voltaire). Comte n'est pas exclu de ce type de cérémonial : des disciples n'ayant pas connu le philosophe de son vivant se rendent rue Monsieur-le-Prince pour voir le lieu dans lequel il a écrit ses œuvres, vécu son quotidien. Mais plus encore qu'avec l'œuvre, c'est bien avec Comte lui-même que les disciples recherchent sans doute une connexion. Conserver la Maison permet de poursuivre le pèlerinage, de pouvoir lui rendre visite malgré sa disparition. Les murs sont considérés comme des témoins, voire les reliques de l'activité intellectuelle. La conservation de l'appartement se justifie parce qu'une nouvelle pensée et une nouvelle religion y ont vu le jour.

Dans le compte rendu d'une visite de la Société historique du VIe arrondissement à l'appartement, en 1905, le guide préposé, positiviste lui-même, énumère ainsi les œuvres que Comte a écrites rue Monsieur-le-Prince[33]. Le choix de la liste pour présenter les œuvres ayant été composées dans la Maison n'est pas anodin et participe au rendu de l'atmosphère créative qui doit en émaner aux yeux du visiteur et de la visiteuse : « Faire apparaître les différents titres composés par l'auteur les uns à la suite des autres renforce l'idée que le lieu a été le berceau de nombreuses œuvres et qu'il demeure quelque chose de ces créations exemplaires dans l'air, le mobilier, la maison… »[34]

■ 31. O. Nora, « La visite au grand écrivain », art. cit., p. 2142.
■ 32. F. Pascal, « Auguste Comte », *Le Magasin Pittoresque*, 1902, série 3, t. 3, p. 230.
■ 33. N. Raflin, « L'appartement d'Auguste Comte. Note lue à la Société historique du VIe arrondissement le 27 janvier 1905 », *Revue Occidentale* I, 1905, p. 410.
■ 34. J. Delassus, *Visiter les œuvres littéraires au-delà des mots : des maisons d'écrivains aux parcs à thème, l'impossible pari de rendre la littérature visible*, Thèse de doctorat, USVQ, 2016, p. 175.

En mars 1893, Laffitte parvient donc à fonder cette « Société civile immobilière Pierre Laffitte ». L'immeuble est définitivement acquis le 1er avril 1896 et Laffitte dissout la société des exécuteurs testamentaires au moment de la création de sa SCI, ne voyant désormais plus l'intérêt de l'existence d'une telle institution. Cette manœuvre entraîne une révolte ouverte au sein du mouvement. L'exécution se poursuit toutefois sous l'impulsion du comptable Alfred Dubuisson, malgré son inutilité désormais.

S'ouvre une période de déclin, marquée par la perte de vitesse du mouvement positiviste parisien malgré quelques soubresauts. Laffitte, nommé titulaire de la Chaire d'Histoire des sciences au Collège de France en 1892, maintient l'illusion de l'unité jusqu'à sa mort en 1903. L'inauguration de la statue d'Auguste Comte, place de la Sorbonne en 1902, marque à la fois une apogée et un chant du cygne : la cérémonie, qui se déroule devant un parterre de députés, hommes politiques et personnalités diverses, françaises et étrangères, est un grand moment pour les positivistes qui affichent là une vigueur insoupçonnée. Mais la disharmonie règne bel et bien, malgré ce dernier grand moment de communion. Dès 1902, Laffitte désigne son secrétaire, Charles Jeannolle (1842-1914), chef de service à l'Office du travail, comme successeur à la direction du mouvement. Cette nomination d'un disciple certes dévoué mais sans aucun charisme ne manque pas de provoquer l'ire d'une partie des positivistes. Jeannolle prend donc les affaires en mains mais ne parvient pas à s'imposer. Sa légitimité est même grandement contestée dès sa prise de fonction.

Du schisme à la déshérence (1906-1927)

Le positivisme en France va, dès lors, vivre une période très difficile. À partir de l'année 1906, il se déchire entre deux camps opposés. Face à Jeannolle, le successeur désigné de Laffitte, Émile Corra (1848-1934), enseignant et journaliste, crée cette année-là la *Société Positiviste Internationale* (SPI), entraînant avec lui la plus grande partie des positivistes français et étrangers. Lors de la constitution de la SPI, il affirme que « Cette Société [...] se trouve seule en mesure de garantir, contre toute éventualité, le patrimoine collectif du Positivisme ; il lui suffit, à cet égard, d'assumer la responsabilité du loyer de l'appartement d'Auguste Comte, vis-à-vis de la Société civile immobilière propriétaire de la maison dont cet appartement fait partie »[35]. Le Comité positif occidental, acquis à Corra, demande ainsi la démission de Jeannolle, « dans l'intérêt de la concorde positiviste »[36].

Le groupe Corra s'installe 2, rue Antoine Dubois, juste en face de la rue Monsieur-le-Prince, éditant dès 1906 sa propre revue, la *Revue positiviste internationale*. Jeannolle, quant à lui, se replie sur son bastion de la Maison d'Auguste Comte, dont il reste propriétaire en tant que gérant de la SCI, et dont il interdit l'accès à tout groupe positiviste dissident. Les sommes recueillies au titre du subside s'amoindrissent considérablement et il n'y a

---

35. É. Corra, « Constitution de la Société positiviste internationale », *Revue positiviste international* 1, 1er juillet 1906, p. 5.

36. *Ibid.*, p. 9.

bientôt plus de ressources financières pour entretenir l'appartement dont l'état se détériore rapidement.

L'appartement, laissé à l'abandon, n'est plus ouvert à qui que ce soit : « L'appartement reste habituellement fermé et ne peut ainsi être visité inopinément »[37], sous-entendu, sans que l'on en fasse la demande expresse auprès de Jeannolle. De lieu sacré, l'appartement d'Auguste Comte devient donc, en ce début de XXᵉ siècle, enjeu de querelles internes au mouvement positiviste, lequel semble, quelle que soit son obédience, se désintéresser de plus en plus de sa conservation.

Les archives s'entassent, abandonnées par piles entières dans les caves, et leur centralisation rue Monsieur-le-Prince, voulue par Laffitte, est loin d'être effective. L'entrée de l'appartement est ainsi garnie des publications positivistes, la cuisine transformée en bureau et l'office en dépôt de livres. La société positiviste maintient une existence quasi virtuelle, ne comptant plus qu'une poignée d'adeptes. À la mort de Jeannolle en 1914, c'est l'architecte François Saulnier qui devient gérant de la SCI, faisant au mieux avec peu. De plus, l'immeuble est menacé de destruction par l'engagement de travaux dans la rue Monsieur-le-Prince[38] et son avenir s'assombrit.

Et la Maison devint musée (1927-2022)

De lieu de culte et place forte du positivisme, la Maison d'Auguste Comte va petit à petit se transformer en musée. Faute de dynamisme et d'élan collectif suffisant, le mouvement positiviste n'a plus guère d'activités lui permettant d'investir les lieux de manière continue. Durant l'entre-deux-guerres, seule une poignée d'irréductibles tente de maintenir la flamme, sans véritablement y parvenir. L'urgence, désormais, est d'assurer la pérennité du lieu car la mission de conservation et de préservation de l'héritage comtien perdure. Pour cela, un « transfert de sacralité » sera nécessaire : de lieu exclusivement positiviste, la Maison va s'ouvrir au plus grand nombre.

1927-1950 : classement comme monument historique et premières rénovations

Selon A. Comte, l'année 1927 devait marquer l'avènement final du positivisme, le moment où ses œuvres seraient pleinement comprises. En réalité, la situation du mouvement comtien est alors préoccupante. C'est l'arrivée à Paris, cette année-là, d'un jeune chimiste brésilien, Paulo Carneiro (1900-1982), qui va bouleverser le destin de la Maison. Celui-ci, héritier d'une famille brésilienne positiviste aisée, venu à Paris travailler à l'Institut Pasteur, se prend tout de suite de passion pour l'appartement du philosophe et va tout faire pour le préserver de sa destruction éventuelle. Il émet très vite l'idée que le classement de l'immeuble comme monument historique[39], non seulement permette la sauvegarde pérenne de la maison mais, de plus, mette un terme

---

37. *Ibid.*, p. 3.
38. Il s'agissait d'un projet d'alignement de la rue Monsieur-le-Prince, décidé par la ville de Paris.
39. Selon le site du ministère de la culture, un MH est « […] un immeuble ou un objet mobilier recevant un statut juridique particulier destiné à le protéger du fait de son intérêt historique, artistique, architectural mais aussi technique ou scientifique ».

définitif aux querelles qui agitent le mouvement positiviste : « Je pense qu'à cette occasion, en rendant solennelle l'inscription de la Maison d'Auguste Comte comme Monument historique [...], avec le concours fraternel de tous les disciples du Maître, seront oubliées toutes les divergences existantes lors d'un hommage collectif »[40]. Afin de rallier à lui les positivistes les plus fervents, il insiste également sur le caractère sacré de l'appartement de la rue Monsieur-le-Prince et sur le fait que celui-ci redevienne « le centre religieux de la nouvelle Foi »[41].

Carneiro, au printemps 1928, se rend au ministère des Beaux-Arts pour s'enquérir de la législation française des monuments historiques constatant que l'atmosphère, le caractère artistique ou intellectuel des lieux se présentent désormais comme des caractéristiques légitimes pour mettre en place des dispositifs de conservation[42]. Le classement est le plus haut degré de protection patrimoniale, s'effectuant au niveau national et entraînant l'interdiction de toute destruction ou de modification sans l'accord du ministre. Carneiro semblait craindre la mise sous tutelle de l'appartement par l'État français et voyait le classement comme une menace potentielle pour le culte positiviste. Il se trouve assez vite rassuré :

> [...] il n'y a pas le moindre danger pour une possible violation de notre Doctrine. Le Gouvernement Français [sic] n'a aucune ingérence dans la propriété même, son action est limitée uniquement à la propriété matérielle de l'immeuble. D'ailleurs, presque toutes les églises de Paris sont classées Monuments Historiques, sans que cela ait une intromission quelconque avec leurs vies culturelles exclusivement affectées au sacerdoce[43].

Carneiro se lie à Saulnier et Edger, président de la Société des amis d'Auguste Comte, pour la sauvegarde du bastion comtiste. La Société adresse, en novembre 1928, une pétition internationale au ministre de l'Instruction publique demandant le classement de la Maison. Un courrier d'A.-F. Poncet, sous-secrétaire d'État de l'enseignement technique et des beaux-arts, confirme à Carneiro la bonne nouvelle :

> Monsieur, Vous avez bien voulu me faire part du vif désir de votre société de voir prononcer le classement de la maison d'Auguste Comte parmi les monuments historiques. J'ai l'honneur de vous faire savoir que par arrêté du 12 décembre 1928, j'ai classé l'appartement situé au 1er étage de cet immeuble, 10, rue Monsieur-le-Prince où le maître de la philosophie positiviste passa les dix-huit dernières années (sic) de sa vie[44].

■ 40. S.-B. Lins Peixoto, *Paulo Carneiro et la Maison d'Auguste Comte*, trad. fr. M. O. Fraga, Tapuscrit, s.d., p. 19.
■ 41. *Ibid.*, p. 20.
■ 42. La loi du 30 mars 1887 pour la conservation des monuments historiques fixe pour la première fois les critères et la procédure de classement. Lors de la loi de 1905, les collectivités et l'État se voient confier la responsabilité des édifices cultuels mais certaines communes refusent de prendre en charge certains de ces édifices qui ne sont pas considérés comme d'« intérêt national » tandis que d'autres n'hésitent pas à vendre aux enchères leur patrimoine. La loi du 31 déc. 1913 sur les monuments historiques élargit le champ de protection des critères de classement, définissant les intervenants obligatoires, instaurant des sanctions pénales et civiles en cas de travaux sans autorisation sur les monuments classés, etc.
■ 43. S.-B. Lins Peixoto, *Paulo Carneiro et la Maison d'Auguste Comte*, *op. cit.*, p. 20.
■ 44. A.-F. Poncet, Lettre du 30 mars 1929 à A.-P. Edger, Archives MAC, série N, I. 1/1.

Une fois obtenu le classement de la Maison d'Auguste Comte comme monument historique, Carneiro décide, au début de l'année 1929, de procéder à « la reconstitution fidèle de l'intérieur du domicile sacré[45] » en soumettant un projet à Saulnier et Fernand Rousseau, son secrétaire. Afin de faciliter la remise en état de l'appartement, Carneiro le libère des manuscrits et papiers divers qui l'encombrent pour les installer dans une salle du rez-de-chaussée (baptisée salle Pierre Laffitte en 1931), première mouture de l'actuel centre de documentation.

Ayant découvert l'inventaire fait à la mort de Comte en 1857[46], Carneiro souhaite faire de l'appartement un lieu de mémoire et de pèlerinage :

> D'ici peu de temps, écrit-il en juillet 1929, le visiteur qui viendra chez le plus grand des Maîtres, pourra se recueillir dans son salon, prier dans la chambre imprégnée de solitude comme au lendemain de sa mort, méditer dans l'ambiance retrouvée pour l'évocation que les pèlerins viennent y chercher[47].

C'est donc bien une « ambiance », une atmosphère que l'on viendra chercher lors de la visite de l'appartement d'Auguste Comte, que Carneiro envisage désormais comme un lieu propice à la méditation, au recueillement, au souvenir de son illustre habitant. C'est avec cette volonté de restituer cette atmosphère qu'aidé de Rousseau, il entame alors la reconstitution des lieux. Elle est achevée au mois de mars 1931 :

> La Maison d'Auguste Comte est devenue un temple. Celui qui traverse la porte cochère n'a plus devant ses yeux, des salles sans expression par le cumul profane d'objets et d'images étrangères à ce sanctuaire. À présent, tout dans l'atmosphère sobre et religieusement recomposé, respire la vie et l'œuvre d'Auguste Comte[48].

L'insistance se fait sur le caractère sacré du lieu authentique par l'exclusion de toute relique qui y serait « étrangère ». Le côté fétichiste est bien présent et le vocabulaire employé renvoie instantanément à une caractérisation religieuse, à l'instar du pèlerinage positiviste. Carneiro évoque un « temple », un « sanctuaire », par opposition au « profane ». Par certains aspects, on se situe là plutôt dans la lignée de la mythification de Comte que dans celle du structuralisme : c'est la figure du philosophe plus que ses écrits qui est clairement au centre.

Un vaste travail est également entrepris pour classer, répertorier et faire relier les manuscrits des œuvres de Comte car, au fil des années, la négligence des uns et des autres a laissé des traces. En un an (1930-1931), toutes les lettres de Comte existant dans l'appartement sont classées. Carneiro entreprend aussi d'infatigables démarches pour rassembler les lettres de Comte, qu'il achète parfois de sa poche, pour en faire don ensuite aux archives de la rue Monsieur-le-Prince. En 1942, il revient à Paris poursuivre son

■ 45. S.-B. Lins Peixoto, *Paulo Carneiro et la Maison d'Auguste Comte*, op. cit., p. 30.
■ 46. Cet inventaire, effectué pièce par pièce au lendemain du décès d'A. Comte, a été successivement mis à jour par Carneiro en 1970, puis en 2018 (Archives MAC série F, carton 1).
■ 47. S.-B. Lins Peixoto, *Paulo Carneiro et la Maison d'Auguste Comte*, op. cit., p. 42.
■ 48. *Ibid.*, p. 58.

« œuvre sentimentale » dans la Maison d'Auguste Comte. Il le fait d'autant plus librement que Saulnier, qui avait toujours en charge la SCI, lui fait don, cette même année, de la majorité des actions de la société dont il était détenteur. Il rachète le reste des actions au fil des années suivantes, grâce à l'aide financière de sa propre famille et à l'Association brésilienne des amis d'Auguste Comte, créée par son père. On sait peu de choses sur ce qui se passe à la Maison d'Auguste Comte durant la Seconde guerre mondiale. Carneiro, parti se réfugier en Suisse au début de l'année 1943, laisse à son ami Augusto Goncalves le soin de s'occuper de la conservation de la Maison. L'occupation allemande y sclérose, semble-t-il, toute activité[49], sans pour autant être particulièrement menaçante.

1950-1970 : consolidations et rénovations

Carneiro met des années, après la guerre de 1939-45, pour restaurer les tapisseries, les murs et les meubles, d'après les motifs d'origine, en faisant appel aux mêmes ateliers lyonnais qui avaient posé les papiers peints en 1842. Devenu délégué permanent puis ambassadeur du Brésil auprès de l'UNESCO, il s'implique dans un grand nombre d'initiatives de ce prestigieux organisme[50]. L'acquisition de ce nouveau statut est évidemment bénéfique pour la conservation de la Maison d'Auguste Comte. En 1953, Carneiro achève, sur ses propres deniers, la restauration. La même année, il transforme la SCI en une association régie par la loi de 1901, en convainquant les huit associés de lui concéder la propriété de l'immeuble et de tout le patrimoine. Ainsi naît officiellement, le 3 avril 1954, l'« Association internationale La Maison d'Auguste Comte ».

Carneiro écrit ceci à sa mère, le jour même de la première assemblée générale :

> Les travaux que j'ai entrepris dans le salon et d'autres pièces sont terminés ; la reconstitution du salon est parfaite avec le papier identique à celui qui y était et aussi le tissu d'ameublement. [...] De cette façon, un visiteur se trouve maintenant dans le même cadre et atmosphère exacte où a vécu, a pensé et a aimé le grand Rénovateur[51].

Les premiers statuts de l'Association sont très clairs concernant l'établissement de l'appartement en tant que musée : « La Maison d'Auguste Comte [...] aura notamment pour objet [...] de tenir ouvert au public l'appartement du philosophe où doit être maintenu un musée consacré à ses travaux et à sa vie »[52]. C'est bien à ce moment-là que l'appartement s'ouvre au public, au-delà des seuls positivistes ou sympathisants ce qui, jusque-là, n'était officiellement pas le cas. En effet, l'initiative individuelle qui consiste à se rendre sur un lieu d'illustre, en pèlerin, diffère de celle de conserver un lieu et de l'ouvrir

49. Nous ne disposons que de bien trop peu de documents dans nos archives sur l'activité du musée et de la Maison à cette période pour en faire réellement l'historique. Cela fera sans doute l'objet de prochaines recherches.
50. Notamment la sauvegarde du Temple d'Abou Simbel et des monuments de Nubie (1960), ainsi que l'édition de *L'Histoire du développement scientifique et culturel de l'Humanité*.
51. S.-B. Lins Peixoto, *Paulo Carneiro et la Maison d'Auguste Comte, op. cit.*, p. 82.
52. Statuts de la Maison d'Auguste Comte Association internationale, Paris, 10, rue Monsieur-le-Prince, 1954, p. 10-11.

au public. Cette muséification s'est faite assez tardivement, modifiant le statut du lieu – qui passe de « temple » à « musée » – pour l'ouvrir à tous. Il est, au-delà du lieu de culte lié au positivisme, désormais présenté comme un écrin symbolique, propre à accueillir des objets liés à Comte, à sa vie et à son œuvre : axer le propos sur les collections et baptiser le lieu « musée » évite de sombrer dans le fétichisme au premier degré et renforce sa légitimité et son intérêt. Les visites du musée, quant à elles, ne sont pas encore fixées régulièrement. Elles s'effectuent sur demande. Carneiro tient un registre de visites qui se transforme peu à peu en livre d'or dans lequel les visiteurs sont invités à laisser leur impression. L'investissement financier, à la charge presque exclusive de Carneiro, est colossal : « Les frais se sont montés à un million de francs français, mais l'appartement pourra traverser un siècle en bon état »[53].

En parallèle, travaillant sans relâche à la préservation de l'immeuble et cherchant toutes les solutions possibles[54] pour faire face aux ressources qui s'amenuisent, Carneiro noue, dès les premières années d'existence de l'association, grâce à son sens diplomatique et de nombreux contacts à l'UNESCO, des relations étroites avec l'École des Hautes Études en Sciences Sociales (EHESS), notamment pour l'édition de la correspondance de Comte. En 1958, il loue des étages entiers de l'immeuble pour y accueillir des laboratoires de l'EHESS. Il convainc même le professeur Charles Morazé, l'un de ses fondateurs, de rejoindre l'association en tant que vice-président. Soucieux de garantir la survie de l'association qui n'avait pas les moyens financiers d'entretenir l'immeuble, il souhaite en effet qu'un accord soit trouvé avec cette institution pour lui en confier, sinon la propriété, du moins la gestion. Ce rattachement officiel de l'association à un organisme public voué aux sciences sociales devra ainsi conforter sa mission. Mais ce projet, qui tenait à cœur à Carneiro, ne pourra être mené à bien avant sa mort. En août 1962, celui-ci, se confiant à Ivan Lins, trouve la situation de l'appartement « parfaitement satisfaisante »[55]. En réalité, comme il le souligne quelques années plus tard, « les loyers que payent les anciens locataires et l'École pratique des hautes études sont dérisoires »[56] et Carneiro est à nouveau obligé de prendre à ses frais les travaux d'entretien, aidé par sa famille et quelques coreligionnaires brésiliens. Il fait à nouveau restaurer les papiers peints en 1964-1965 dans le bureau et la salle à manger.

▨ 53. S.-B. Lins Peixoto, *Paulo Carneiro et la Maison d'Auguste Comte*, op. cit., p. 83.
▨ 54. P. Carneiro envisageait de confier le sort de la Maison en la cédant à un organisme public, français ou brésilien. Il dira en août 1962 : « Depuis des années, je songe incessamment à, à quoi, à quel organisme de caractère immuable pourraient être confiés, la propriété et son contenu, avant que je ne vienne à disparaître. [...] je ne trouve, dans le Paris actuel, aucune institution, publique ou privée, qui m'inspire suffisamment confiance pour recevoir cette charge. Les Maisons de Victor Hugo, Balzac, Clémenceau (sic), parmi d'autres, sont tenues par la ville de Paris ou les services du gouvernement, mais l'œuvre et la vie d'Auguste Comte, c'est triste à dire, n'éveillent le même intérêt ni pour le grand public ni chez les officiels. Après y avoir beaucoup réfléchi, ma pensée s'est tournée vers le Brésil et je me demande si la possibilité de la donation de l'immeuble [...] à une institution culturelle ou au Gouvernement lui-même ne serait possible. [...] », dans S.-B. Lins Peixoto, *Paulo Carneiro et la Maison d'Auguste Comte*, op. cit., p. 83-86.
▨ 55. *Ibid.*, p. 83.
▨ 56. *Ibid.*, p. 89.

La définition de l'appartement comme « musée », son ouverture au public, le partenariat avec l'EHESS ont enclenché un processus la détachant inexorablement du mouvement positiviste, réduit à peau de chagrin, et incapable d'assurer à lui seul la survie du lieu.

Depuis 1980 : entre institutionnalisation et muséification

Le début des années 1980 marquent un nouveau tournant pour la Maison d'Auguste Comte. Carneiro comprend qu'il va être de plus en plus difficile d'assurer l'avenir sans aide extérieure. Il multiplie ainsi les demandes de subventions (pour le ravalement de l'immeuble, la réfection des papiers peints) auprès du ministère de la Culture et des monuments historiques, ce qui constitue un tournant dans la visibilité de la Maison : en effet, l'appartement, jusqu'à la création de l'Association, n'a survécu que sur ses propres deniers (les loyers versés par les autres occupants de l'immeuble) et en « interne », c'est-à-dire en comptant sur les ressources positivistes. Préserver les manuscrits, ouvrir l'endroit aux chercheurs, conserver et restaurer l'appartement devenait alors chose impossible pour une aussi petite structure. Le temps était donc venu de s'allier, après l'EHESS, à une autre institution d'envergure pour soulager la tâche considérable dévolue à l'Association et à Carneiro qui, depuis plus de cinquante ans, portait presque tout à bout de bras. Cette institution sera la Bibliothèque nationale de France : dès la fin des années 1970, la décision est donc prise par l'association de confier les œuvres d'Auguste Comte au département des manuscrits. Ce sera chose faite en 1981. En 1993 et 1994, après la mort de Carneiro, c'est la correspondance du philosophe qui est confiée à la BNF.

Après le départ du cœur battant des archives s'ouvre alors une grande période d'incertitude, notamment pour le devenir de l'appartement. À la suite du décès de P. Carneiro en 1982, son frère Trajano en assure la présidence. Ce sont des années difficiles pour l'association qui doit faire face en son sein à quelques opposants irréductibles à la cession de l'immeuble. Il faudra attendre l'année 1991 pour que l'action déterminée de Morazé aboutisse à la signature d'un bail emphytéotique d'une durée de soixante ans avec l'EHESS[57]. Cette solution assure, aujourd'hui encore, la pérennité du lieu. Une nouvelle réfection des papiers peints entre 1996 et 1998, réalisée cette fois en partenariat avec la DRAC[58] et les Monuments historiques, achève de rafraîchir l'intérieur de l'appartement.

Depuis les années 1950, la Maison d'Auguste Comte sort donc de l'isolement auquel les positivistes l'avaient peu à peu contraint. Du culte voué à Comte, sa mission a donc évolué vers un autre objectif, celui de la faire découvrir au visiteur. Cette évolution a fortement influencé la dimension « fétichiste » de la Maison et amené de nouveaux choix muséographiques. Ce fétichisme a en réalité laissé place à la recherche de « l'authenticité ». Il

---

■ 57. L'accord prévoit que l'Association reste propriétaire de l'immeuble mais que, moyennant le paiement du loyer, l'EHESS en assure la gestion des parties communes et des locaux hors musée et bureaux de l'association.
■ 58. Direction Régionale des Affaires Culturelles.

s'agit donc de revendiquer, lors de la visite, la découverte du lieu tel que le philosophe l'a habité et d'inviter à entrer dans une atmosphère particulière : celle de l'élaboration d'une pensée. Les objets conservés, s'ils ne sont plus « sacrés » au sens religieux du terme, se retrouvent sacralisés par la volonté d'une communauté de célébrer le grand homme et revêtent ainsi une aura nouvelle. Le visiteur pénètre à l'intérieur de sa demeure, voit son mobilier, ses objets personnels ce qui lui permet d'approcher l'auteur dans son milieu et dans son quotidien. Bien que les visiteurs actuels ne soient plus impressionnés par les reliques et objets présentés à la Maison comme pouvaient l'être les positivistes à la fin du XIXᵉ siècle, on constate tout de même une persistance, du côté du visiteur comme des responsables de la conservation du lieu, de l'attachement à son caractère authentique : savoir si l'appartement se présente tel que Comte l'a connu, si les objets présentés lui ont ou non réellement appartenu, si les papiers peints, meubles et parquet sont également d'origine, sont des questions récurrentes lors des visites.

Comme l'évoque le sociologue Wolf Lepenies, à propos de l'appartement :

On est frappé de constater à quel point l'esprit du fondateur de la sociologie y est demeuré vivant. On ne peut échapper au sentiment du sérieux de cette vie, où se côtoyèrent sans cesse la misère et la gloire. [...] Comme on l'assure tout à fait plausiblement au visiteur, le bureau sur lequel il écrivait est toujours à la place que lui avait donnée Comte [...] [59].

Ce critère d'authenticité est évalué dans le rapport entre l'idée que le visiteur se fait du lieu et la réalité : la façon dont l'appartement est représentatif du réel par rapport à l'idée a priori que le visiteur s'en fait. Rares sont les maisons d'illustres restées telles que leur hôte les a connues. La Maison d'Auguste Comte, de par la spécificité de sa conservation tout au long des siècles, s'en rapproche. De Comte lui-même à l'époque contemporaine, le souci premier aura été de conserver « l'esprit du lieu ». La visite du musée actuellement diffère grandement des pèlerinages des admirateurs de Comte et suppose une sorte de « pacte » entre le responsable du lieu et le visiteur : donner à voir le caractère authentique et préservé du lieu contre une expérience d'immersion dans l'intime. Ainsi, ce sont bien deux axes muséographiques qui se côtoient désormais : d'une part la personnalité de Comte, à travers l'évocation de ses œuvres et de sa philosophie, d'autre part des aspects plus biographiques. On retrouve cet équilibre dans beaucoup d'autres maisons-musées.

La reconnaissance de l'appartement par les pouvoirs publics (classement de l'appartement, subventions de l'État ou de la région, partenariat avec une institution publique pour la gestion de l'immeuble...) n'a cependant pas nui à l'indépendance de la Maison puisque l'association fondée par Carneiro reste à l'heure actuelle toujours propriétaire des lieux. Toutefois, cette ouverture révèle un processus d'institutionnalisation propre, d'ailleurs, à la grande majorité des Maisons d'écrivains. L'affirmation de la Maison comme « objet de patrimoine » s'opère en même temps que sa professionnalisation. Préservée

59. W. Lepenies, *Auguste Comte Le pouvoir des signes*, Paris, Éditions de la Maison des sciences de l'Homme, 2012, p. 20.

par des disciples de la philosophie d'Auguste Comte, elle est désormais gérée comme un musée, entre les mains de professionnels (conservateur de musée, archiviste…) qui n'entretiennent bien évidemment plus le même rapport avec Comte et le positivisme. Carneiro avait bien créé un poste de « conservateur » de la Maison dès les années 1930 mais il était dévolu à un bénévole qui n'avait ni diplôme, ni compétence spécifique pour s'occuper de l'endroit. Ce n'est que dans les années 1990 que la Maison fait appel à un ou une salarié(e) à plein temps pour s'occuper des lieux.

L'institutionnalisation de la Maison comme « musée » s'est également opérée par la reconnaissance par l'État du caractère particulier de la Maison d'illustre comme type singulier de lieu culturel. L'adhésion de la Maison en 2008 à la « Fédération des maisons d'écrivain et patrimoines littéraires [60] » tend à montrer qu'au-delà de l'ouverture au public et des partenariats avec des institutions prestigieuses, celle-ci trouve sa place auprès d'autres lieux ayant la même vocation, l'éloignant toujours plus de son statut de « kaaba » positiviste. Au cours du XXe siècle, la « Maison d'illustre » est devenue un genre de lieu spécifique, qui fait l'objet d'une institutionnalisation lui octroyant un véritable statut de « lieu de mémoire » [61]. Ces « maisons » relèvent donc du patrimoine et accèdent à ce statut en raison de leur valeur symbolique forte, plus que pour leurs qualités architecturales propres. La maison est présentée « comme un document d'ordre biographique, qui offre un témoignage palpable et sensible du quotidien de l'habitant mais aussi de sa "façon de penser". On entrevoit les liens qui peuvent se tisser entre la maison et les actions pour lesquelles l'illustre est reconnu […] » [62].

L'ouverture au public s'est ainsi révélée décisive pour la reconnaissance de la Maison d'Auguste Comte comme « Maison d'illustre » ou « Maison d'écrivain », un lieu de mémoire ne pouvant fonctionner en tant que tel que s'il est visible dans l'espace public. Dans les années 1950, le musée n'ouvrait que sur demande écrite ou téléphonique. Ce n'est que dans les années 1990 que l'appartement se visite de façon régulière le samedi, puis le mercredi. Il est désormais accessible deux jours par semaine (le mardi et le mercredi) – et sur demande –, certaines soirées étant réservées, en outre, à une programmation culturelle (café philo, conférences, théâtre, lectures…). Le nombre de positivistes étant aujourd'hui réduit à néant, la question du public devenait un enjeu capital : la Maison d'Auguste Comte comme lieu de pèlerinage ne correspond plus, à l'évidence, au contexte actuel ; la curiosité biographique existe toujours et le plaisir d'entrer dans une maison meublée du temps de Comte et de découvrir l'atmosphère particulière qui s'y dégage attire encore les visiteurs. Mais ceux-ci ne sont plus des admirateurs de Comte, ni des disciples positivistes. Depuis les années 1960, un effort a été fait pour rendre accessible au public quelques éléments de la vie du philosophe. Ont été installées, dans l'entrée-vestibule de l'appartement, des vitrines dans

---

▮ 60. https://www.litterature-lieux.com/fiche-site-55.htm.

▮ 61. Un label « Maison des illustres » a été lancé en 2011 par le ministère de la Culture. La Maison faisait partie des premiers lieux « labellisés ». Voir sur le site du ministère de la culture : https://www.culture.gouv.fr/Aides-demarches/Protections-labels-et-appellations/Label-Maisons-des-illustres

▮ 62. J. Delassus, *Visiter les œuvres littéraires au-delà des mots …*, *op. cit.*, p. 327.

lesquelles divers objets et fac-similés sont exposés. Afin de donner au visiteur de plus amples informations sur la vie et l'œuvre de Comte, un nouveau dispositif scénographique est mis en place en 2014. La visite rappelle les principales étapes de la vie et de la carrière du philosophe. Les objets de la Maison sont quant à eux les preuves du quotidien, d'un mode de vie et permettent à la figure d'Auguste Comte de s'incarner. L'objectif recherché est essentiellement de rendre ce dernier accessible, de faire découvrir sa vie et son œuvre à un public qui n'aurait pas forcément l'idée de s'y intéresser. Force est donc de constater que l'on s'éloigne désormais tout à fait du lieu de culte fétichiste refermé sur lui-même et que la Maison devient également un lieu de médiation culturelle.

Conclusion : d'une sacralisation l'autre ?

L'appartement d'Auguste Comte a eu la chance de pouvoir être conservé pratiquement dans son état d'origine depuis la mort du philosophe. Il était important pour ce dernier d'avoir trouvé un domicile définitif, dans lequel il se sentait réellement « chez lui » – pour le souvenir de son bonheur intime comme pour la poursuite de son œuvre philosophique – et qui constituait un véritable pôle d'attraction pour les positivistes. La présence continuée de Comte semble bien se matérialiser dans sa demeure. Lieu de l'intime et lieu de création intellectuelle, l'appartement est l'endroit par excellence pour consacrer Comte comme « Illustre ». Mais il contribue aussi à le démystifier en le ramenant à son quotidien grâce à la visite du bureau ou de la bibliothèque. Si le mouvement positiviste a périclité en France durant l'entre-deux-guerres, faisant de l'appartement un lieu d'où le culte a totalement disparu, on assiste depuis lors à une évolution vers une autre forme de sacralisation du lieu, par l'intermédiaire de la patrimonialisation et de la muséification. Désormais, plus que l'entretien de la foi positiviste, d'un culte concret, c'est la valeur d'ancienneté des choses, leur pouvoir de signifier le temps qui prédomine. Le processus d'institutionnalisation et de patrimonialisation s'accompagne d'une évolution du rôle de la Maison. La conservation patrimoniale revient donc à une forme de « sacralisation » et ceci est particulièrement vrai dans un lieu comme la Maison d'Auguste Comte. Celle-ci est en effet passée du culte positiviste à la reconnaissance comme maison « d'illustre », jugée sur des critères symboliques (lieu gardé en l'état, authenticité, conservation d'objets personnels…) assez proches. Le disciple/pèlerin positiviste qui se rendait sur les lieux en espérant voir les portes de l'appartement s'ouvrir, a bien laissé place au visiteur, assuré d'être accueilli dans une véritable « maison-musée », désormais institutionnalisée comme telle.

David Labreure
Directeur du musée et du centre de recherche « La Maison d'Auguste Comte »

PARUTIONS

L'APÔTRE DU POSITIVISME ANGLAIS

Matthew Wilson

Richard Congreve, Positivist Politics, the Victorian Press, and the British Empire

Cham, Palgrave Macmillan, 2021.

Alors que l'histoire du mouvement positiviste français reste presque toute entière à écrire, il existe un certain nombre d'excellents travaux sur les positivistes anglais, signe sans doute que leur action a marqué davantage leur pays. Le mouvement est dominé par les deux figures de Richard Congreve (1818-1899) et de Frederic Harrison (1831-1923). Pour ce dernier, on disposait déjà d'une biographie (Martha Vogeler : *Frederic Harrison : The Vocations of a Positivist*, Oxford, Oxford UP, 1984), mais il n'y avait rien d'équivalent pour le premier. Aussi Matthew Wilson, qui avait déjà consacré un ouvrage au positivisme (*Moralising Space, The Utopian Urbanism of the British Positivists, 1855-1920*; London, Routledge, 2019), a eu l'heureuse idée de combler cette lacune. L'ouvrage est composé de sept chapitres, qui se laissent regrouper en deux grandes parties, la césure étant marquée par l'adhésion publique au positivisme et la renonciation à la brillante carrière universitaire à laquelle pouvait alors prétendre le membre de l'Église anglicane qu'était Congreve.

Les années d'apprentissage. Né dans une famille de paysans aisés, Congreve, en 1827, est envoyé à Boulogne étudier dans un établissement dirigé par un de ses oncles, de confession évangélique. De 1832 à 1854, on le retrouve dans deux des établissements les plus prestigieux d'Angleterre, Rugby et Oxford, où il est successivement élève puis enseignant.

Les cinq années qu'il passa à Rugby le marquèrent pour toute sa vie. Décisive en particulier fut l'influence de Thomas Arnold, qui dirigeait alors l'école et le prit sous sa protection (p. 44-45). Partisan de cette *Broad Church*, qu'Élie Halévy décrivait comme un « mélange de latitudinarisme et de puritanisme », et grande figure du système éducatif d'alors, celui-ci lui inculque un sens aigu du devoir, et l'idée que l'Église a un rôle de premier plan à jouer dans la société. Congreve lit aussi Robert Owen et la révision de la loi sur les pauvres développe en lui un intérêt pour la question sociale, en consonance avec ce qu'il trouvera plus tard chez Comte.

De 1837 à 1845, il est étudiant au Wadham College, à Oxford. L'ambiance qu'il y retrouve n'est guère différente de celle qu'il vient de quitter. La prégnance des questions religieuses y est encore plus forte. Les deux tiers des étudiants ne s'y destinent-ils pas à devenir clergymen ? Il passe son BA en 1840, et est ordonné diacre en 1841 ; en 1843, il passe son MA et est ordonné prêtre. L'Angleterre traverse alors une grave crise économique. Avec le chartisme, l'intérêt de Congreve pour les questions sociales se confirme et c'est le moment où il commence sa carrière de publiciste.

En 1845, il est appelé à Rugby comme professeur mais il se heurte à l'hostilité de ses collègues, jaloux de sa rapide promotion. Son caractère ombrageux et entier ajoutant à ces difficultés, il est congédié en 1848 (p. 115) et en profite pour partir six mois avec certains de ses élèves en Europe, plongée alors dans les tourments révolutionnaires.

En 1849, il retourne au Wadham College, où il restera six ans, et occupera même quelque temps les fonctions d'*Humanity lecturer* (1849-1854 ; p. 118). Son enseignement est très apprécié des étudiants, notamment d'un petit groupe de trois d'entre eux, Harrison, Beesly et Bridges, qui deviendront plus tard à leur tour de grandes figures du positivisme anglais.

L'apôtre du positivisme anglais. Si Congreve est entré dans l'histoire, c'est toutefois en tant que positiviste. Cette seconde carrière se décompose en trois grandes étapes : une lente adhésion suivie, en 1856, par une prise de position publique iconoclaste, qui lui assure la célébrité, mais aussi la solide hostilité de l'*establishment*, puis après 1877, par un isolement progressif, ses plus fidèles soutiens londoniens refusant de le suivre dans sa décision de rompre avec les positivistes parisiens.

La lente adhésion. C'est en février 1853 que Congreve fit connaître à Comte qu'il adhérait au positivisme et, s'il faudra attendre encore quelques années pour que cette adhésion transparaisse dans sa vie publique, c'est qu'il s'agit d'un long processus, commencé en 1845 quand, professeur à Rugby, son ami Blackett lui fait lire un ouvrage de Lewes. Il ne faut en effet jamais perdre de vue ce que la réception de l'œuvre de Comte a d'assez exceptionnel. Autour de 1825, l'auteur du *Plan des travaux scientifiques nécessaires pour réorganiser la société* est une personnalité très en vue de la vie intellectuelle parisienne. Il fréquente Guizot, Lamennais, et l'ouverture du *Cours de philosophie positive* se fait devant un parterre composé des plus grands savants. Mais, après la crise cérébrale de 1826, c'est l'occultation la plus totale et il faudra attendre les articles de Littré dans *Le National*, en 1844, pour que le public français entende à nouveau parler de Comte. Il n'en allait pas de même en Angleterre, et c'est là que le *Cours* a trouvé ses premiers lecteurs. Dès 1838, David Brewster publie un compte-rendu élogieux des deux premiers volumes dans la prestigieuse *Edinburgh Review*. En 1841, Mill, qui avait été très impressionné par la lecture du *Plan*, qu'un ami saint-simonien lui avait fait lire en 1828 (voir « Correspondance entre John S. Mill et Gustave d'Eichthal », Cahiers philosophiques 148, 2017, p. 109-122). entre en correspondance avec Comte, qui se trouve ainsi en contact avec les radicaux anglais (Grote, Molesworth, Austin, Lewes). Comme ce sera le cas avec la génération suivante, priment les préoccupations politiques, qui conduiront Mill à la chambre des communes. Mais il ne s'agit alors que d'adhésions individuelles. Même en France, le positivisme ne s'est pas encore constitué en mouvement et c'est bien à Congreve que revient l'honneur de l'avoir implanté en Angleterre.

Quand celui-ci retourne à Oxford, en 1849, il y trouve donc des étudiants lisant le *Cours*, auquel le *Système de logique* de Mill faisait des références nombreuses et élogieuses (p. 121, p. 125). Mais ils ignorent la politique positive, avec sa dimension socio-historique, qu'il avait, pour sa part, découverte lors d'un séjour à Paris, où il avait rencontré le maître (p. 121-122 ; d'autres visites suivront, en 1850 (p. 125) puis en 1852 (p. 147) et en 1856 (p. 167-168)) et suivi son premier cours public sur l'histoire de l'humanité. Prêtre de l'Église anglicane, il est toutefois tenu à une certaine réserve et, même à ses élèves les plus proches, il ne mentionne pas le nom de Comte (p. 121). La publication, en 1852, du deuxième tome du *Système* et du *Catéchisme positiviste*, le conduit à faire un pas supplémentaire. Invité à donner, à Coventry (1853) puis à Édimbourg (1855 ; p. 160-161), des conférences publiques qui connurent un vif succès, il y traite de l'histoire générale de l'Occident (p. 151). La politique positive est maintenant bien là : l'empire romain d'Occident préfigure la république occidentale, et le parallèle avec l'Empire britannique est déjà en toile de fonds ; mais Congreve continue d'avancer masqué et seul un positiviste comme Henri-Dix Hutton pouvait y discerner la dette envers Comte (p. 162).

Un apôtre infatigable. La première référence écrite à Comte se trouve dans la traduction de la *Politique* d'Aristote, publiée en 1855 (p. 165). Pour l'achever, Congreve avait sollicité l'aide de ses étudiants, qui découvrent ainsi l'adhésion de leur mentor à la politique positive. Ayant définitivement renoncé à réformer le système des études à Oxford, celui-ci met un terme à la double vie qu'il menait depuis quelque temps et s'engage tout entier dans la nouvelle voie qui s'ouvrait devant lui. En 1857, il se démettra de son statut de clergyman pour mieux se préparer au sacerdoce positiviste. Surtout, il met ses talents de publiciste au service de la politique positive. Et les coups d'éclat se succèdent. En 1856, *Gibraltar, ou la politique étrangère de l'Angleterre*, le propulse du jour au lendemain sur le devant de la scène. L'idée que cet éperon rocheux pourrait être rendu aux Espagnols soulève une levée de boucliers et le brouille avec bon nombre de ses relations. Un an plus tard, la révolte des Cipayes lui donne l'occasion de récidiver, avec *India* : si les Indiens ne veulent pas de nous, quittons l'Inde, pouvait-on y lire. Les réactions dans la presse furent d'une violence inouïe. Le *Times* le traita de fou et certains de ses meilleurs amis voyaient là comme une sorte de suicide de sa part. Parallèlement, pour faire connaître les motifs qui l'animaient et aider à la diffusion de la religion de l'humanité, Congreve publiait la traduction du *Catéchisme positiviste* (1858).

Des interventions de ce type se succédèrent quasiment jusqu'à la mort de Congreve. Leur liste, qui fait apparaître deux grands axes, montre une profonde fidélité à l'enseignement de Comte, et donne de la politique positive une image fort différente de celle qui a cours aujourd'hui. Une première série porte sur la question sociale et l'instruction populaire (*La question du travail*, 1861 ; *Sur la presse anonyme*, 1867 ; *Irlande*, 1868). Mais ce sont davantage ses anciens élèves d'Oxford qui s'illustrent dans ce domaine :

Beesly, l'ami de Marx, et Harrison, qui jette les bases de l'actuel droit anglais du travail (p. 246). Le terrain de prédilection de Congreve restait la politique étrangère et les relations internationales. En 1866, c'est *International Politics*; en 1870, il publie des *Considérations positivistes sur la guerre*, où il invite ses compatriotes à prendre la défense de la France envahie et à contrer les prétentions hégémoniques de la Prusse; en 1876, c'est *Sur la Bulgarie*, où le Sultan avait massacré les populations chrétiennes. Mais son grand titre de gloire est d'avoir été un des premiers et des plus conséquents anti-impérialistes anglais (*La guerre Ashanti*, 1873; *Adresse aux ambassadeurs chinois*, à l'occasion du sac du Palais d'été, 1877 (p. 297); *Transvaal*, 1881 (p. 307); *Le sort d'Arabi*, sur l'Égypte, 1882 (p. 311); *Le Gouvernement et l'Ouganda*, 1892 (p. 326).

Pour comprendre cette focalisation sur la politique étrangère et ce refus du colonialisme, il y a lieu de bien voir que ce n'était pour lui que la conséquence de son adhésion à la religion de l'Humanité, les relations internationales étant, avec l'éducation, un des deux grands attributs du pouvoir spirituel. De toute évidence, beaucoup plus que ses interventions publiques, ce qui lui tenait vraiment à cœur était la fondation d'une Église positiviste anglaise, avec son culte, ses hymnes, ses prières et ses sacrements. Dès 1859, faute d'avoir reçu la formation requise des prêtres de l'Humanité, celui qui se présente comme vicaire prononce son premier sermon d'apôtre du positivisme (p. 194) mais il ne tarde pas à se heurter aux réticences de ses anciens élèves, qui soutiennent activement son action socio-politique mais manifestent peu d'enthousiasme pour la dimension proprement religieuse du positivisme. Aussi, avec leur concours, crée-t-il en 1867 la *Société positiviste de Londres*, où ses sermons se transforment en simples conférences, et qui s'installe trois ans plus tard au 19 Chapel Street.

Avec la question religieuse, c'est plus généralement la place de Congreve au sein du mouvement positiviste en train de se développer qui est en cause. À sa mort, Comte n'avait pas désigné son successeur, ni conféré le sacerdoce; mais il avait constitué une exécution testamentaire, dont le Président, Pierre Laffitte, devint Directeur du positivisme. Dès le début, les relations entre les deux hommes furent tendues, et elles ne cessèrent de se détériorer, notamment en 1862 quand, à l'occasion du cinquième anniversaire de la mort de Comte, Congreve prononça un discours au Père Lachaise. L'enjeu portait sur l'orientation à donner au mouvement. Sans négliger la dimension cultuelle de la nouvelle religion, Laffitte n'était pas enclin à lui donner trop d'importance. Il se montrait plus soucieux d'en propager les dogmes et privilégiait l'enseignement. Congreve ne pouvait qu'être en désaccord avec cette position et il apparaissait de plus en plus clairement qu'il se considérait comme le véritable successeur légitime de Comte. Finalement, en 1877, fort de ses succès, comme la traduction du *Système de politique positive*, qui avait ressoudé ses troupes, il entreprit de destituer Laffitte et de prendre la tête du mouvement mais la tentative échoua (p. 289-290) et, plutôt que de se soumettre, Congreve résolut alors de faire sécession.

Un lent déclin. De façon générale, 1877 marque une grande date dans l'histoire du positivisme, qui se scinde maintenant en deux branches rivales.

Pour Congreve, l'échec est double : non seulement Laffitte garde la direction, mais il se brouille avec ses plus fidèles soutiens. « Nous n'avons pas quitté une Église pour en rejoindre une autre », lui opposent-ils. Certes, l'ancien clergyman est enfin libre de fonder l'Église de l'Humanité, qui reste à Chapel Street, mais il est contraint de dissoudre la *Société positiviste de Londres*, qui cède la place à la *Société positiviste londonienne*, fondée par ceux qui viennent de le quitter et qui vont s'installer à Newton Hall. Désormais, le positivisme anglais est lui aussi divisé et Congreve reportera ses efforts sur le développement des Églises locales (Liverpool, Newcastle...). Le souci pastoral en viendra même à entrer en conflit avec l'engagement politique, des prises de position anti-impérialistes trop radicales risquant d'éloigner des fidèles et de causer du tort à l'Église.

À travers Congreve, c'est à une immersion dans l'Angleterre victorienne que nous sommes invités, un monde qui nous apparait bien lointain, et que Matthew Wilson fait ressurgir devant nous, avec son Empire, ses étudiants fortunés faisant leur Grand tour en Europe, ses émeutes ouvrières et ses controverses religieuses. Grâce au dépouillement d'archives inédites, l'ouvrage apporte un nouvel éclairage sur des épisodes importants de l'histoire du positivisme. Ainsi, en 1856 c'est sur les instances pressantes de Comte que Congreve se serait résolu à publier *Gibraltar*. Il aurait d'abord refusé, au motif qu'il n'y avait pas de sens à s'en prendre directement à la politique étrangère de son pays ; et il fallut que Comte lui rappelle ses devoirs de positiviste. Parallèlement, les disciples français devaient rédiger un mémoire sur l'Algérie, qui n'a jamais vu le jour (p. 168-169). Chemin faisant, le lecteur croise aussi quelques personnages célèbres, comme George Eliot, dont les liens avec le positivisme sont bien connus, ou les parents de Bertrand Russell (p. 240-241), qui fréquentaient Chapel Street.

Une biographie doit non seulement retracer une vie, mais aussi dresser un portrait, faire comprendre de l'intérieur les motifs de celui qui agit. Par touches successives, l'auteur nous fait ainsi découvrir peu à peu une personnalité complexe. Congreve possédait un fort pouvoir divisif : il a suscité l'admiration, voire la vénération de ses étudiants, mais il s'est aussi attiré constamment les plus vives inimitiés, auprès de ses collègues à Rugby puis dans l'*establishment*. Personnalité entière, ce n'était pas l'homme des compromis ; il n'avait pas peur des conflits et a manifestement fait preuve de beaucoup de courage : pour lui, *The boldest course is the wisest* (p. 194). On peut voir là un effet de cette culture du *dissent*, chère aux Britanniques, et de l'enseignement reçu d'Arnold, auquel il est toujours resté fidèle. Il est même permis de penser que c'est la fidélité à ce qu'il y avait de plus profond dans sa foi religieuse qui l'a fait adhérer à la religion de l'Humanité. Mais on découvre aussi un homme très autoritaire (p. 194, p. 202-203), dont le comportement en famille n'était pas à l'abri de tout reproche, comme le montre notamment son attitude lors du suicide de son beau-père (p. 192-193) Conscient de sa valeur et parfois un peu condescendant, il n'en était pas moins sujet à des épisodes dépressifs assez fréquents.

La présentation des idées de Comte est parfois sujette à caution. La politique positive est constamment décrite comme une utopie. Si l'auteur n'est pas le seul à défendre cette interprétation, elle repose sur une conception de l'utopie qui ne va nullement de soi : ni Comte ni les positivistes anglais ne se considéraient comme des utopistes et ils auraient certainement refusés d'être considérés comme tels. Sur un autre point, en revanche, il n'y a pas de contestation possible. Contrairement à ce qui est dit (vg p. 9, p. 116) Comte n'a jamais été partisan de la dictature du prolétariat. Qu'il soit partisan de la dictature, c'est incontestable ; encore faut-il prendre la peine de se demander ce qu'il entend par là. Que des prolétaires soient appelés à exercer le pouvoir temporel, c'est encore exact. Mais ils l'exercent à titre personnel, et non en tant que représentants d'une classe sociale. Le concept de dictature du prolétariat est un concept marxiste, totalement étranger à la politique positive, de sorte qu'employer le terme à son propos ne peut qu'entraîner de graves malentendus.

L'ouvrage n'en demeure pas moins une contribution de premier plan, qu'on ne peut que recommander à qui veut comprendre l'histoire du positivisme. Pendant près d'un siècle, sa dimension politique a été totalement perdue de vue et il n'a survécu que comme philosophie des sciences. Il n'en allait pas de même dans la seconde moitié du dix-neuvième siècle, quand les positivistes étaient actifs un peu partout sur la planète. Pour s'en convaincre, on lira avec profit une autre biographie d'un positiviste, Turc cette fois, (Erdal Kaynar, *L'héroisme de la vie moderne, Ahmed Riza (1858-1930) en son temps* ; Peeters, Paris-Louvain-Bristol, 2021). La comparaison illustre la force d'attraction, et la diversité, de la politique positive, et devrait nous aider à nous défaire des préjugés qui pèsent encore sur elle.

Michel Bourdeau

ABSTRACTS

Auguste Comte

Astronomy According to Auguste Comte
Cyril Verdet

The importance of astronomy in Auguste Comte's work is proportionate to the founding place he grants it in his own science classification system presented in the *Course on Positive Philosophy*. Comte even taught a popular astronomy course, whose objective was not to train in astronomy but in positive « sound philosophy ». Hence the philosophical way he approached it, as indicated in his *Philosophical Treatise on Popular Astronomy*. For Comte, astronomy is therefore both a model of positive science and a way to promote positive philosophy and even positivist commitment, even if it means restricting its field of study quite considerably.

Auguste Comte on Biology and Sociology
Mathieu Gibier

Auguste Comte's philosophy of history is little known today but deserves to be reconsidered. The idea of social progress which is its main thread becomes clearer when compared to animal hierarchy as it is understood in particular by Lamarck and Blainville. From this perspective, we can see that the criticism already raised by Cuvier against such a hierarchy foreshadows those that can be levelled at the Comtian understanding of history, which seems to postulate too rigid a correlation between the various social aspects. But then cannot we interpret the ideas of social progress and animal hierarchy as regulative principles and not as observable facts?

Women and Family according to Auguste Comte
Annie Petit

For society to be « reorganised », Comte rethinks gender relations and family politics. In his youth he portrayed himself as a « Liberal ». Then basing his sociology on biology and history, he makes family the social element based around a very contrasted male-female relationship where one exerts authority, while the other is all affectivity and submission. Comte also systematizes his positions based on the failure of his own couple, of a sublimated love, and on the women of his acquaintance. Ambivalences or even paradoxes accumulate in this reformed family conservatism which claims to be militant for women.

The West Defined by Comte: An Anticolonial Eurocentrism?
Tonatiuh Useche-Sandoval

For Auguste Comte, the European idea could no longer enlighten or change the peoples' march towards the final stage of Humanity which is positive state. Comte redefines Europe as the West, so that the European center, instead of being the headquarters of a global empire, became a spiritual home for the spreading of progress. This article highlights the sociological outline and the political components that distinguish the Western Republic, before focusing on the concrete measures that Comte had considered to establish Westernness and restore the unity of mankind, threatened by colonialism..

Enchanters: A Political Archetype
La Boétie, Pomponazzi, Machiavelli
Sandro Landi

Building on the image of voluntary servitude as a collective enchantment that appears at the beginning of Étienne de La Boétie's *Discourse on Voluntary Servitude*, this paper examines the transformation of the notion of enchantment in the early 16th century. The different contexts this image helps identify indicate that the *Discourse* belongs, in an original manner, to the long medical history of the power of enchantments. This reconstruction gives key importance to the image of the thaumaturgist leader, whose characteristics are defined by Machiavelli and Pomponazzi. The paper ends with a comparison between the thaumaturgical and charismatic paradigms and opens the way for an archaeology of populism.

Auguste Comte's House
From the « Holy Domicile » to the Sacralisation of National Heritage
David Labreure

This paper is about an emblematic place of Parisian positivism: Auguste Comte's House, the philosopher's last home. His apartment, a « sacred » home, was at the same time a « church », a meeting venue for positivists and a place of pilgrimage for many of them before it became an « illustrious house » open to the public in the second half of the 20th century. The challenge here is to understand the shift from the « holy domicile » during Comte's lifetime to the « house-museum », which is now classified as a heritage building. Or how the positivist pilgrim gave way to the curious visitor.

FICHE DOCUMENTAIRE

3·TRIMESTRE 2021, N° 166, 150 PAGES

Ce dossier des *Cahiers philosophiques* est consacré à Auguste Comte, du point de vue du *Cours de philosophie positive* aussi bien que du *Système de politique positive*.

La rubrique « Introuvables » propose, en complément de ce dossier, une présentation des « prières » du philosophe positiviste, composante intime de l'édifice de sa nouvelle « religion de l'Humanité ». Le « lieu sacré » qu'est devenu la maison du philosophe est présenté dans la rubrique Situations.

On lira par ailleurs dans la rubrique Études, une relecture du *Discours de la servitude volontaire* de La Boétie au prisme de la figure de « l'enchanteur ».

Mots clés

Anticolonialisme; astronomie; Auguste Comte; biologie; Blainville; conservatisme; Cuvier; dynamique sociale; enchanteur; européocentrisme; féminisme; La Boétie; Lamarck; loi des trois états; Machiavel; muséification; Occident; philosophie de l'histoire; Pomponazzi; populisme; positivisme; prière; progrès social; religion; sacralisation; sociologie.

Discours sur l'esprit positif
Auguste Comte

Le fondateur du positivisme ne s'est pas contenté d'exposer ses théories dans deux séries de grandes oeuvres constructives, il en a présenté aussi des sortes de « synthèses », de résumés exotériques, destinés à un public plus large. Le *Discours sur l'esprit positif* (1844), discours préliminaire au *Traité philosophique d'astronomie populaire*, avait ainsi été conçu par Comte comme une sorte de « manifeste systématique de la nouvelle école ». La grande loi sur l'évolution intellectuelle de l'humanité vers l'esprit positif y est développée jusque dans ses conséquences sociales, éducatives et émancipatrices.

Vrin - Bibliothèque des Textes Philosophiques - Poche
256 p. - 11 × 18 cm - 1995
ISBN 978-2-7116-1240-6, 10 €

Le système d'Auguste Comte.
De la science à la religion par la philosophie
Annie Petit

La philosophie positive, et le positivisme qui la développe, ont été d'une importance majeure au XIXe siècle. Une vulgate confondant parfois les positions explicites de Comte avec les modifications voire les dérives apportées par des disciples plus ou moins fidèles, ou avec ce que les adversaires en ont caricaturé, a multiplié les malentendus.

Il s'agit ici de retracer le parcours comtien et d'en montrer les enjeux. Comte a voulu construire une philosophie en rupture avec celle de l'*Encyclopédie* et de la *Révolution*. Il a fondé un mouvement pour son temps, et dont le nôtre a sans doute hérité plus qu'on ne l'a dit.

[...] En partant des sciences, dont il s'efforce d'établir une appellation contrôlée, il édifie une philosophie de l'ordre et du progrès; il la prolonge en une socio-politique, puis la déploie, en réintégrant l'affectif, en une nouvelle religion, qui se veut sans Dieu pour mieux servir l'Humanité.

Vrin - Varia
384 p. - 16 × 24 cm - 2016
ISBN 978-2-7116-2699-1, 32 €

Qu'est-ce que le positivisme ?
Mélika Ouelbani

Par « positivisme », on entend généralement un mouvement de pensée qui s'opposerait à toute une tradition philosophique d'inspiration métaphysique. Ce livre a pour but de montrer le caractère réducteur d'une telle généralisation en précisant en quoi consistent les projets positivistes et en traitant du rapport du positivisme avec l'empirisme, les mathématiques, la logique et le scientisme. Ainsi pourra-t-on comprendre que la raison principale justifiant la distinction entre le positivisme comtien et le positivisme logique réside dans le fait que, hormis la lutte contre l'obscurantisme et toute explication absolue des phénomènes au profit des explications scientifiques, il est difficile de trouver des points de concordance entre ces deux courants positivistes.

Vrin - Chemins Philosophiques
128 p. - 11 × 18 cm - 2010
ISBN 978-2-7116-2257-3, 9 €

Derniers dossiers parus

Arthur Danto
Numéro 144 – 1er trim. 2016

**Talmud
et philosophie**
Numéro 145 – 2e trim. 2016

Varia
Numéro 146 – 3e trim. 2016

Le travail du juge
Numéro 147 – 4e trim. 2016

John Stuart Mill
Numéro 148 – 1er trim. 2017

La mémoire
Numéro 149 – 2e trim. 2017

C. S. Peirce
Numéro 150 – 3e trim. 2017

**Aperçus de la
pensée stoïcienne**
Numéro 151 – 4e trim. 2017

**Le végétal, savoirs
et pratiques (1)**
Numéro 152 – 1er trim. 2018

**Le végétal, savoirs
et pratiques (2)**
Numéro 153 – 2e trim. 2018

T. W. Adorno
Numéro 154 – 3e trim. 2018

**Pensée statistique,
pensée probabiliste**
Numéro 155 – 4e trim. 2018

**Walter Benjamin
critique**
Numéro 156 – 1er trim. 2019

Le paysage
Numéro 157 – 2e trim. 2019

Les limites du langage
Numéro 158 – 3e trim. 2019

**Rêve et imagination :
approches antiques**
Numéro 159 – 4e trim. 2019

**Embarras
de la démocratie**
Numéro 160 – 1er trim. 2020

R. Carnap
Numéro 161 – 2e trim. 2020

L'ornement
Numéro 162 – 3e trim. 2020

Penser par diagrammes
Numéro 163 – 4e trim. 2020

Après la vérité?
Numéro 164 – 1er trim. 2021

Varia
Numéro 165 – 2e trim. 2021

Cahiers Philosophiques

BULLETIN D'ABONNEMENT

Par courrier : complétez et retournez le bulletin d'abonnement ci-dessous à :
Librairie Philosophique J. Vrin - 6 place de la Sorbonne, 75005 Paris, France
Par mail : scannez et retournez le bulletin d'abonnement ci-dessous à : fmendes@vrin.fr
Pour commander au numéro : www.vrin.fr ou contact@vrin.fr

RÈGLEMENT

❑ France
❑ Étranger

❑ Par chèque bancaire :
à joindre à la commande à l'ordre de
Librairie Philosophique J. Vrin

❑ Par virement sur le compte :
BIC : PSSTFRPPPAR
IBAN : FR28 2004 1000 0100 1963 0T02 028

❑ Par carte visa :

_ _ _ _ _ _ _ _ _ _ _ _ _ _ _ _

expire le : _ _ / _ _
CVC (3 chiffres au verso) : _ _ _

Date :
Signature :

ADRESSE DE LIVRAISON

Nom
Prénom
Institution
Adresse

Ville
Code postal
Pays
Email

ADRESSE DE FACTURATION

Nom
Prénom
Institution
Adresse
Code postal
Pays

ABONNEMENT - 4 numéros par an

Titre	Tarif France	Tarif étranger	Quantité	Total
Abonnement 1 an - Particulier	42,00 €	60,00 €		
Abonnement 1 an - Institution	48,00 €	70,00 €		
			TOTAL À PAYER :	

Tarifs valables jusqu'au 31/12/2021

* Les tarifs ne comprennent pas les droits de douane, les taxes et redevance éventuelles, qui sont à la charge du destinataire à réception de son colis.